MÉTODO GASPEY-

GRAMÁTICA
DE LA LENGUA

E. OTTO – G. KORDGIEN

GRAMÁTICA SUCINTA DE LA LENGUA FRANCESA

1998
EDITORIAL HERDER - BARCELONA
JULIO GROOS - HEIDELBERG

Esta obra, en su decimotercera edición, fue reformada y revisada
por RICARDO RUPPERT, Doctor en Filosofía y Letras

Diseño de la cubierta: CLAUDIO BADO y MÓNICA BAZÁN

© *1961, Julio Groos, Heidelberg*

Trigésima edición 1998

La reproducción total o parcial de esta obra sin el consentimiento expreso
de los propietarios del *Copyright* está prohibida al amparo de la legislación vigente.

Imprenta: LIBERDÚPLEX
Depósito legal: B - 38.687-1998
Printed in Spain

ISBN: 84-254-0097-X **Herder** Código catálogo: IDO0097
Provenza, 388. 08025 Barcelona - Teléfono 93 457 77 00 - Fax 93 207 34 48
E-mail: editorialherder@herder-sa.com - http://www.herder-sa.com

ÍNDICE

Pronunciación	1
Alfabeto ortográfico	1
Acento tónico	2
Signos ortográficos auxiliares	2
La cantidad	3
Pronunciación de las vocales. Vocales simples	3
Vocales compuestas	6
Vocales nasales	7
Pronunciación de las consonantes	8
El enlace	12
Ejercicio de lectura	12
La elisión	12
Analogías de estructura entre el francés y el español	13
Lección 1. El artículo	14
» 2. El sustantivo. Formación del plural	16
» 3. Formación del plural. Casos particulares	19
» 4. Declinación de los sustantivos	22
» 5. El sustantivo tomado en sentido partitivo	25
» 6. Preposiciones	28
» 7. El verbo auxiliar «avoir»	31
Lectura: Notre maison	35
» 8. El verbo auxiliar «être»	36
Lectura: Notre ville	39
» 9. Forma negativa	40
» 10. Forma interrogativa	44
» 11. El adjetivo. Formación del femenino	48
Lectura: La France	52
» 12. Posición de los adjetivos calificativos	52
Lectura: Une promenade	56
Les blés d'or	57
» 13. Grados de comparación	58
Lecture: Un exemple	61
» 14. Adjetivos numerales cardinales	62
Lectura: L'année	65

Lección 15.	Numerales ordinales............................	66
»	Lectura: Le métropolitain.....................	69
»	16. Los verbos regulares...........................	71
	Primera conjugación: «porter»..................	72
	Lectura: Bonaparte et son guide................	78
»	17. Particularidades de algunos verbos de la primera conjugación.................................	78
	Lectura: Le derviche insulté....................	83
»	18. Los verbos regulares. Segunda conjugación: «finir»	84
	Lectura: De la vie de tous les jours.............	88
»	19. Los verbos irregulares. Conjugación de «aller» y de «envoyer».............................	89
	Primer grupo: «dormir».......................	90
	Lectura: Les bords de la Creuse.................	95
»	20. Los verbos irregulares; 2.º grupo: «recevoir».....	96
	Lectura: Mme. Victor Hugo....................	100
»	21. Los verbos irregulares; 2.º grupo (continuación): «mouvoir», etc.................................	101
	Lectura: Clarté de la langue française...........	104
»	22. Los verbos irregulares; 2.º grupo (continuación): «boire»	105
	Lectura: Carta...............................	110
»	23. Los verbos irregulares; 3.r grupo: «vêtir», «rompre»	111
	Lectura: Adieu, rôti!.........................	117
»	24. Pronombres personales tónicos..................	117
	Lectura: Le charlatan.........................	120
	De la vie de tous les jours..............	121
»	25. Pronombres personales átonos..................	122
»	26. Encuentro de dos pronombres personales átonos..	127
	Lectura: Frédéric le Grand et son petit-neveu.....	129
	Lectura: De la vie de tous les jours.............	130
»	27. Adjetivos y pronombres demostrativos	131
	Adjetivos demostrativos.......................	131
	Pronombres demostrativos.....................	132
	Lectura: Force extraordinaire...................	133
	La soupe.............................	134
»	28. Adjetivos y pronombres interrogativos............	135
	Adjetivos interrogativos.......................	135
	Pronombres interrogativos.....................	136
	De la vie de tous les jours: Dans un magasin.....	138
»	29. Adjetivos y pronombres posesivos................	139
	Adjetivos posesivos...........................	139
	Pronombres posesivos.........................	140
	Lectura: Pasteur..............................	144
Lección 30.	Pronombres relativos..........................	145

Lección	30. Lectura: Manière de demander son chemin........	149
»	31. Adjetivos y pronombres indefinidos.............	149
	Lectura: Dans un hôtel.......................	154
»	32. Nombres propios de personas, países, etc........	154
	Lectura: Une ville de province.................	157
»	33. Verbos irregulares; 4.º grupo: «couvrir»..........	158
	Lectura: Offre de service d'un employé de commerce	162
»	34. Los verbos irregulares; 5.º grupo: «tenir», «voir»; grupo 6.º.................................	163
	Lectura: Cathédrales et églises de France.........	168
»	35. La voz pasiva; conjugación...................	169
	Lectura: Village de Provence..................	173
»	36. Verbos intransitivos o neutros.................	174
	Lectura: De la vie de tous les jours.............	176
»	37. Verbos reflexivos o pronominales..............	177
	Lectura: La joie de la maison...................	182
»	38. Verbos impersonales.........................	183
	Lectura: De la vie de tous les jours.............	186
»	39. Empleo de los modos. Indicativo..............	187
	Empleo del subjuntivo.......................	187
	Lectura: Lettre d'une mère à sa fille............	192
»	40. Empleo del subjuntivo (continuación)...........	193
	Correspondencia de los tiempos................	195
»	41. Empleo del infinitivo........................	197
	Lectura: La voiture sans chevaux...............	201
»	42. Concordancia de los participios................	202
	Lectura: La physionomie économique de la France	208
»	43. Del adverbio................................	209
	Lectura: La joie du paysan....................	214
Apéndice...		215
Modismos de construcción..............................		218
Modismos de expresión.................................		219
Vocabulario. Francés-español............................		223
	Español-francés............................	240

PRÓLOGO A LA DECIMOTERCERA EDICIÓN

Invitado por el editor a encargarme de la revisión de esta nueva edición de la *Gramática sucinta de la lengua francesa*, he tratado de llevarla a cabo para que pueda servir de verdadero curso preparatorio a estudios más amplios y profundos del francés.

Animado de este deseo, he sometido todo el libro a una minuciosa revisión, siendo no pocas las modificaciones de importancia que han sido introducidas en esta nueva edición.

La parte dedicada a la pronunciación ha sido reformada y puesta a la altura de las últimas investigaciones filológicas. Para la transcripción de los sonidos se emplean los signos fonéticos de la Association Phonétique Internationale, y muy especialmente el *Recueil de textes phonétiques en transcription internationale* de NICOLETTE PERNOT, publicado en la «Petite collection de l'Institut de Phonétique et du Musée de la Parole et du Geste», París.

Las reglas gramaticales han sido redactadas con toda la claridad y precisión posibles. Los ejercicios y los temas han sido sustituidos casi en su totalidad por otros más adecuados, en los cuales se trabajan las reglas más importantes tratadas en dicha lección. Las oraciones sueltas se han unido entre sí de modo que formen pequeños trozos, haciendo así su contenido más interesante.

Los trozos de lectura son en su mayor parte nuevos, facilitándose en ellos al discípulo conocimientos prácticos del país y de su gente, de su historia, sus usos y costumbres. Nuevos son asimismo los diálogos «De la vie de tous les jours», en los cuales se trata de asuntos tomados de la vida corriente. Los vocabularios al final del libro contienen casi todas las palabras empleadas en los diferentes trozos, a no ser que se hayan indicado ya entre los vocablos de las correspondientes lecciones. En la parte Francés-español se ha indicado la pronunciación figurada de los vocablos franceses.

Réstame por último expresar en este lugar mis más expresivas gracias al señor D. Carlos H. Schmidt, licenciado en filosofía y letras, por la amabilidad que tuvo de leer las pruebas de esta nueva edición.

Giessen, enero de 1959.

Ricardo Ruppert y Ujaravi

PRONUNCIACIÓN

Para expresar las ideas hacemos uso del *lenguaje* o de la *escritura*. El lenguaje se compone de *sonidos;* la escritura, de *letras* o signos ortográficos. La ortografía francesa dista mucho de reflejar convenientemente la pronunciación, pues cada sonido no va siempre representado por un mismo signo, ni cada signo representa siempre un mismo sonido. Para representar lo más exactamente posible, por medio de la escritura, los sonidos del lenguaje, se hace uso del *alfabeto fonético*. El alfabeto fonético empleado en este libro es el de la Association Phonétique Internationale.

Alfabeto ortográfico de la lengua francesa

Consta de 26 letras. Helas a continuación con sus nombres en francés y su transcripción fonética.

a	a	*a, a*	n	en(ne)	*n*
b	bé	*b*	o	o	*o, ɔ*
c	cé	*s, k*	p	pé	*p*
d	dé	*d*	q	cu	*k*
e	e	*ə, e, ɛ*	r	err(e)	*r*
f	eff(e)	*f*	s	es(e)	*s, z*
g	gé	*g, ʒ*	t	té	*t*
h	hach(e)	*h*	u	u	*y, ɥ*
i	i	*i*	v	vé	*v*
j	ji	*ʒ*	w	double vé	*v, u*
k	ka	*k*	x	ics	*ks, gz*
l	el(le)	*l*	y	i grec	*i, j*
m	em(me)	*m*	z	zèd(e)	*z*

Nótese que hay letras que no representan siempre los mismos sonidos. El francés tiene además combinaciones de vocales, p. ej.: *ai, ei, au, eu, ou,* que representan vocales simples; vocales nasales, *an, on, en, in, un,* y varios sonidos que no existen en castellano, p. ej.: *e* muda; *eu, j, ch.* Hay también letras mudas.

Acento tónico

Es la mayor intensidad con que suena una determinada sílaba. En la palabra aislada, el acento tónico recae sobre la *última* sílaba pronunciada; y sobre la *penúltima* cuando la última sílaba acaba en *e* muda; p. ej.: am*i* (amigo), p*o*rte (puerta). Este acento no es siempre igualmente fuerte en todos los grupos que constituyen una frase.

Dentro de la frase hay siempre un acento principal que predomina sobre los restantes, recayendo en francés sobre la última sílaba acentuada del grupo fónico; p. ej.: La classe a une porte et quatre fen*ê*tres; la fenêtre est ouv*e*rte.

Por otra parte, hay que observar que en la pronunciación del francés el acento tónico no va acompañado de una elevación de voz, como suele hacerse en castellano.

Signos ortográficos auxiliares

1. El *acento* (l'accent). En francés hay tres acentos ortográficos:

a) El *acento agudo* (´) (l'accent aigu *[laksɑ̃tegy])*, que lleva sólo la *e* cerrada *[e]:* le bl*é* (el trigo), l'*é*té (el verano).

b) El *acento grave* (`) (l'accent grave *[laksɑ̃ gra:v])*, que se pone sobre la *e* para indicar el sonido abierto *[ɛ]:* le père *[pɛ:r]* el padre; la mère *[mɛ:r]* la madre; le procès *[prɔsɛ]* el pleito. También se escribe a veces sobre la *a* para diferenciar algunas palabras, como «il *a*» (tiene) y «*à*» (a), «l*a*» (la) y «l*à*» (allí), así como sobre la *u* de «*où*» (donde), para diferenciarlo de «ou» (o, conjunción).

c) El *acento circunflejo* (^) (l'accent circonflexe *[sirkõflɛks])*, que puede ir sobre cualquiera de las vocales, excepto *y*, para indicar vocal larga: la tête *[tɛ:t]* la cabeza; l'âme *[la m]* el alma; apôtre *[apo:tr]* apóstol; épître *[epi:tr]* epístola. (Denota casi siempre la supresión de una letra etimológica, que suele ser una *s.)* También se emplea para diferenciar algunas palabras; p. ej.: cr*u [kry]* creído, y cr*û [kry]* crecido; péché *[peʃe]* pecado, y pêché *[pɛ:ʃe]* pescado; sur *[syr]* sobre, y sûr *[sy:r]* seguro.

2. La *diéresis* (¨) (le tréma), para indicar que se pronuncian separadamente y con sonido propio dos vocales consecutivas; p. ej.: naïf (cándido), aiguë (aguda).

3. La *cedilla* (,) (la cédille *[sedij]*), que se escribe debajo de la *c* (ç) para darle ante *a, o, u* el sonido de la *s;* p. ej.: il perça *[il pɛrsa]* horadó.

4. El *guión* (-) (le trait d'union *[trɛdynjõ]*), para dividir las sílabas o indicar unión íntima de dos palabras; p. ej.: Châlons-sur-Marne, a-t-il, vingt-cinq.

5. El *apóstrofo* (') (l'apostrophe *[l'apɔstrɔf]*), para indicar la supresión (*o* élision *[elizjõ]*) de una vocal delante de otra vocal o *h* muda; p. ej.: l'or (=«le or», el oro), l'ami (= «le ami», el amigo), c'est (= «ce est», esto es), s'il (= «si il», si él), j'ai (= «je ai», yo tengo).

La cantidad

La cantidad es la duración del sonido. Todo sonido requiere un mínimo de duración; los sonidos se acercan a este mínimo o se alejan de él. Así se distinguen vocales *largas, breves* y *semilargas*.

En francés, todas las vocales tónicas, a excepción de la *[e]*, pueden ser largas o cortas.

1. Las vocales tónicas ante una de las fricativas sonoras *[v, z, ʒ, r]* o de *[j]* finales de sílaba o seguidas de *e* muda, son *largas:* part *[pa:r]* parte; tonnerre *[tɔnɛ:r]* trueno; rose *[ro:z]* rosa; feuille *[fœ:j]* hoja.

2. Son también *largas:* *[o], [ø], [ã], [õ], [œ], [ɛ̃]*, ante consonante final pronunciada: côte *[ko:t]* costa; feutre *[fø:tr]* filtro; jambe *[ʒã:b]* pierna; peindre *[pɛ̃:dr]* pintar; conte *[kõ:t]* cuento.

3. Son *breves* las finales aunque vayan seguidas de letras mudas: mât *[ma]* mástil; forêt *[fɔrɛ]* bosque; rue *[ry]* calle; amie *[ami]* amiga; jeu *[ʒø]* juego.

4. Las vocales átonas son casi siempre breves.

Pronunciación de las vocales

a) *Vocales simples*

Las vocales simples son: *a, e, i, o, u, y*.

En las sílabas átonas, *a [a, a], e [e, ɛ]* y *o [ɔ, o]* se pronuncian como en castellano.

En general se puede decir que las vocales *[a], [o], [e]* se encuentran más bien en sílaba abierta; *[a], [ɔ], [ɛ]* en sílaba cerrada[1].

A es abierta, *[a]*, en la mayoría de los casos: patte *[pat]* pata; part *[pa:r]* parte; là (allí). Es cerrada, *[a]*, cuando lleva el circunflejo y en la mayor parte de los sustantivos terminados en *aille, as, ase, ation;* p. ej.: pâte *[pa:t]* pasta; trouvaille *[truva:j]* hallazgo; passion *[pasjõ]* pasión.

A no se pronuncia en: août *u* agosto; Saône *so:n* el Saona; toast *tɔ:st* brindis; curaçao *kyraso* curazao; saouler *sule* hartar.

E tiene tres sonidos: *fermé [fɛrme]* cerrado, *[e]; ouvert [uvɛ:r]* abierto, *[ɛ]*, y *muet [mye]* muda, *[ə]*.

E suena *[e]*: 1.º Cuando se escribe *é:* été (verano); 2.º Delante de *d, f, r, z* finales, mudas: pied *[pje]* pie; clef *[kle]* llave; aller *[ale]* ir; parlez *[parle]* hablad. 3.º Inicial átona delante de *ff, ss*, y *x +* vocal: effort *[efɔ:r]* esfuerzo; dessert *[desɛ:r]* postres (exc.: dessous *[dəsu]* debajo; dessus *[dəsy]* encima). 4.º En: revolver *[revɔlvɛ:r]* revólver, y ressuciter *[resysite]* resucitar (pero no en *re* partícula iterativa de palabras compuestas). 5.º En: et *[e]* y. 6.º En: es *[e]* eres; est *[e]* es; les *[le]* los; des *[de]* de los; mes (mis), tes (tus), ses (sus), ces (estos) (*s* muda).

E suena *[ɛ]*: 1.º Cuando va escrita *è* y *ê:* après *[aprɛ]* después; fève *[fɛ:v]* haba; même *[mɛ:m]* mismo. 2.º Delante de consonante doble o de dos consonantes, si la primera no es inicial de sílaba: belle *[bɛl]* bella; dernier *[dɛrnje]* último. 3.º Delante de consonante final pronunciada, o sea en sílaba cerrada: avec *[avɛk]* con; amer *[amɛ:r]* amargo. 4.º Delante de *t* o *ct* finales, mudas: discret *[diskrɛ]* discreto.

E = [ə]. En los demás casos la *e* es relajada o muda, *[ə]*: leçon *[ləsõ]* lección; brebis *[brəbi]* oveja; mener *[məne]* guiar; final o medial, no se oye antes ni después de vocal o diptongo: porte *[pɔrt]* puerta; épée *[epe]* espada; il priera *[il pri:ra]* él rogará; ni entre dos consonantes mediales sencillas: médecine *[medsin]* medicina.

---

[1] Se llama sílaba *abierta* la que termina en vocal pronunciada; sílaba *cerrada*, la que termina en consonante pronunciada.

E suena como *a* en: femme *fam* mujer; hennir *hani:r* relinchar; solennel *sɔlanɛl* solemne, y sus derivados; y en la penúltima sílaba de los adverbios en *emment:* prudemment *prydamã* prudentemente. Después de una *g*, la *e* seguida de *a, o, u* sirve sólo para dar a la *g* el sonido de la *j*, es decir *ʒ*.

I tiene sonido propio, algo más abierto que en castellano *[i]:* pari *[pari]* apuesta; abîme *[abim]* abismo; lire *[li:r]* leer.

O tiene dos sonidos: cerrado, *[o]*, y abierto, *[ɔ]*.

O se pronuncia *[o]* en final de palabra o ante consonante final muda: écho *[eko]* eco; mot *[mo]* palabra; gros *[gro]* grueso; ante *s* pronunciada *[z]:* rose *[ro:z]* rosa; chose *[ʃo:z]* cosa; cuando se escribe *ô:* côte *[ko:t]* costa; côté *[ko:te]* costado; además, en las palabras: trop *[tro]* demasiado; aumône *[omo:n]* limosna; hôtel *[otɛl]* hotel.

O se pronuncia *[ɔ]* cuando se halla en sílaba cerrada: note *[nɔt]* nota; pomme *[pɔm]* manzana; or *[ɔ:r]* oro; corps *[kɔ:r]* cuerpo; brosse *[brɔs]* cepillo; école *[ekɔl]* escuela.

O es muda en: faon *fã* cervatillo; paon *pã* pavo real; taon *tã* tábano; Laon *lã* y Craon *krã*, ciudades de Francia.

U posee un sonido peculiar, *[y]*, entre *i* y *u* castellanas. Este sonido no existe en castellano. Para articularlo se pondrán los labios en redondo, alargándolos un tanto hacia fuera; la lengua articula como para *[i]*, los labios como para *[u]:* du *[dy]* del; bûche *[byʃ]* leño; superflu *[sypɛrfly]* superfluo.

U es muda después de *q* y en las sílabas *gue, gui* *[ge(ɛ)]*, *[gi]*.

U (antes de *i, y, é, è*) es semiconsonante *[ɥ]* y tiene un sonido entre *j* y *y*; p. ej.: huit *ɥit*, appuyer *apɥije*, aiguille *egɥi:j* aguja; aiguiser *egɥize*, arguer *argɥe* argüir; équestre *ekɥɛstr*, questure *kɥɛsty:r*, etc. Suena como *w* (antes de *a*) en: lingual *lɛ̃gwal*, en nombres geográficos y en palabras que empiezan por *aqua, équa, quadr*, por ejemplo: aquatique *akwatik*, équation *ekwasjõ*, etc. Piqûre (picadura) = *pikỵ:r*.

Y equivale a *[i]*. Entre dos vocales, *y = ii*, formando vocal compuesta o diptongo con la primera vocal; p. ej.: type *[tip]* tipo; essuyé *[esɥi-je]* enjugado.

b) *Vocales compuestas*

Ai, eai, ay, aie, aye, ei, ey suenan generalmente *[ɛ]*; p. ej.: laid *[lɛ]* feo; plaie *[plɛ]* llaga; peine *[pɛn]* pena.

Ai, final de forma verbal, suena *[e]*: j'ai *[ʒe]* he; je parlerai *[parləre]* yo hablaré. Es muda en las formas átonas de «faire» *[fɛːr]* «hacer»: tu faisais *[ty f(ə)zɛ]*, y derivados. Pays *[pei]* país. En los nombres propios, cada vocal de los grupos *aya*, *aye*, *ayo* conserva su sonido propio; *y* = [j]: Cayenne *[kajɛn]*.

Au, eau suenan por lo general *[o]:* causer *[koːze]* causar; sauf *[soːf]* salvo; tableau *[tablo]* tablero; haut *[o]* alto. También en la sílaba protónica de varias palabras: mauvais *[movɛ]* malo; automne *[otɔn]* otoño.

Eu, œu tienen el sonido de *[ø]* o *[œ]* y se articulan como *[e]* o *[ɛ]* con los labios en redondo como si se fuese a pronunciar *[o]*, *[ɔ]*.
Suena *[ø]:* 1.º En final de palabra o ante letra final muda: jeu *[ʒø]* juego; feu *[fø]* fuego; deux *[dø]* dos. 2.º Cuando lleva el acento circunflejo: jeûne *[ʒøːn]* ayuno. 3.º En las terminaciones *euse, eute:* creuse *[krøːz]* honda; glaneuse *[glanøːz]* espigadora.
Suena *[œ]* en los demás casos: heure *[œːr]* hora; bœuf *[bœf]* buey; neuf *[nœf]* nueve; fleuve *[flœːv]* río; feuille *[fœːj]* hoja.

> *Eu = y* en los tiempos de «avoir» *avwaːr* «tener»: j'eus *ʒy* tuve; eu *y* tenido, y en: gageure *gaʒyːr* apuesta; mangeure *mãʒyːr* roedura. *Ue = œ* en las grafías *cueil* y *gueil:* écueil *ekœːj* escollo; orgueil *orgœːj* orgullo. *Œ = œ* en: œil *œːj* ojo, y derivados.

Ou = [u]: poule *[pul]* gallina; rouge *[ruːʒ]* rojo.
Oi = [wa]: toile *[twal]* tela; miroir *[mirwaːr]* espejo; y *[wa]* después de *r* (excepto en los nombres en *roir*) y en monosílabos: mois *[mwa]* mes; trois *[trwa]* tres; fois *[fwa]* vez; joie *[ʒwa]* gozo.

Las vocales de los diptongos no se pronuncian tan distintamente en francés como en español.

I e *y*, iniciales de diptongo, equivalen a *[j]:* fiacre *[fjakr]* simón; yeux *[jø]* ojos; diable *[djabl]* diablo; pied *[pje]* pie; manière *[manjɛːr]* manera; singulier *[sɛ̃gylje]* singular; union *[ynjõ]* unión; travail *[travaːj]* trabajo; feuille *[fœːj]* hoja; oreille *[ɔrɛːj]* oreja. Jouer *[ʒwe]* jugar; nuage *[nyaːʒ]* nube; huit *[ɥit]* ocho; jouet *[ʒwɛ]* juguete.

c) *Vocales nasales*

Las vocales seguidas de *n* o *m* (finales o ante consonante) se llaman nasales; la *n* o *m* no se articulan, salvo en el caso de enlace (véase p. 12).

En las vocales nasales, quedan *a* y *o* con su sonido natural *[ã, õ]*; *e* toma el sonido de una *a [ã]*; *i*, el de una *e* abierta *[ɛ̃]*; *u*, el de *œ [œ̃]*.

1. *An, am, en, em* = *[ã]*: viande *[vjãːd]* carne; encre *[ãːkr]* tinta; sembler *[sãːble]* parecer.

En, en «examen» *[egzamẽ]* y en *éen, ien, yen* finales, suena *[ɛ̃]*: bien *[bjɛ̃]*; citoyen *[sitwajɛ̃]* ciudadano. Lo mismo en los verbos «tenir» *[tənir]* «tener», y «venir» *[vənir]* «venir» y compuestos: il tiendra *[il tjɛ̃dra]* tendrá. *Ien*, en otros casos, suena *[jã]*: patience *[pasjãːs]*. *Ent*, final de la 3.ª persona del plural, es mudo *[ə]*: ils parlent *[il parl]*. «Enivrer» (embriagar) se pronuncia *[ãnivre]*.

Deben pues distinguirse en la pronunciación ciertas palabras que van escritas de un mismo modo: violent *vjɔlã* violento; ils violent *il vjɔl* violan, etc. También hay que distinguir: il convient *il kõvjɛ̃* conviene, de: ils convient *il kõːvi* convidan.

2. *In, im, ain, ein, yn, ym* = *[ɛ̃]*: bain *[bɛ̃]* baño; simple *[sɛ̃ːpl]* sencillo; plein *[plɛ̃]* lleno; thym *[tɛ̃]* tomillo.

3. *On, om* = *[õ]*: bon *[bõ]* bueno. Monsieur (señor) se pronuncia *[məsjø]*.

4. *Un, um* = *[œ̃]*: brun *[brœ̃]* moreno; parfum *[parfœ̃]* perfume (exc.: rhum *[rɔm]* ron; album *[albɔm]* álbum).

5. *Ouin, oin* = *[wɛ̃]*: loin *[lwɛ̃]* lejos; *uin* = *[ɥɛ̃]*: suinter *[sɥɛ̃te]* rezumar.

Nota. Delante de vocal o *h* muda la nasalidad desaparece; *in* se pronuncia entonces como en castellano: plume *plym* pluma; inutile *inytil* inútil. Igualmente se pronuncian sin nasalidad *in* e *im* cuando van seguidas de *n* o *m*: innocent *inɔsã* inocente; homme *ɔm* hombre; pero son nasales las voces compuestas que principian por *enn, emm*: emmêler (enredar) = *ãmɛle*; enhardir (*h* aspirada) (alentar) = *ãhardir*. Exc.: ennemi *enəmi* enemigo.

Pronunciación de las consonantes

Muchas veces se escriben en francés consonantes dobles, pero casi siempre se pronuncian como sencillas. Algunas consonantes son mudas cuando se hallan en posición final y a veces en posición interior de dicción.

B = *b* castellana después de *m:* habit *[abi]* vestido. Final, es muda cuando la precede otra consonante: plomb *[plõ]* plomo.

C, antes de *a, o, u* o consonante, suena *[k]:* car *[kar]* pues; corps *[kɔ:r]* cuerpo; *clou [klu]* clavo.

C, antes de *e, i, y,* y *ç*, antes de *a, o, u,* suenan *[s]:* cigale *[sigal]* cigarra; place *[plas]* plaza; garçon *[garsõ]* muchacho; reçu *[rəsy]* recibido; leçon *[ləsõ]* lección. *Cc,* antes de *e, i,* suena *[ks]:* accident *[aksidã]* accidente. La *c* final suena de ordinario: avec *[avɛk]* con; parc *[park]* parque; ᵃarc *[ark]*, arco.

Excepciones: tabac *taba* tabaco; estomac *ɛstɔma* estómago; caoutchouc *kautʃu* caucho. En «second» (segundo) y en sus derivados, *c* = *g: sgõ*.

Ch suena generalmente *[ʃ];* se pronuncia aproximadamente como la *ch* española, *[ᵗʃ]*, pero sin el elemento explosivo *[ᵗ]*: chambre *[ʃãbr]* cuarto; chaise *[ʃɛ:z]* silla; bouche *[buʃ]* boca; poche *[pɔʃ]* bolsillo. Suena *[k]* ante consonante, y aun ante vocal en muchas palabras tomadas de lenguas extranjeras (especialmente del griego, hebreo, italiano): chrétien *[kretjẽ]* cristiano; archaïque *[arkaik]̣* arcaico: orchestre *[ɔrkɛstr]* orquesta; pero: monarchie *[mɔnarʃi]* monarquía; chimie *[ʃimi]* química, etc. Almanach *[almana]* almanaque. Sch = *[ʃ]:* schisme *[ʃism]* cisma.

D = *d* castellana después de *n:* deux *[dø]* dos; rideau *[rido]* cortina; modèle *[mɔdɛl]* modelo; date *[dat]* fecha. Final, es muda, excepto en «sud» *[syd]* «sur» y en los nombres propios.

F, como en castellano: facile *[fasil]* fácil; faim *[fẽ]* hambre; cuando es final, se pronuncia generalmente, excepto en los plurales de pocos sustantivos monosílabos (bœuf *[bœf]*, pero: bœufs *[bø]* bueyes), en palabras compuestas (chef-d'œuvre *[ʃɛdœːvr]* obra maestra) y en «neuf» (nueve) seguida de consonante (neuf livres *[nø liːvr]* nueve libros).

G suena como la g española en «manga», *[g]*, ante *a, o, u* o consonante: langue *[lãg]* lengua; gant *[gã]* guante; gai *[ge]* alegre; aigu *[egy]* agudo; goutte *[gut]* gota.

Gn *[ɲ]* = ñ castellana: gagner *[gaɲe]* ganar; règne *[rɛɲ]* reino; ligne *[liɲ]* línea.

Excepciones: igné *igne* ígneo; inexpugnable *inɛkspygnabl;* stagnant *stagnã* estancado, sus derivados y unas pocas palabras más.

G = *[ʒ]* ante *e, i, y*. La articulación como para *[ʃ]* y las cuerdas vocales vibran: page *[paːʒ]* página; éponge *[epõːʒ]* esponja; genre *[ʒãːr]* género. Tiene el mismo sonido que la *j* francesa: girouette *[ʒirwɛt]* veleta. La grafía *ge* ante *a, ai, o* suena lo mismo: mangeons *[mãʒõ]* comamos; obligeant *[ɔbliʒã]* servicial.

Gg = *[gʒ]* en: suggérer *[sygʒere]* sugerir, y sus derivados.

La *g* es muda en: doigt *dwa* dedo, vingt *vẽ* veinte, y en fin de palabra, excepto en: zigzag *zigzag*.

H es muda o aspirada; la *h* muda no se pronuncia y no impide la elisión ni el enlace[2]: l'herbe *[lɛrb]* la yerba, les herbes *[lezɛrb];* pero no así cuando es aspirada: la hotte *[la hɔt]* el cuévano: les hottes *[le hɔt]*.

J suena *[ʒ]*: jamais *[ʒamɛ]* nunca; jour *[ʒuːr]* día; sujet *[syʒɛ]* sujeto (véase la g).

K, sólo en palabras extranjeras: kilomètre *[kilɔmɛːtr]* kilómetro.

L (y *ll* después de vocal que no sea *i*) como *l* castellana *[l]*: lourd *[luːr]* pesado; ballon *[balõ]* globo. *L* final suena por lo común, excepto en algunos sustantivos terminados en *il:* outil *[uti]* herramienta; sourcil *[sursi]* ceja; persil *[pɛrsi]* perejil, etc. La *l mouillée* suena como *y* castellana inicial de sílaba; este sonido se escribe *ill* en medio de dicción o ante *e* muda; *il* después de vocal y final de sustantivos masculinos; *ll* después de *i:* feuille *[fœːj]* hoja; brouillard *[brujaːr]* neblina; soleil *[sɔlɛːj]* sol; papillon *[papijõ]* mariposa.

---

[2] Véase p. 12.

Excepciones: ill suena *il* cuando es inicial y en algunas palabras: illégal *ilegal;* ville *vil* ciudad; tranquille *trākil* tranquilo; distiller *distile* destilar, etc. Lo mismo en los nombres propios.

M, N, como en castellano, excepto cuando forman sonidos nasales: mot *[mo]* palabra; canif *[kanif]* cortaplumas.

La *m* es muda en: automne *[otɔn]* otoño, y en: damner *[da:ne]* condenar, y sus derivados.

P, como en español. *P* y *ps* finales no se pronuncian por lo común: temps *[tã]* tiempo, etc. (exc.: cap *[kap]* cabo; cep *[sɛp]* cepo; croup *[krup]* garrotillo).

Es muda en: sept *[sɛt]* siete, baptême *[batɛ:m]* y sus derivados; exempt *[egzã]* exento; exempter *[egzãte]*; sculpter *[skylte]* esculpir; compte *[kõ:t]* cuenta; dompter *[dõte]* domar, y sus derivados.

Ph = *[f]:* phare *[fa:r]* faro.

Q = *[k]*, como en español. La *q* final de «cinq» *[sɛ̃k]* «cinco» es muda ante consonante o *h* aspirada.

R = *[r]* castellana seguida de consonante. *Rr* suena *[rr]* en el futuro y condicional de «acquérir» *[akeri:r]*, «courir» *[kuri:r]* y «mourir» *[muri:r]:* tu mourras *[ty murra]* morirás.

R final suena después de vocal *a, o, i, u.* Después de *e,* suena en sustantivos y adjetivos monosílabos: mer *[mɛ:r]* mar; cher *[ʃɛ:r]* caro; en: amer *[amɛ:r]* amargo; enfer *[ãfɛ:r]* infierno; hiver *[ivɛ:r]* invierno; revolver *[revɔlvɛ:r]* revólver; hier *[jɛ:r]* ayer. Es muda en los otros casos. Messieurs *[mesjo]* señores; volontiers *[vɔlõtje]* de buena gana.

S se pronuncia *[s],* como en castellano: 1.º Cuando es inicial: soif *[swaf]* sed; sept *[sɛt]* siete. 2.º Antes o después de una consonante: substantif *[sybstãtif]* sustantivo; verser *[vɛrse]* verter. 3.º Cuando es doble, *[ss]:* poisson *[pwasõ]* pescado.

S es sonora, *[z],* entre dos vocales: baiser *[bɛ:ze]* besar; rose *[ro:z]* rosa (exceptúanse las palabras compuestas en que la *s* inicial de la segunda componente suena *[s]:* désuétude *[desɥetyd]* desuso; entresol *[ãtrəsɔl]* entresuelo; vraisemblable *[vrɛsãblabl]* verosímil, etc.); en «Alsace» y en el prefijo *trans* seguido de vocal: transit *[trãzit]* tránsito (exc.: transir *[trãsi:r]* dejar transido).

Sc ante *e, i* = *[s]:* science *[sjã:s]* ciencia.

S final no se pronuncia. Exc.: mars *[mars]*; fils *[fis]* hijo; jadis *[ʒadis]* en tiempos pasados; lis (lirio); mœurs *[mœrs]* costumbres, y algunas otras palabras.

S medial es muda ante consonante en nombres propios: Vosges *[voːʒ]* Vosgos.

T, como en castellano: temps *[tã]* tiempo; table *[tabl]* mesa.

T, seguida de *i* + vocal, se pronuncia *[s]* cuando corresponde a una *c* dental o a *s* del castellano: essentiel *[esãsjɛl]* esencial; nation *[nasjõ]* nación; prétention *[pretãsjõ]* pretensión; inertie *[inɛrsi]* inercia. Pero conserva su sonido propio siempre que va precedida de una *s:* modestie *[mɔdɛsti]* modestia; bestial *[bɛstjal]*.

> **Nota.** *T-ions,* flexión verbal, se pronuncia *tjõ;* final de nombres, suena *sjõ.* «Nous éditions ces éditions» (Editábamos estas ediciones) = *nuz editjõ sɛzedisjõ.*

T final no se pronuncia. No obstante, se oye en: dot *[dɔt]* dote; brut *[bryt]* bruto; fat *[fat]* fatuo; mat *[mat]* mate; net *[nɛt]* limpio; granit *[granit]* granito; strict (estricto); est *[ɛst]* este (punto cardinal); en las finales *act, ect* (de adjetivos): correct *[kɔrɛkt]* correcto, y unas pocas más.

V tiene sonido propio francés[3]: vivre *[viːvr]* vivir. **W** se encuentra sólo en palabras extranjeras; conserva el sonido que tiene en las lenguas de que está tomada.

X suena generalmente como en castellano, *[ks]:* vexer *[vɛkse]* molestar; expliquer *[ɛksplike]* explicar. Ante vocal, *ex* se pronuncia *[gz]:* examen *[ɛgzamɛ̃]* examen; exemple *[ɛgzãpl]* ejemplo; exercice *[ɛgzɛrsis]* ejercicio.

X=*s* en six (6), dix (10), soixante (60) *[sis, swasãt],* y *[z]* en: deuxième (2.º), sixième (6.º), dixième (10.º), dix-huit (18) *[sizjɛːm, dizɥit].* *X* final es muda, excepto en nombres propios.

Z tiene el mismo sonido que la *s* sonora, *[z]*. La pronunciación francesa de esta letra es muy distinta de la pronunciación castellana: douze *[duːz]* doce; quinze *[kɛ̃ːz]* quince. Final, es muda, excepto en «gaz» *[gaːz]* y en nombres propios.

---

[3] La *v* se pronuncia apoyando el labio de abajo en el canto de los dientes de arriba, pero más suavemente que para la *f.* No debe confundirse con la *b.*

El enlace

El enlace tiene lugar sólo entre palabras que van íntimamente unidas por un sentido lógico. En este caso, la consonante final muda de una palabra suena, formando sílaba con la vocal inicial de la palabra siguiente, y sonando *d* como *[t]*, *g* como *[k]*, *s*, *x* como *[z]*; *n* de vocal nasal suena, pero se debilita la nasalidad de la vocal; p. ej.: Vos amis vous ont apporté un grand encrier (vuestros amigos os han traído un gran tintero) *[vozami vuzõtapɔrte ẽ grãtãkrje]*. À six heures nous eûmes un orage (a las seis tuvimos una tormenta) *[a sizœːr nusymzǣnɔraʒ]*. À neuf heures (a las nueve) *[anœvœːr]*. Le premier homme (el primer hombre) *[ləprəmjerɔm]*. Je suis à l'école (estoy en la escuela) *[ʒəsyizalekɔl]*. Un long hiver (un invierno largo) *[œlɔ̃kivɛːr]*. Neuf ans (nueve años) *[nœvã]*.

Nota. No hay enlace: 1.º, entre la conjunción «et» y la palabra siguiente: et/un; 2.º, con los nombres de número que empiezan con vocal: les/onze; 3.º, entre el nombre sujeto y el verbo que empieza con vocal: l'enfant/a un livre; 4.º, cuando una palabra acaba en dos consonantes, siendo la primera una *r*, la segunda no enlaza con la palabra siguiente: vert/et jaune, fort/aimable; salvo con «leurs» y «plusieurs»: leurs^enfants, plusieurs^élèves.

Ejercicio de lectura [4]

Colère, événemen*t*, il neige. Le soleil lui*t* pour tou*t* le monde. Où es*t* l'échelle? Des^abeilles. Plein de paille. On^a mis la pâte dan*s* le pétrin. Vien*s* voir. Parlen*t*^ils? Les présiden*ts* présiden*t*. Ils aimaien*t*. Des^œufs en^omelette. Cha*t* échaudé crain*t* l'eau froide. Le hameau es*t* loin d'ici. Avançon*s* un peu. Voici les hautes^herbes.

La elisión

La elisión de una vocal se indica con el apóstrofo. Toman apóstrofo:

---

[4] En este ejercicio van indicadas con cursiva las consonantes que no se pronuncian.

Traducción: Cólera, acontecimiento, nieva. El sol luce para todo el mundo. ¿Dónde está la escalera (de mano)? Abejas. Lleno de paja. Se ha puesto la masa en la artesa. Ven a ver. ¿Hablan ellos? Los presidentes presiden. Huevos en tortilla. Gato escaldado huye del agua fría. El lugarejo está lejos. Adelantemos un poco. Aquí están las altas hierbas.

1. Los artículos «le», «la»: l'ami, l'homme, l'école, l'habitude.
2. La preposición «de»: d'accord, d'homme.
3. Los pronombres «je, me, te, se, le, la, ce, que»: j'ordonne, donnez-m'en, tu t'élèves, il s'en va, ils l'ont, c'est lui, qu'est-il devenu?
4. El adverbio «ne»: il n'est pas là.
5. Las conjunciones «que, lorsque, puisque, quoique» delante de «il, elle, on, en, un»: qu'il le fasse, lorsqu'elle vient, puisqu'on dit, puisqu'il veut.
6. La preposición «jusque» seguida de «à, au, en, où»: jusqu'à Paris, jusqu'au but, jusqu'en France.
7. El primer elemento de ciertos compuestos: aujourd'hui, entr'acte, entr'aimer, presqu'île, quelqu'un, s'entr'égorger.
8. La conjunción «si» seguida de «il»: s'il pleut.

Nota. No hay elisión delante de «oui, un, onze, ouate, yole, yacht, yatagan» y delante de las palabras que empiezan con *h* aspirada.

Analogías de estructura entre el francés y el español

Muchos sustantivos y adjetivos que en español terminan en *a, ia* o *io* átonas, y en *o,* terminan en francés en *e* muda: plume, arrogance, prodige, rare. Otros en *o* se hallan en francés sin la *o:* or, sec, blanc. A veces, modificaciones ortográficas propias de cada idioma diferencian algo más las palabras: pacífico — pacifique. *Ario, -a = aire:* contraire; *orio, -a = oire:* gloire; *ivo = if, iva = ive:* vif, vive; *ano = an* o *ain:* humain, paysan; *dad = té*: bonté; *áculo, ículo = acle, icle:* obstacle, article. Las terminaciones *able, ible, ir* (de infinitivos) y *ion* se encuentran en ambas lenguas: affable, possible, sentir, passion. A la *ue* castellana tónica suele corresponder *o:* fuerte — fort, puerta — porte, etc. En tal caso, *a* final = *e* muda.

Nota. El empleo de los signos de puntuación es poco más o menos el mismo en francés que en español; pero en francés los signos de interrogación y de admiración no se ponen, como en castellano, al principio y al final de oración, sino sólo al final.

PREMIÈRE LEÇON   LECCIÓN PRIMERA

El artículo

1. Las formas del *artículo determinado* (l'article défini) en singular son: «le» *[lə]* «el», para el masculino, y «la» *[la]* «la», para el femenino. Delante de *vocal* o *h muda* se emplea para ambos géneros la forma apocopada «l'». En francés no existe el género neutro.

le père *ləpɛːr*	el padre	la mère *lamɛːr*	la madre
le livre *ləliːvr*	el libro	l'amie *lami*	la amiga
l'ami *lami*	el amigo	l'école *lekɔl*	la escuela
l'homme *lɔm*	el hombre	l'habitude *labityd*	la costum-
l'habit *labi*	el vestido		bre

Pero se dice: le hibou *ləhibu, ləibu* el mochuelo; la hache *laaʃ* el hacha, porque la *h* es aspirada.

2. El *plural* para ambos géneros es «des» *[le, lɛ]* «los, las». La s es muda, excepto en los casos en que se enlaza con la vocal contigua.

les pères[1] *lepɛːr*	los padres	les mères	las madres
les︵amis *lezami*	los amigos	les︵amies	las amigas
les︵habits *lezabi*	los vestidos		

3. El *artículo indeterminado* (l'article indéfini) es «un» *[œ̃]*, para el masculino, y «une» *[yn]*, para el femenino. Carece de plural, pero se le puede substituir por «des» *[de, dɛ]* «unos», para ambos géneros.

un livre *œ̃liːvr*	un libro	une plume	una pluma
un︵ami *œ̃nami*	un amigo	une︵amie *ynami*	una amiga
un︵habit *œ̃nabi*	un vestido	une école	una escuela

Nota. El indeterminado se emplea en francés mucho más que en español, especialmente en plural; p. ej.: Il a *des* crayons et *des* plumes. (Él tiene [unos] lápices y [algunas] plumas.)

Plural: des livres *[de liːvr]* libros; *des* plumes, plumas; *des*︵habits *[dezabi]* vestidos.

---

[1] La mayoría de los sustantivos forman el plural añadiendo una *s* muda.

El artículo

4. El *nominativo* y el *acusativo* son siempre iguales; el primero se coloca generalmente delante del verbo; el segundo, inmediatamente después del mismo: p. ej.: Le père aime l'enfant (El padre ama al niño); L'enfant aime le père (El niño ama al padre).

Vocabulaire   Vocabulario

l'école	la escuela	il explique	él explica
le banc *bã*	el banco	il est *e*	él es, está
le cahier *kaje*	el cuaderno	nous sommes	estamos
la chaire *ʃɛːr*	el pupitre	ils sont	ellos son, están
la classe *klaːs*	la clase		
le crayon *krɛjõ*	el lápiz	il aime	él ama
l'élève *elɛv*	el alumno, el discípulo	il a	él tiene, ha
		il y a	hay
l'exercice *egzɛrsis*	el ejercicio	nous⌢avons	tenemos
		ils⌢ont	ellos tienen
l'encre *ãkr*	la tinta	dans	en
la feuille *fœːj*	la hoja	sur	sobre
la craie *krɛ*	la tiza	mon *(m.)*	mi
la plume *plym*	la pluma	ma *(f.)*	mi
la leçon *l(ə)sõ*	la lección	mes *(pl.)*	mis
le livre *liːvr*	el libro	où?	¿dónde?
le tableau noir *tablo nwar*	la pizarra	qui	quien
		qu'y a-t-il?	¿qué hay?
le professeur *prɔfɛsœːr*	el profesor, el catedrático	et *e*	y
		voici *vwasi*	he aquí
l'enfant *lãfã*	el niño	voilà *vwala*	he allí

Exercice   Ejercicio

Nous[2] sommes dans la classe. Voici les bancs, voilà la chaire. Le professeur explique la leçon. Nous⌢avons des livres, des cahiers, un crayon et une plume. Le cahier a des feuilles. Sur le banc sont les livres et les cahiers. Voici un livre, voilà une plume. Nous⌢avons des⌢habits. Mon père a un⌢ami. L'homme aime l'enfant. Les élèves sont dans l'école. La craie est sur la chaire. Dans l'école il y a des classes.

Tema   Thème

El alumno tiene un lápiz y un cuaderno. Nosotros tenemos libros y plumas. He aquí la pluma. He allí la tinta.

---
[2] En francés nunca se omite el pronombre sujeto.

El libro tiene hojas. Mi padre tiene vestidos. El niño tiene
(un) padre y (una) madre. Los hombres tienen amigos. Mi
madre tiene una amiga. Los alumnos tienen ejercicios. En
la clase hay bancos. La madre ama al niño.

Conversation   Conversación

1. Où est la classe? — Voilà (voici) la classe. 2. Où sont les bancs?
— Voilà... 3. Où est la chaire? 4. Où sont les livres? 5. Où est ma
plume? 6. Qui aime l'enfant? 7. Où est la craie? 8. Qu'y a-t-il dans
la classe?

DEUXIÈME LEÇON   LECCIÓN SEGUNDA

El sustantivo

Formación del plural

1. **Regla general:** La mayor parte de los sustantivos
forman su plural añadiendo una *s* (muda) al singular; p. ej.:

le jardin ʒardɛ̃	el jardín	les jardins
la nation nasjõ	la nación	les nations
l'enfant ãfã	el niño	les‿enfants
l'école ekɔl	la escuela	les‿écoles lezekɔl

2. Los sustantivos cuyo singular termina en *s, x* o *z*
no varían en el plural; p. ej.:

le pays *pei*	el país	les pays
la noix *nwa*	la nuez	les noix
le nez *ne*	la nariz	les nez

3. Los sustantivos terminados en *au* o *eu* toman en plural *x* (en lugar de *s*).

le château ʃaːto	el castillo	les châteaux
le chapeau ʃapo	el sombrero	les chapeaux
le feu fø	el fuego	les feux
le neveu n(ə)vø	el sobrino	les neveux
le vœu vø	el voto	les vœux

4. Igualmente toman *x* los siete siguientes, terminados
en *ou:*

le bijou	la joya	les bijoux
le caillou *kaju*	el guijarro	les cailloux
le chou *ʃu*	la col, berza	les choux
le genou *ʒ(ə)nu*	la rodilla	les genoux
le hibou *ibu*	el mochuelo	les hiboux
le joujou *ʒuʒu*	el juguete	les joujoux
le pou *pu*	el piojo	les poux

Los demás en *ou* siguen la regla general; p. ej.: un clou *klu* un clavo, *plur.* des clous.

5. La mayor parte de los adjetivos calificativos forman el femenino añadiendo *e* al masculino. Los terminados en *e* muda son invariables.

petit *p(ə)ti*	petite *p(ə)tit*	pequeño, -a
poli	polie	cortés
grand *grã*	grande *grã:d*	grande
large	large	ancho, -a

6. El plural de los adjetivos se forma, en general, del mismo modo que el de los sustantivos; p. ej.:

petit	*plur.* petits	petite	*plur.*	petites
grand	» grands	grande	»	grandes

Exceptúase: bleu *blø* azul, *plur.* bleus.

7. El adjetivo concuerda con el sustantivo en género y número, p. ej.:

un homme poli — des hommes polis
une femme polie — des femmes polies

Vocabulaire

le vêtement *vɛt-mã*	el vestido	vieux *vjø* vieille *(f.)*	viejo, -a
le chapeau *ʃapo*	el sombrero	neuf *nœf*, neuve *(f.)*	nuevo, -a
la chemise *ʃ(ə)mi:z*	la camisa	beau *bo*, belle	hermoso, -a
la casquette *kaskɛt*	la gorra	épais *epɛ*	espeso, grueso
		chaud *ʃo*	caliente
les bas *(m.) ba*	las medias	large *larʒ*	ancho
le drap *dra*	el paño	haut *o*	alto
le gilet *ʒilɛ*	el chaleco	léger *leʒe*, légère	ligero, -a
le manteau *mãto*	el abrigo	la table *tabl*	la mesa

le pantalon *pãtalõ*	el pantalón	la porte *pɔrt*	la puerta
le pardessus *pardəsy*	el abrigo, sobretodo	la fenêtre *f(ə)nɛːtr*	la ventana
le soulier *sulje*	el zapato	la chaise *ʃɛːz*	la silla
le veston *vɛstõ*	la americana	l'encrier *ãkri(j)e*	el tintero
la cravate *kravat*	la corbata	j'achète	yo compro
un complet *ɛ̃ kõplɛ*	un traje	il vend *vã*	él vende
le tailleur *tajœːr*	el sastre	il fait	él hace
le chapelier *ʃap(ə)lje*	el sombrerero	j'ai	(yo) tengo
le mur *myːr*	el muro	la forêt *fɔrɛ*	el bosque
		sous	debajo de
		pour	para
		comment? *kɔmã*	¿cómo?

Exercice

Le tailleur fait les complets et les manteaux. Le chapelier vend des chapeaux et des casquettes. Les pardessus sont en *(de)* drap épais et chaud. Les bas sont neuf et épais. Les vestons sont vieux. La casquette est sous la table et le chapeau est sur le banc. Les chemises sont neuves. J'ai des souliers légers et larges. Les livres et les cahiers sont pour les élèves. Dans la classe il y a une porte, deux fenêtres, des bancs, des tables, une chaire et une chaise. Sur la table sont les livres, les cahiers, les crayons, les plumes et les encriers.

Tema

Compro un sombrero nuevo. El sastre vende pantalones y chalecos. El paño es ligero. Tengo un sombrero nuevo. El jardín es hermoso. El bosque es espeso y ancho. Mi corbata es nueva. Los alumnos son pequeños. Mi gorra es vieja. ¿Dónde están los libros? Los libros y los cuadernos están sobre la mesa. Los castillos son hermosos y grandes. Los muros son altos. Mis zapatos son viejos.

Conversation

Qui fait les manteaux? Qui vend les casquettes? Où sont mes bas? Comment est le drap? Comment est le jardin? Où sont les livres et les cahiers? Qu'y a-t-il dans la classe? Qu'y a-t-il sur les tables?

TROISIÈME LEÇON   LECCIÓN TERCERA

El sustantivo (continuación)

Formación del plural (continuación)

Casos particulares

1. La mayor parte de los sustantivos terminados en *al* cambian esta terminación en *aux;* p. ej.:

l'animal *animal*	el animal	les⁀animaux *lezanimo*
le cheval *lǝʃval*	el caballo	les chevaux *leʃvo*
le général *ʒeneral*	el general	les généraux *ʒenero*

2. Algunos sustantivos terminados en *ail* forman el plural también en *aux;* p. ej.:

le travail *trava:j*	el trabajo	les travaux *travo*
le corail *kɔra:j*	el coral	les coraux *kɔro*
l'émail	el esmalte	les⁀émaux *lezemo*

Dicha regla se aplica también a los adjetivos calificativos en *al;* p. ej.: égal (igual), égaux; brutal, brutaux; inégal (desigual), inégaux.

Excepciones: Forman su plural en *s* en conformidad con la regla general: 1) bal (baile), les bals; carnaval (carnaval), cal (callo), chacal (chacal), régal (festín); 2) adjetivos: fatal (fatal), final (final), naval (naval), (glacial) glacial.

3. Tienen dos plurales:

aïeul *ajœl*	abuelo	aïeuls	abuelos	aïeux *ajø*	antepasados
ciel *sjɛl*	cielo	cieux *sjø*	cielo(s)	ciels	climas, doseles
œil *œ:j*	ojo	yeux *jø*	ojos	œils	(en palabras compuestas)

4. Algunos sustantivos tienen en el plural sentido diferente del que tienen en el singular; p. ej.:

Le fer (el hierro), les fers (los grillos); le ciseau *sizo* (el cincel), les ciseaux (las tijeras); la lunette (el anteojo), les lunettes (los anteojos), etcétera.

5. En los sustantivos compuestos, las palabras van generalmente unidas por un guión y toman o no el signo del plural según lo exijan la clase y el sentido particular de cada una de ellas; p. ej.:

1.º Un sustantivo en aposición a otro, un sustantivo y un adjetivo. Toman ambos la forma del plural: une basse-cour (un corral), des basses-cours; le chef-lieu (la cabeza de distrito), les chefs-lieux.

2.º Dos sustantivos con preposición o sin ella. Sólo el primero toma la forma del plural: un chef-d'œuvre (una obra maestra), de schefs-d'œuvre; un arc-en-ciel (un arco iris), des arcs-en-ciel; exceptúanse: un *o* des pied-à-terre (apeadero, -s), un *o* des tête-à-tête (entrevista, -s a solas), un *o* des coq-à-l'âne (despropósito, -s).

3.º Un verbo y un sustantivo. El verbo queda en singular y el sustantivo toma la forma del plural, según el sentido; un tire-bouchon (un sacacorchos), des tire-bouchons. Pero se escribe: des abat-jour (pantallas), des porte-monnaie (portamonedas), etc.

4.º Una preposición y un sustantivo. Sólo el sustantivo toma el signo del plural: une arrière-cour (patio de detrás), des arrière-cours[1].

Presente (présent *prezã*) de AVOIR, *arwa:r* haber, tener				
j'ai *ʒe*	he, tengo	ai-je? *ɛ:ʒ*	¿tengo?
tu as *tya*	has, tienes	as-tu? *aty*	
il^a *ila*	él tiene	a-*t*-il? *atil*	
elle^a *ɛla*	ella tiene	a-*t*-elle? *atɛl*	
on^a *õna*	se tiene	a-*t*-on? *atõ*	
nous^avons *nuzavõ*	tenemos	avons-nous? *avõnu*	
vous^avez *vuzave*	tenéis,(usted -es) tiene, -n	avez-vous? *avevu*	
ils^ont *ilzõ*	ellos tienen	ont-ils? *õtil*	
elles^ont *ɛlzõ*	ellas tienen	ont-elles? *õtɛl*	

Observaciones: 1.ª En francés nunca se suprime el pronombre personal (sujeto), como suele suceder en español; p. ej.: tu parles (hablas), nous parlons (hablamos).

---

[1] Grand-père, grand'mère, *plur.*: grands-pères (abuelos), grand'mères (abuelas); nouveau-né (recién nacido), *plur.*: nouveau-nés; gentilhomme (hidalgo), bonhomme (bonachón), *plur.*: gentilshommes *ʒãtijɔm, ʒãtijzɔm*, bonshommes *bɔnɔm, bõzɔm*. Véase Apéndice, 1 y 2.

El sustantivo

2.ª El pronombre de cortesía «usted, ustedes» se traduce en francés por la segunda persona del plural «vous», para ambos números; así: vous parlez = usted habla, ustedes hablan, vosotros, -as habláis.

3.ª El pronombre personal de la primera persona y el de la segunda persona del plural tienen una sola forma para ambos géneros: nous (nosotros, -as), vous (vosotros, -as).

4.ª En la forma interrogativa, el verbo precede al pronombre sujeto, lo mismo que en español, y va unido a él por medio de un guión. En «a-*t*-il, a-*t*-elle, a-*t*-on» se intercala una *t* por razones eufónicas, que se une al verbo y al pronombre por un guión.

Vocabulaire

le jeu ʒø	el juego	le frère frɛːr	el hermano
le jardinier ʒardinje	el jardinero, hortelano	l'étoile (f.) etwal	la estrella
végétal veʒetal	vegetal	ton (f.) ta	tu
le champ ʃã	el campo	tes (pl.)	tus
le potager pɔtaʒe	el huerto, la huerta	domestique	doméstico
l'oignon ɔɲõ	la cebolla	docile	dócil
la salade salad	la ensalada	intelligent ɛ̃tɛliʒã	inteligente
l'arbre (m.) arbr	el árbol	très trɛ	muy
le chien ʃjɛ̃	el perro	utile ytil	útil
le chat ʃa	el gato	il attrape	él coge
le bœuf bœf	el buey	il garde	él guarda
la vache vaʃ	la vaca	on cultive	se cultiva
le mouton mutõ	el carnero	vu vy	visto
la chèvre ʃɛːvr	la cabra	ce	este
le cochon kɔʃõ	el cochino	cette	esta
la maison mezõ	la casa	ces	estos, -as
l'oiseau (m.) wazo	el pájaro	noir nwaːr	negro
la souris	el ratón	notre	nuestro
la poche pɔʃ	el bolsillo	deux dø	dos
la fille fiːj	la hija	oui	sí
la branche brãːʃ	la rama	non	no
		nommez-moi	dígame
		que	que

Exercice

Les animaux domestiques sont les chevaux, les chiens, les chats, les bœufs, les vaches, les moutons, les chèvres et les cochons. Les chevaux sont des animaux dociles et intelligents. Le chat est très utile à l'homme, il attrape les souris. Le chien garde la maison. Dans le potager on cultive des choux, des salades et d'autres végétaux. Les bijoux de ma mère sont très beaux. J'ai vu les carnavals de Venise et de Nice. Voici les joujoux de mes neveux. Vous avez des yeux bleus. Ces livres sont égaux. Nous avons des oiseaux. Mon père a un chapeau noir. Les hiboux vivent dans les arbres.

Tema

Nuestro jardín es muy grande y muy hermoso. Tengo dos lápices y una pluma en mi bolsillo. Mis sobrinos tienen sombreros nuevos. Tenemos zapatos. La madre tiene las tijeras. Mi hija tiene ojos azules. ¿Dónde están los juguetes de mi hermano? Mi corbata es azul; mis medias son negras. Tienes un sombrero nuevo. Los pájaros están sobre las ramas. En mi clase hay dos pizarras. Hay estrellas en el cielo. ¿Tiene él mi pluma? ¿Tienen ellos cuadernos? Sí, señor, tienen cuadernos, plumas y lápices.

Conversation

Nommez-moi les animaux domestiques! Comment sont les chevaux? Que fait le chat? Comment sont les bijoux de ta mère? Où sont les joujoux de ton neveu? Comment est ton jardin? Qu'y a-t-il dans le ciel? Où est la plume? Où sont tes crayons? Est-ce un livre? Non, monsieur, c'est... As-tu un chapeau? Avons-nous des cahiers?

QUATRIÈME LEÇON   LECCIÓN CUARTA

Declinación de los sustantivos

1. En francés, como en español, no existe una declinación. El nominativo y el acusativo son iguales. El *genitivo* se forma anteponiendo al artículo la preposición «de»; el *dativo*, anteponiéndole «à». Hay que observar que «de le» se contrae en «du», «à le» en «au», «de les» en «des» y «à les» en «aux». No hay contracción, en singular, delante de los nombres femeninos, ni de los masculinos que empiezan por vocal o *h* muda: de la mère, de l'enfant, à la mère, à l'homme. El plural es igual para ambos géneros: les pères, les mères, aux pères, aux mères, etc.

2. Delante del artículo indeterminado «un, une» se escribe «d'» (por «de»): *d'*un père, *d'*une mère, *d'*un enfant, etcétera.

3. Cuando el sustantivo va precedido de un adjetivo determinativo, posesivo, etc., se emplea asimismo «de» para la formación del genitivo, y «à» para la del dativo: *de* mon frère, *à* mon frère; *de* ma sœur, *à* ma sœur; *de* cette femme, *à* cette femme, *à* ces femmes.

Modelos de declinación

a) Con el artículo determinado

Singulier		*Pluriel*	
N. *le* père	el padre	*les* pères	los padres
G. *du* père	del »	*des* pères	de los »
D. *au* père	al »	*aux* pères	a los »
A. *le* père	al »	*les* pères	a los »

N. *la* mère	la madre	*les* mères	las madres
G. *de la* mère	de la »	*des* mères	de las »
D. *à la* mère	a la »	*aux* mères	a las »
A. *la* mère	a la »	*les* mères	a las »

N. *l'*enfant	el niño	*les* enfants	los niños
G. *de* l'enfant	del »	*des* enfants	de los »
D. *à* l'enfant	al »	*aux* enfants	a los »
A. *l'*enfant	al »	*les* enfants	a los »

N. *l'*amie	la amiga	*les* amies	las amigas
G. *de* l'amie	de la »	*des* amies	de las »
D. *à* l'amie	a la »	*aux* amies	a las »
A. *l'*amie	a la »	*les* amies	a las »

N. *le* hibou	el mochuelo	*les* hiboux	los mochuelos
G. *du* hibou	del »	*des* hiboux	de los »
D. *au* hibou	al »	*aux* hiboux	a los »
A. *le* hibou	al »	*les* hiboux	a los »

b) Con el artículo indeterminado

Masculin		*Féminin*	
N. *un* père	un padre	*une* mère	una madre
G. *d'*un père		*d'*une mère	
D. *à* un père		*à* une mère	
A. *un* père		*une* mère	

c) Con un adjetivo posesivo

Singulier		Pluriel	
N. *mon* neveu	mi sobrino	*mes* neveux	mis sobrinos
G. *de* mon neveu		*de* mes neveux	
D. *à* mon neveu		*à* mes neveux	
A. *mon* neveu		*mes* neveux	

d) Con un adjetivo determinativo

N. *ce* jardin	este jardín	*ces* jardins	estos jardines
G. *de* ce jardin	de este »	*de* ces jardins	de estos »
D. *à* ce jardin	a este »	*à* ces jardins	a estos »
A. *ce* jardin	este »	*ces* jardins	estos »

N. *cette* maison	esta casa	*ces* maisons	estas casas
G. *de* cette maison	de esta »	*de* ces maisons	de estas »
D. *à* cette maison	a esta »	*à* ces maisons	a estas »
A. *cette* maison	esta »	*ces* maisons	estas »

Presente de ÊTRE ɛ:tr ser, estar

je suis ʒesɥi	soy, estoy	suis-je? sɥi:ʒ	¿soy?
tu es tye	eres, estás	es-tu? ety	
il est ile	es, está	est-il? etil	
elle est ɛle	es, está	est-elle? etɛl	
nous sommes nusɔm	somos, estamos	sommes-nous? sɔmnu	
vous êtes vuzɛt	sois, estáis, (usted, -es) es, son, está, -n	êtes-vous? ɛtvu	
ils sont ilsõ	son, están	sont-ils? sõtil	
elles sont ɛlsõ	son, están	sont-elles? sõtɛl	

Forma negativa

je *ne* suis *pas*	no soy, no estoy
tu *n*'es *pas*	no eres, no estás
il *n*'est *pas*	no es, no está

Vocabulaire

les parents parã	los padres	le papier papje	el papel
		joli, -e ʒɔli	bonito
la cour ku:r	el patio	mauvais movɛ	malo

le temps *tã*	el tiempo	aujourd'hui	hoy
la sœur *sœur*	la hermana	*oʒurdųi*	
la chambre	el cuarto	il explique	él explica
ʃã:br		sale	sucio

Exercice

Je suis à l'école. Vous êtes dans la classe. Le chapeau du professeur est noir. Les vestons des élèves sont vieux. Mes bas et mes souliers sont noirs. Mes parents ont une jolie maison. Vous êtes mes élèves. Tu es dans la cour. Le temps est mauvais aujourd'hui. Le professeur explique la leçon aux élèves. Les feuilles du cahier de l'élève sont sales. Il est le frère de mon ami. Elles sont les sœurs de mon ami. La mère de l'enfant est dans la cour.

Tema

Los ojos de los caballos son grandes. Los niños están en la escuela. El perro del sastre está en el patio. ¿Dónde está usted? Estoy en el cuarto. La gorra del niño es nueva. Aquí está el cuaderno del discípulo. ¿Dónde están los libros de los alumnos? Sois los alumnos del profesor. Los zapatos de mi hermano son viejos. El jardín de mi casa es muy hermoso. El papel de este cuaderno está sucio.

Conversation

Où suis-je? Où sont-ils? Où est ton ami? Où est le tableau noir? Où est la mère de l'enfant? Est-ce un cahier? Non, monsieur, c'est une ... Est-ce une chaise? Non, monsieur, c'est ... Comment sont les souliers de ton frère? Comment sont les yeux du cheval? As-tu des sœurs? Qu'y a-t-il dans le potager? Ton jardin est-il grand?

CINQUIÈME LEÇON   LECCIÓN QUINTA

El sustantivo tomado en sentido partitivo

1. Para expresar una parte indeterminada de un todo, o una cantidad, un número indeterminado de personas o cosas se emplea en francés una de las formas del artículo partitivo: «du, de la, de l', des»; p. ej.: Donnez-moi *du* pain,

de la viande, *de l'*huile et *des* fruits. (Déme usted pan, carne, aceite y frutas.) J'ai *du* vin. (Tengo vino.) Nous avons *des* amis. (Tenemos amigos.)

2. Cuando el sustantivo va precedido de un adjetivo calificativo, entonces sólo se usa «de», tanto en singular como en plural: *de* bon pain (pan bueno), *de* grandes villes (ciudades grandes), *de* beaux fruits (hermosas frutas). Pero cuando el adjetivo sigue al sustantivo se dice: *de l'*eau pure (agua pura); *des* corps humains (cuerpos humanos).

3. En oraciones negativas se emplea asimismo sólo «de»: Je n'ai pas *de* pain. (No tengo pan.)

4. Después de los sustantivos y adverbios que expresan *medida, peso* o *cantidad* se emplea «de» en lugar del artículo partitivo:

a) Sustantivos

une bouteille *de* vin *ynbutɛjdəvẽ*	una botella de vino
un morceau *de* pain *ẽmɔrsodəpẽ*	un pedazo de pan
deux paires *de* bas *døpɛːrdəba*	dos pares de medias
un verre *d'*eau *ẽvɛːrdo*	un vaso de agua
une livre *de* café *ynliːvr(ə)dəkafe*	una libra de café
un grand nombre *de* soldats	un gran número de soldados

Excepción: «la plupart» *plypaːr* «la mayor parte, la mayoría». exige «des»: la plupart *des* élèves (la mayor parte de los alumnos),

b) Adverbios de cantidad

autant *oːtã*	tanto	moins *mwẽ*		menos
tant *tã*	tanto	peu *pø*		poco
assez *ase*	bastante	trop *tro*		demasiado
beaucoup *boːku*	de mucho	rien *rjẽ* point *pwẽ*	de	nada no — ninguno
combien? *kõbjẽ*	¿cuánto?	pas *pa* quelque cho-		no algo
plus *ply*	más	se *kɛlkəʃoːz*		

Il boit trop *de* vin. — Bebe demasiado vino.
J'ai peu *de* livres. — Tengo pocos libros.
Il a assez *d'*amis. — Tiene bastantes amigos.
Combien *de* pommes voulez-vous? — ¿Cuántas manzanas quiere usted?
Quelque chose *de* nouveau. — Algo de nuevo.
Un peu *de* viande. — Un poco de carne.

Observaciones: 1.ª No se emplea «de» cuando estos adverbios preceden a un adjetivo: plus beau (más bonito), trop grand (demasiado grande.
2.ª Después de «bien» *[bjɛ̃]* «mucho, demasiado», se usa el genitivo: bien *des* livres, bien *du* pain.
3.ª Después del adjetivo «plusieurs» *[plyzjœːr]* «varios», se omite «de»: plusieurs éleves (varios alumnos).
4.ª Después de «ni... ni...» no se emplea «de»: Il n' a nipain ni vin. (No tiene ni pan ni vino.)
5.ª Autre (otro, -a): «Déme usted otro cuaderno y otras plumas» se traduce: Donnez-moi *un* autre cahier et *d*'autres plumes.

Vocabulaire

la viande	la carne	la prune *pryn*	la ciruela
le veau	la ternera	un arbre fruitier	un árbol frutal
le saucisson	el salchichón	*frɥitje*	
le lard	el tocino	le cerise *sriːz*	la cereza
le poisson	el pescado	le cerisier *sə-*	el cerezo
l'œuf *œf*, pl. *ø*	el huevo	*rizje*	
le rôti	el asado	le français	el francés
la côtelette	la chuleta	*frãːsɛ*	
le bouillon *bujõ*	el caldo	le repas *rəpa*	la comida
le pot-au-feu	el cocido	la tasse *taːs*	la taza
le pain	el pan	je veux	yo quiero
le beurre	la manteca	aussi	también
la tranche	la rebanada, tajada	voulez-vous?	¿quiere usted?
		donnez-moi	déme usted
le charcutier	el salchichero	ils font	hacen
bon, bonne	bueno, -a	trois	tres
le boucher	el carnicero	ne ... que	sólo
le fromage	el queso	riche *riʃ*	rico
la bière *bjɛːr*	la cerveza	le lait *lɛ*	la leche
la pomme *pɔm*	la manzana	un oncle *õːkl*	un tío
la poire *pwaːr*	la pera	l'argent *arʒã*	el dinero
le poirier *pwarje*	el peral	vingt	veinte
		la rose *roːz*	la rosa
le prunier *prynje*	el ciruelo	la violette *vjɔlɛt*	la violeta
		je préfère	yo prefiero

Exercice

Voulez-vous de la viande ou des œufs? Je veux une tranche de pain avec du beurre. Je veux aussi du vin avec de l'eau. Voulez-vous de la bière? Oui, monsieur, donnez-moi une bouteille de bière. Le charcutier vend des saucissons et du lard. Le boucher vend du bœuf, du mouton et du veau.

Donnez-moi un peu de rôti. Nous avons de bonnes côtelettes de mouton. Nous avons aussi des pommes, des poires et assez de prunes. Dans notre jardin il y a un grand nombre d'arbres fruitiers; il y a beaucoup de poiriers et bien des cerisiers, mais peu de pruniers. Je veux un autre œuf et d'autre pain.

Tema

La mayor parte de los hombres hacen sólo tres comidas al día. ¿Quiere usted asado? No, déme dos huevos y unas rajas de salchichón. Da usted al niño un pedazo de pan con manteca y una taza de café con leche. Déme usted también otra rebanada de pan con salchichón. Tenemos azúcar, pan, café y leche. Mi tío es muy rico; tiene casas, jardines y caballos. Ella tiene un par de zapatos y tres pares de medias. ¿Cuánto dinero tiene usted? Tengo muy poco. No tengo dinero. Tiene buen pan y agua pura. Tenemos zapatos.

Conversation

Combien de bancs y a-t-il dans ta classe? Dans ma classe il y a vingt bancs. Combien de cahiers as-tu? J'ai deux cahiers. Que vend le boucher? Le boucher vend du bœuf et du veau. Qu'y a-t-il dans le jardin? Il y a un grand nombre d'arbres fruitiers; il y a aussi de belles roses et des violettes. Voulez-vous du pain avec du beurre? Oui, monsieur, donnez-moi un morceau de pain avec du beurre et du saucisson. Voulez-vous de la bière? Non, monsieur, je préfère du vin avec de l'eau.

SIXIÈME LEÇON   LECCIÓN SEXTA

Preposiciones

1. Las preposiciones rigen al sustantivo en acusativo. A excepción de «de», «à» y «en», una misma preposición no suele repetirse delante de diferentes sustantivos: Je parle *de* ton frère et *de* ta sœur. (Hablo de tu hermano y de tu hermana.)

2. Ya se ha dicho que las preposiciones «à» y «de», seguidas del artículo, se contraen con él en «au» (= à le), «aux» (= à les), «du» (= de le) y «des» (= de les).

3. Las preposiciones más corrientes son:

à	a, en	envers	para con
après	después de, tras	hors de	fuera de
avant	antes de (tiempo y lugar)	jusqu'à	hasta
		malgré	a pesar de
avec	con	outre	además de
chez	en, en casa de	par	por
contre	contra	parmi	entre, en medio de
dans	en	pendant	durante
de, (d')	de	pour	para, por
depuis	desde hace	près de	cerca de
derrière	detrás de, tras	sans	sin
dès	desde	sous	debajo de
devant	delante de	sur	sobre, en
en	en	vers	hacia
entre	entre	selon, suivant	según, conforme

a la maison	en casa
dans la classe	en la clase
avec mon frère	con mi hermano
pour les élèves	para los alumnos
avant le départ	antes de partir
dès le commencement	desde el principio
sous le banc	debajo del banco
sur la table	sobre la mesa
par le chemin de fer	por ferrocarril
pendant la leçon	durante la lección
devant l'école	delante de la escuela

4. Con los verbos «aller» (ir), «être» (estar), «se trouver» (hallarse) y «demeurer» (vivir, quedarse), se emplea «à» cuando preceden a un nombre de ciudad, y «en» cuando les sigue un nombre de país (femenino) sin artículo: Je vais *à* Paris. (Voy a París.) Je suis *à* Lyon. (Estoy en Lyon.) Nous demeurons *au* premier étage. (Vivimos en el primer piso.) Je vais *en* Espagne. (Voy a España.) Il est *en* France. (Está en Francia.) Il se trouve *en* Iran. (Se encuentra en Irán.) Pero con un nombre de país masculino que empiece con consonante se dice: Il est *au* Pérou. (Está en el Perú.) Elle est *au* Canada. (Está en el Canadá.)

5. Con el verbo «partir» (salir, marcharse) se emplea siempre «pour»: partir *pour* l'Espagne, partir *pour* Madrid. El verbo «venir» (venir) exige, como en español, «de»: Je viens *de* Suisse, *de* Paris.

6. «Dans» se usa delante de sustantivos tomados en sentido determinado y precedidos del artículo: *dans* la classe (en la clase), *dans* la rue (en la calle). «En» se emplea con sustantivos tomados en sentido indeterminado, esto es, sin artículo: aller *en* voiture (ir en coche), aller *en* bateau (ir en barco), aller *en* classe (ir a clase).

7. «En» se usa también para expresar el tiempo que se necesita para ejecutar una acción; «dans» indica cuándo ésta ha de empezar: Il le fait en trois jours. (Lo hace en [el espacio de] tres días.) Il le fera dans trois jours. (Lo hará dentro de tres días).

Vocabulaire

la cuisine *kɥizin*	la cocina	l'étranger	el extranjero
		le lit	la cama
la chambre à coucher	la alcoba; el dormitorio	la salle	la sala, el cuarto
		le pont	el puente
l'étage	el piso	je viens	yo vengo
la cave	la cueva	il vient *vjɛ̃*	él viene
l'escalier	la escalera	il entre	él entra
la salle à manger	el comedor	il fait	él hace
		il joue	él juega
la pierre	la piedra	courtois	cortés
le toit	el tejado	nous écrivons	escribimos
le fenêtre	la ventana	nous entrons	entramos
la porte	la puerta	ou	o
le devoir *d(ə)vwaːr*	el deber	je vais	(yo) voy
		je parle	hablo
l'heure *(f.) œːr*	la hora	je partirai	saldré
l'habitant	el habitante	il se trouve	se encuentra

Exercice

Le père et la mère sont dans la salle à manger. La mère vient de la cuisine. L'enfant entre par la porte et saute par la fenêtre. Les oiseaux sont sur le toit. La salle à manger est près de la cuisine. Il y a du vin dans la cave. L'élève fait son devoir en une heure et joue pendant deux heures. Les habitants de Paris sont très courtois envers les étrangers. Le chat est sous le lit. Nous écrivons dans des cahiers avec des plumes ou des crayons. Nous entrons dans la chambre par une porte. Notre salle d'école est au premier étage.

Tema

Voy a casa de mi maestro. Mi padre está en casa. Voy a España. Mi hermano está en Madrid. Hablo del hermano de tu amigo y de mi hermana. El sillón es para el profesor. Los alumnos están en la clase. Saldré para España dentro de cuatro horas. Mi madre está en la cocina. Esta rosa es para mi amiga. Vengo de casa de mi sobrino. El perro está debajo de la silla. El jardín tiene muchos árboles frutales. Los libros son para los niños. Cerca del puente hay un jardín con muchas flores.

Conversation

Où est ton père? Où est ta mère? Où sont les oiseaux? Où se trouve la salle à manger? Comment sont les habitants de Paris? Où est le chat? Par où entre-t-on dans la maison? Où se trouve le jardin? Qu'y a-t-il dans le jardin?

De la vie de tous les jours

Bonjour, monsieur, comment allez-vous?	Buenos días, caballero, ¿cómo está usted?
Je me porte très bien, merci, et vous-même?	Gracias, estoy muy bien, ¿y usted?
Parfaitement bien, merci.	Perfectamente bien, gracias.
J'en suis enchanté.	Estoy encantado de oírlo.

SEPTIÈME LEÇON   LECCIÓN SÉPTIMA

El verbo auxiliar

Los tiempos del indicativo son los mismos en francés que en español; en el subjuntivo faltan en francés el futuro y el condicional.

En francés sólo existe el verbo auxiliar «avoir» para los verbos auxiliares españoles «haber» *(lat.* habēre) y «tener» *(lat.* tenēre).

Avoir [avwaːr] *haber, tener*

Tiempos simples

Indicatif

Présent

j'ai	he, tengo	nous^avons	hemos, tenemos
tu as	has, tienes	vous^avez	habéis, tenéis / Vd(s). tiene(n)
il a	él ha, tiene		
elle a	ella ha, tiene	ils^ont	ellos han, tienen
on^a	se tiene	elles^ont	ellas han, tienen

Imparfait		*Prétérit*	
j'avais	había, tenía	j'eus	hube, tuve
tu avais		tu eus	
il avait		il eut	
nous^avions		nous^eûmes	
vous^aviez		vous^eûtes	
ils^avaient		ils^eurent	

Futur		*Conditionnel*	
j'aurai	habré, tendré	j'aurais	habría, tendría
tu auras		tu aurais	
il aura		il aurait	
nous^aurons		nous^aurions	
vous^aurez		vous^auriez	
ils^auront		ils^auraient	

Imperatif

aie	ten
ayons	tengamos
ayez	tened, tenga(n) usted(es)

Subjonctif

Présent		*Imparfait*	
que j'aie	haya, tenga	que j'eusse	hubiese, tuviese
que tu aies		que tu eusses	
qu'il ait		qu'il eût	
que nous^ayons		que nous^eussions	
que vous^ayez		que vous^eussiez	
qu'ils^aient		qu'ils^eussent	

Tiempos compuestos

Indicatif

Parfait
j'ai eu	he tenido
tu as^eu	
il a eu	
nous^avons^eu	
vous^avez^eu	
ils^ont^eu	

Passé antérieur
j'eus^eu	hube tenido
tu eus^eu	
il eut^eu	
nous^eûmes^eu	
vous^eûtes^eu	
ils^eurent^eu	

Plus-que-parfait
j'avais^eu	había tenido	nous^avions^eu
tu avais^eu		vous^aviez^eu
il avait^eu		ils^avaient^eu

Futur passé
j'aurai eu	habré tenido
tu auras^eu	
il aura eu	
nous^aurons^eu	
vous^aurez^eu	
ils^auront^eu	

Conditionnel passé
j'aurais^eu	habría tenido
tu aurais^eu	
il aurait^eu	
nous^aurions^eu	
vous^auriez^eu	
ils^auraient^eu	

Subjonctif

Parfait
Que j'aie eu	haya tenido
que tu aies^eu	
qu'il ait^eu	
que nous^ayons^eu	
que vous^ayez^eu	
qu'ils^aient^eu	

Plus-que-parfait
que j'eusse eu	hubiese tenido
que tu eusses^eu	
qu'il eût^eu	
que nous^eussions^eu	
que vous^eussiez^eu	
qu'ils^eussent^eu	

Infinitif

Présent
avoir	haber, tener

Passé
avoir eu	haber tenido

Participe

Présent		Passé	
ayant	habiendo, teniendo	eu, eue *(f.)*	tenido
		ayant eu	habiendo tenido

Forma negativa

je *n*'ai *pas*	no tengo	je *n*'ai *pas* eu	no he tenido

Observaciones

1.ª «Avoir» se emplea para la formación de los tiempos compuestos de todos los verbos activos y de muchos neutros; p. ej.: j'ai parlé (he hablado).

2.ª Úsase como impersonal en el sentido de «haber» y «hacer», y va unido a la partícula «y»; p. ej.: Il y a quelqu'un ici. (Hay alguien aquí.) Il y aura deux ans à la Saint Jean. (Hará dos años para San Juan.)

3.ª «Tener que» se traduce por «avoir à, devoir»; «haber de» se expresa por el futuro.

Vocabulaire

la fourchette	el tenedor	le plancher *plãːʃe*	el suelo
la cuillère *kɥijɛːr*	la cuchara	une armoire	un armario
la faim	el hambre	la fleur *flœːr*	la flor
la soif	la sed	le fils *fis*	el hijo
mangé	comido	la pièce *pjɛs*	el cuarto, la pieza
acheté	comprado		
vendu	vendido	quatre *katr*	cuatro
la rue *ry*	la calle	six	seis
le numéro *nymero*	el número	chaque *ʃak*	cada
		troisième	tercero
l'appartement *apartəmã*	la habitación	quel, quelle *(f.)*	cual
		perdu	perdido
le salon	la sala	là	ahí
le cabinet	el excusado	encore	aún
le bain	el baño	je demeure	yo vivo
le mur *myːr*	el muro	vous demeurez	usted vive
le plafond *plaʃõ*	el techo	se compose	se compone

Exercice

Notre maison

Je demeure chez mes parents, rue de Lafayette, numéro 6. Notre maison a six étages. A chaque étage il y a un appartement. Notre appartement, qui se trouve au troisième étage, a un salon, une salle à manger, deux chambres à coucher, un cabinet, une cuisine et une salle de bain. Chaque chambre a quatre murs, un plafond et un plancher. Dans ma chambre il y a aussi une porte, deux fenêtres, une table, une armoire et plusieurs chaises. Derrière la maison il y a un beau jardin avec beaucoup de belles fleurs. Il y a aussi des arbres.

Tema

Tenemos muchos amigos en París. Tienes buenos libros. Tenemos muy pocas flores. Tiene tres hermanas y un hermano. ¿Tenéis cuadernos y plumas? Sí, señor, tenemos dos cuadernos y una pluma. El maestro tiene muchos discípulos. ¿Dónde tienes tu libro? He perdido mi libro y mis cuadernos. ¿Qué tiene usted ahí? Tengo un vaso de agua con un poco de vino. Tengo padre y madre. Mis padres tienen otros hijos; éstos son mis hermanos. Los alumnos tenían los libros debajo del banco. Tu hermano no tiene aún el libro. No tenemos tiempo. He tenido muy buenos amigos en Francia. Tendrás una taza de café con leche. El maestro ha tenido muchos alumnos en su clase.

Conversation

Dans quelle rue demeurez-vous? Combien d'étages a votre maison? A quel étage demeurez-vous? Combien d'appartements y a-t-il à chaque étage? De combien de pièces se compose votre appartement? Qu'y a-t-il dans votre chambre? Où est le jardin? Qu'y a-t-il dans votre jardin?

De la vie de tous les jours

Bonsoir, madame comment allez-vous aujourd'hui?	Buenas tardes, señora, ¿cómo se encuentra usted hoy?
Je me porte parfaitement bien, merci, et vous-même?	Estoy perfectamente bien, gracias, ¿y usted?

Fort bien, également	Igualmente muy bien.
Et chez vous?	Y en su casa de usted, ¿qué tal?
Tout le monde va bien, merci.	Todos están bien, gracias.
J'en suis très heureux.	Me alegro muchísimo.
Au revoir, mon ami.	Hasta la vista, amigo.
Tous mes respects, madame.	Servidor de usted, señora.

HUITIÈME LEÇON LECCIÓN OCTAVA

El verbo auxiliar (continuación)

En francés sólo existe el verbo «être» para los dos auxiliares «ser» y «estar» en español.

Être [ɛ:tr] ser, estar

Tiempos simples

Indicatif				
Présent				*Imparfait*
je suis	soy, estoy		j'étais	era, estaba
tu es			tu étais	
il est			il était	
nous sommes			nous étions	
vous êtes			vous étiez	
ils (elles) sont			ils étaient	
Prétérit				*Futur*
je fus	fui, estuve		je serai	seré, estaré
tu fus			tu seras	
il fut			il sera	
nous fûmes			nous serons	
vous fûtes			vous serez	
ils furent			ils seront	
Conditionnel				
je serais	sería, estaría		nous serions	
tu serais			vous seriez	
il serait			ils seraient	

Impératif

sois	sé, está	soyez	sed, estad, sea usted, sean ustedes, etc.
soyons	seamos, estemos		

Subjonctif

Présent

que je sois	que yo sea, esté
que tu sois	
qu'il soit	
que nous soyons	
que vous soyez	
qu'ils soient *swa*	

Imparfait

que je fusse	fuese, estuviese
que tu fusses	
qu'il fût	
que nous fussions	
que vous fussiez	
qu'ils fussent *fy:s*	

Infinitif

Présent

être	ser, estar

Passé

avoir été	haber sido o estado

Participe

Présent

étant	siendo, estando

Passé

été	sido, estado
ayant été	habiendo sido o estado

Tiempos compuestos
(fórmanse con el auxiliar «avoir»)

Indicatif

Parfait

j'ai été	yo he sido, estado
nous avons été	

Passé antérieur (raro)

j'eus été	hube sido, estado

Plus-que-parfait

j'avais été	había sido, estado
nous avions été	

Futur antérieur

j'aurai été	habré sido, estado

Conditionnel
j'aurais été   habría sido, estado

Subjonctif	
Parfait	*Plus-que-parfait*
que j'aie été haya sido, estado	que j'eusse été hubiese sido, estado

Observaciones

1.ª El verbo «être» va unido a menudo al demostrativo «ce, c'», dando así mayor fuerza a la oración. El verbo se halla siempre en la tercera persona del singular, excepto cuando le sigue uno de los pronombres «eux» (ellos), «elles» (ellas), o un sustantivo en plural. Ejemplos: c'est moi (soy yo), c'était lui (era él), ce sera nous (seremos nosotros), c'est mon frère (es mi hermano); pero se dice: ce sont les habitants (son los habitantes), c'étaient elles (eran ellas).

2.ª «Ser de» = «être à»: Le livre est à l'élève.

3.ª «Estoy leyendo» = «je suis en train de lire», o simplemente «je lis».

Vocabulaire

la ville	la ciudad, villa	le bâtiment	el edificio
l'avenue	la avenida alameda	la gare	la estación
		le chemin de fer	el ferrocarril
la place	la plaza	le théâtre	el teatro
le palais	el palacio	la rose *ro:z*	la rosa
l'église	la iglesia	hier *jɛ:r*	ayer
situé, -e	situado, -a	demain *d(ə)mẽ*	mañana
premier, -ère	primero, -a	le musée	el museo
pavé, e	empedrado, -a	le gouvernement	el gobierno
spacieux, -se	espacioso, -a	la cour	la corte
fréquenté	concurrido	la restaurant	la fonda
la mairie	la alcaldía	le bureau de tabac	el estanco
la république	la república	le palais de justice	el tribunal
l'année	el año	l'hôtel de ville	el ayuntamiento
la boutique	la tienda	le quartier	el barrio
la fontaine	la fuente	la résidence	la residencia

El verbo auxiliar

le siège	el asiento	nombreux *nõbrø*	numeroso
le trottoir	la acera	se trouvent	se encuentran
l'issue, la sortie	la salida	magnifique	magnífico, -a
autrefois	en otros tiempos	*maɲifik*	
		malade	enfermo, -a
bordé	rodeado	diligent, -e	aplicado, -a
toujours	siempre	*diliʒã*	

Exercice

Notre ville

Notre ville est située près de Paris. Elle fut autrefois la résidence de la cour; elle a été aussi le siège du gouvernement pendant les premières années de la république. Les rues sont pavées. Les larges avenues sont bordées de beaux restaurants et de grandes boutiques. Les trottoirs sont spacieux. Le palais a été et sera toujours très fréquenté. Il y a plusieurs places publiques avec des fontaines. Les bâtiments publics sont nombreux. L'hôtel de ville, le théâtre, le palais de justice et l'église se trouvent dans l'avenue. Nous avons aussi une magnifique gare de chemin de fer, plusieurs écoles et un jardin public.

Tema

Vosotros sois los hermanos de mi amigo. Las hojas de la rosa son hermosas. Este jardín es hermoso. Mi hermana estuvo muy enferma. ¿Dónde está tu padre? Mi padre está en el jardín. Estuvimos en casa de mi profesor. Las ventanas de tu cuarto son grandes. Los discípulos fueron muy aplicados. Somos pobres y estamos enfermos. Ella estuvo ayer en la iglesia, yo estuve en casa. ¿Dónde estará usted mañana? Estaré en París. Hemos estado hoy en casa; nuestra madre estaba enferma. Mañana estarás tú en Madrid, y yo estaré en París. ¿Has estado ya en Francia?

Conversation

Où est située notre ville? Que fut-elle autrefois? Comment sont les rues? De quoi sont bordées les avenues? Comment sont les trottoirs? Quels sont les principaux bâtiments publics? Qu'y a-t-il dans les places publiques?

De la vie de tous les jours

Adieu, Henri!	¡Adiós, Enrique!
Oh! Albert, c'est toi! Que je suis content de te voir! Comment vas-tu?	¡Hola! ¡Eres tú, Alberto! ¡Cuánto me alegra verte! ¿Qué tal estás?
Pas trop bien, mon cher Henri.	No muy bien, querido Enrique.
Ah! qu'as-tu donc?	Pues, ¿qué tienes?
L'autre jour, j'ai été au théâtre avec mon frère; au retour, j'ai pris froid et j'ai eu de la fièvre.	El otro día estuve en el teatro con mi hermano; a la vuelta, cogí frío y tuve fiebre.
C'est bien regrettable; mais cela ne sera rien.	Lo siento muchísimo, pero espero que eso no será nada.
Je l'espère ainsi. Et toi-même, comment te portes-tu?	Así lo espero yo también. Y tú, ¿qué tal estás?
Fort bien, merci.	Muy bien, gracias.
J'en suis très heureux.	Me alegro muchísimo.
Au revoir, Henri.	Hasta la vista, Enrique.
A bientôt, Albert.	Hasta pronto, Alberto.

NEUVIÈME LEÇON   LECCIÓN NOVENA

Forma negativa

1. La negación española «no» se expresa en francés por medio de las dos palabras «ne — pas»[1]. En los tiempos simples, «ne» precede al verbo y «pas» le sigue; en los tiempos compuestos se coloca «ne» delante del auxiliar y «pas» inmediatamente después de él; por ejemplo:

Je *ne* suis *pas* malade.	No estoy enfermo.
Je *n'*ai *pas* été malade.	No he estado enfermo.

2. Cuando «ne» se halla delante de vocal o *h* muda, se emplea la forma apocopada «n'»:

Je *n'*ai pas un sou.	No tengo un ochavo.
Il *n'*était pas chez lui.	No estaba en (su) casa.

3. En el infinitivo, las dos partículas de la negación se anteponen al verbo: ne pas dormir (no dormir). Ne pas

---

[1] A veces, en vez de «ne — pas» se emplea «ne — point», que niega más absolutamente: Il n'a point de domestiques. (No tiene criados.)

être riche n'est point déshonorant. (El no ser uno rico no es deshonroso.)

4. Se suprime «pas» (o «point») cuando en la oración se encuentra ya una expresión negativa, como, por ejemplo: jamais (nunca, jamás), rien (nada), personne (nadie), ni (ni), aucun (ninguno), nul (ninguno), guère (casi), plus (ya).

Cela n'arrive jamais.	Eso no sucede nunca.
Rien n'est plus facile.	Nada es más fácil.
Je n'étais plus là.	Yo no estaba ya allí.

Je ne le connais guère.	Apenas le conozco.
La mort n'épargne personne.	La muerte no perdona a nadie.
Je n'ai rien vu.	No he visto nada.

Con ciertos verbos, como «pouvoir, savoir, cesser, oser», basta a menudo «ne» para expresar la negación.

Ne pouvant travailler, je pars.	No pudiendo trabajar, me voy.
Je ne sais.	No sé.
Je ne saurais vous le dire.	No sabría decírselo.
Il ne cesse de m'importuner	No deja de importunarme.
Il n'ose me le demander.	No se atreve a pedírmelo.

Pero hay que emplear «pas» cuando «savoir» tiene un complemento directo o cuando significa saber de memoria. Je ne sais pas ma leçon. (No sé mi lección.)

5. Cuando la negación va sola, se emplea en las respuestas «non»; por ejemplo:

Avez-vous faim?—Non, monsieur.	¿Tiene usted hambre?—No, señor.
Viendrez-vous?—Non, monsieur.	¿Vendrá usted? — No, señor.

6. También se usa «non» delante de adjetivos: des ordres non écrits (órdenes no escritas); así como delante de complementos, para evitar la repetición del verbo: La bonne rincera les verres, mais non les bouteilles. (La criada enjuagará los vasos, pero no las botellas.)

Presente de DONNER, dar			
je donne	doy	est-ce que je donne?	¿doy?
tu donnes	das	donnes-tu?	
il donne	da	donne-t-il?	
nous donnons	damos	donnons-nous?	
vous donnez	dais	donnez-vous?	
ils donnent	dan	donnent-ils?	

je *ne* donne *pas*   no doy
tu *ne* donnes *pas*

Vocabulaire

la toilette	el aseo, tocador	la campagne	el campo
le pot (à eau)	el jarro	prendre	tomar
la cuvette	la jofaina	faire	hacer
le tiroir	el cajón	il fait	él hace
le savon	el jabón	fait	hecho
la brosse	el cepillo	étourdi	atolondrado
le miroir	el espejo	élevé	educado
le domestique	el criado	il oublie	él olvida
éveillé	despertado	remercier	dar las gracias
propre	limpio	rəmɛrsje	
de bonne heure	temprano	sec, sèche	seco, -a
pu	podido	ajouter	añadir
faire sa toilette	componerse	accompagner	acompañar
trouvé	hallado	apporter	traer
brossé	cepillado	apporté	traído
la faute	la falta	il demeure	él vive
le sens sãːs	el sentido	lui	a él, le
la réponse repõːs	la respuesta	pourquoi?	¿por qué?
quelque chose kɛlkəʃoːz	algo	parce que	porque
		la traduction	la traducción

Exercice

Le domestique ne m'a pas éveillé de bonne heure. Je n'ai pas eu le temps de prendre un bain, ni de faire ma toilette. Je n'ai trouvé d'eau ni dans le pot-à-eau, ni dans la cuvette. Mes habits n'avaient pas été brossés. Mon domestique ne fait rien bien. Il n'a jamais eu de bon sens. Personne n'a jamais vu un domestique si étourdi. Mon ami est un enfant bien élevé. Il n'oublie pas de remercier quand on lui donne quelque chose. Il ne donne pas de réponses sèches: «Oui», «Non», sans ajouter: «Monsieur» ou «Madame». Pourquoi ne l'avez-vous pas accompagné? Je n'avais pas le temps.

Tema

El alumno no ha hecho sus deberes porque ha estado enfermo. No ha traído sus libros. Mi hermano no ha estado hoy en la escuela. No tengo pan. Mi amigo no estaba en casa. Mi hermano no vive en esta ciudad, vive en el campo. Yo no vivo con mis padres. No tenemos ninguna falta en nuestra traducción. Mi criado no ha cepillado mis trajes. Nadie tenía pan. Yo no doy respuestas secas. ¿Tienes mi pluma? No, señor, no tengo su pluma de usted. Tenemos poco dinero. ¿Tienen ustedes sed? No, señor, no tenemos sed. Mañana no estaré en casa. Enrique no habrá estado en la iglesia. No tenemos tiempo de tomar un baño.

Conversation

Avez-vous été éveille de bonne heure? Avez-vous eu le temps de prendre un bain? Comment est votre domestique? Qui est un enfant bien élevé? Avez-vous faim? Où étais-tu hier? Avez-vous mon crayon?

De la vie de tous les jours

Eh bien, Henri, comment te trouves-tu, aujourd'hui?	Bueno, Enrique, ¿qué tal te encuentras hoy?
Je ne suis pas encore tout à fait rétabli, j'ai encore mal à la tête et je n'ai pas d'appétit.	No estoy aún del todo restablecido, tengo todavía dolor de cabeza y no tengo apetito.
Cela ne sera rien; c'est un effet des ces chaleurs.	Eso no será nada; es la consecuencia de estos calores.
Peut-être bien; et toi, comment te portes-tu?	Puede ser muy bien; y tú, ¿qué tal estás?
Je vais très bien, merci.	Me va muy bien, gracias.
Et madame ta mère?	Y tu señora madre, ¿qué tal está?
Elle va bien aussi.	También sigue bien.
J'en suis enchanté.	Me alegro mucho.
Au revoir, Henri.	Hasta la vista, Enrique.
A bientôt, Charles.	Hasta pronto, Carlos.

DIXIÈME LEÇON   LECCIÓN DÉCIMA

Forma interrogativa de los verbos

1. En las oraciones interrogativas el pronombre personal (je, tu, il, elle, nous, vous, ils, elles), el indefinido «on» o el demostrativo neutro «ce» se colocan después del verbo cuando éste está en uno de los tiempos simples, y entre el auxiliar y el participio en los tiempos compuestos. El pronombre pospuesto al verbo se separa de éste por un guión (inversión simple).

Avons-nous une maison?	¿Tenemos una casa?
Etiez-vous au théâtre?	¿Estabais en el teatro?
Avez-vous été au théâtre?	¿Estuvisteis en el teatro?
Viendront-ils par le chemin de fer?	¿Vendrán por ferrocarril?
Aviez-vous pris l'avion?	¿Había tomado usted el avión?

2. Cuando el sujeto de la oración interrogativa es un sustantivo o un pronombre distinto de los antes mencionados (1), se coloca éste al principio de la frase, expresándose además el pronombre correspondiente después del verbo (inversión compuesta).

Ton frère a-t-il oublié son cahier?	¿Ha olvidado tu hermano su cuaderno?
Ta sœur prendra-t-elle le tramway?	¿Tomará tu hermana el tranvía?

3. Cuando la tercera persona del singular de los tiempos simples acaba en *a* o *e* muda, se intercala una *t* — separada por dos guiones — entre el verbo y el pronombre, o entre el auxiliar y el pronombre en los tiempos compuestos:

Parle-t-il français?	¿Habla francés?
Sera-t-elle au théâtre?	¿Estará ella en el teatro?
A-t-il oublié son cahier?	¿Ha olvidado él su cuaderno?

4. Puede hacerse siempre la interrogación anteponiendo la locución «est-ce-que» a la preposición expositiva, después de la cual no hay inversión; por ejemplo:

Est-ce-que tu as trouvé ta plume?	¿Has hallado tu pluma?
Est-ce-que le mécanicien réparera bientôt ce frein?	¿Compondrá el mecánico pronto este freno?

5. No se emplea esta locución después de los adverbios interrogativos:

Quand est-il venu?   ¿Cuándo vino?

6. Si la frase interrogativa empieza por «que», el sujeto —aunque sea un sustantivo— se coloca después del verbo:

Qu'a-t-il dit?	¿Qué ha dicho?
Que veut cette dame?	¿Qué quiere esta señora?

7. Después de «qui» (complemento) hay inversión compuesta si el sujeto es un sustantivo:

Que dois-je voir?	¿Qué debo ver?
Qui votre ami a-t-il vu?	¿A quién ha visto su amigo?

8. Si la interrogación principia con un adverbio, «où» (dónde, adónde), «quand» (cuándo), «comment» (cómo), «combien» (cuánto), la inversión del sujeto puede ser simple o compuesta:

Où va votre cousin?
Où votre cousin va-t-il? } ¿Adónde va su primo?

Quand viendra votre beau-frère?
Quand votre beau-frère viendra-t-il? } ¿Cuándo vendrá su cuñado?

Combien de roues a une auto?
Combien une auto a-t-elle de roues? } ¿Cuántas ruedas tiene un automóvil?

9. Después de «pourquoi» y de los interrogativos precedidos de preposición, hay siempre inversión compuesta si el sujeto no es uno de los pronombres mencionados en el artículo 1 de esta lección:

Pourquoi mon âme est-elle triste?   ¿Por qué está triste mi alma?
Pour quelles raisons vos parents   ¿Por qué razón se han marchado
sont-ils partis?   sus padres?

10. En las respuestas se emplea «en» (= de eso, de ello) para recordar el objeto de la interrogación, «y» para recordar el lugar que se mencionó en la pregunta; por ejemplo:

Avez-vous de gants?—Oui, j'*en* ai.   ¿Tiene usted guantes? — Sí, tengo.
Avez-vous été au théâtre? — Oui,   ¿Ha estado usted en el teatro? —
j'y ai été.   Sí, estuve allí.
Les voitures sont-elles dans la re-   ¿Están los coches en la cochera?
mise? — Non, elles n'y sont pas.   — No están allí.

11. Monsieur (señor) *(pl.* messieurs), Madame (señora) *(pl.* mesdames), Mademoiselle (señorita) *(pl.* mesdemoiselles)[1], en apóstrofo o seguidos de apellido, no admiten artículo ni determinativo alguno, pero sí cuando hacen de sustantivo común: 1.º Monsieur Vignal, je vous remercie. (Señor Vignal, le doy las gracias.) M. V. est sorti. (El señor V. ha salido.) 2.º Les messieurs qui attendent sont mes parents. (Los señores que están esperando son mis padres.) En el último caso, «madame» y «mademoiselle» se abrevian en «dame» y «demoiselle»: La dame qui coud est ma belle-sœur. (La señora que está cosiendo es mi cuñada.) Pero: Comment allez-vous, Mlle. Briez? (¿Cómo está usted, señorita B.?)

12. Hablando con una persona de respeto, el francés emplea «vous» seguido del verbo en la 2.ª pers. del plural; pero el participio o adjetivo que sigue al verbo debe permanecer en singular cuando se trate de una sola persona; por ejemplo:

    Êtes-vous contente?   ¿Está usted contenta?
    Êtes-vous contente*s*?   ¿Están ustedes contenta*s*?

Con un título, se dice: M. le Président (señor Presidente), Madame la Comtesse (señora Condesa) (*o* el Sr. P., la Sra. C.).

Vocabulaire

la correspondance	la correspondencia	la dépêche, le télégramme	el parte, el telegrama
le bureau	la oficina, el despacho	la lettre	la carta
		le journal	el diario, periódico
le courrier, la poste	el correo	l'enveloppe	el sobre

---
[1] Abreviaturas: M. MM. — Mme., Mmes. — Mlle., Mlles.

la signature	la firma	la carte postale	la tarjeta postal
la boîte aux lettres	el buzón	le timbre	el sello
recommandé, -ée	certificado, -a	l'adresse	la dirección, las señas
le coin	la esquina		
le garçon	el muchacho	mis	puesto
le neveu	el sobrino	reçu	recibido
la tante	la tía	oublié	olvidado
à quelle heure?	¿a qué hora?	vous vendez	usted vende
à sept heures	a las siete	il apportera	él traerá
il arrive	él llega	il arrivera	él llegará
il viendra	él vendrá	je sais	yo sé
envoyé	enviado	au juste	de seguro
le facteur	el cartero	je crois	yo creo
la date	la fecha	on achète	se compra
le mandat-poste	el giro postal	vous frappez	usted llama
la droite	la derecha	j'apporte	yo traigo
la gauche	la izquierda	il vient	él viene
prochain	próximo		

Exercice

Où est le bureau de poste? Monsieur, il est au coin de la place, à droite. N'y a-t-il pas une boîte aux lettres dans la rue? Non, madame; il y en a une près de l'église, à gauche. Votre cousin a-t-il reçu des cartes postales de France? Oui, mademoiselle, il en a reçu de Versailles et d'Aubusson. Est-ce que vous vendez des enveloppes et des journaux? Avez-vous vu le facteur? Avez-vous reçu un mandat-poste de votre oncle? Non, mais j'ai reçu une lettre recommandée de ma tante. Est-ce que le facteur apportera (o le facteur apportera-t-il) des journaux aujourd'hui? N'ont-ils pas reçu un télégramme? Quand arrivera le courrier? Qui a des timbres? Rien pour moi? Pas de lettres pour moi? Rien pour vous. Tenez, monsieur, voici une lettre et deux cartes postales. Voici une lettre pour vous. Qui est-ce qui l'a apportée? Je ne le sais au juste, je crois que c'était un petit garçon.

Tema

¿Dónde compra usted los sellos? En la oficina de correos o en el estanco. ¿Quién está aquí (là)? Soy yo, señora; soy el cartero. ¿Por qué llama usted tan temprano a la puerta? Porque traigo una carta certificada a la señorita. ¿De dónde viene la carta? ¿No ha traído usted un telegrama? Sí, señor, aquí está. ¿Ha traído el cartero tarjetas? No, señorita. ¿Has puesto la firma en la carta y la dirección en el sobre? Sí, pero he olvidado la fecha. ¿Qué habéis visto en la calle? No hemos visto nada. ¿A qué hora llega el próximo correo? A las siete. ¿Dónde está el buzón? El buzón está en la esquina de la calle, a la izquierda.

Conversation

Où est le bureau de poste? Quand viendra le facteur? Est-ce que le courrier apportera les journaux? Qui a envoyé la lettre? Qui est-ce qui l'a apportée. Avez-vous mis la lettre dans l'enveloppe? N'as-tu pas oublié la date? Où est la boîte aux lettres?

De la vie de tous les jours

Qui est là?	¿Quién es?
Monsieur Lenoir est-il visible?	¿Puedo ver al señor Lenoir?
Ayez la bonté de me donner votre nom, s'il vous plaît.	Tenga usted la bondad de decirme su nombre.
Pierre Lotti.	Pierre Lotti.
Bien, ayez l'obligeance d'attendre une minute. — Donnez-vous la peine d'entrer, monsieur.	Muy bien, gracias; tenga la bondad de esperar un momentito. — Tómese usted la molestia de entrar, caballero.

ONZIÈME LEÇON   LECCIÓN UNDÉCIMA

El adjetivo

Formación del femenino

1. *Regla general:* Los adjetivos forman generalmente el femenino añadiendo una *e* muda a la terminación del masculino:

petit — petit*e*	pequeño, -a	grand — grand*e*	grande
vrai — vrai*e*	verdadero, -a	poli — poli*e*	cortés
lourd — lourd*e*	pesado, -a	plein — plein*e*	lleno, -a

El adjetivo

2. Los que en el masculino terminan en *e* muda, quedan invariables en el femenino:

aimable	amable	pauvre	pobre
riche	rico, -a	sage	cuerdo, -a

Particularidades en la formación del femenino de algunos adjetivos

1. Los adjetivos terminados en *x* (especialmente *eux)*, cambian la *x* en *se:*

heureu*x* — heureu*se*   feliz
courageu*x* — courageu*se*   valiente
jalou*x* — jalou*se*   celoso, -a

Se exceptúan los monosílabos: doux—douce (dulce), faux—fau*sse* (falso, -a), roux—rou*sse* (bermejo, -a).

2. Los adjetivos terminados en *f* hacen el femenino en *ve:*

acti*f* — acti*ve*	activo, -a	neu*f* — neu*ve*	nuevo, -a
attenti*f*—attenti*ve*	atento, -a	vi*f* — vi*ve*	vivo, -a

3. Los masculinos terminados en *er* toman la terminación *ère* en el femenino:

premier — premi*ère*   primero, -a
dernier — derni*ère*   último, -a
léger — lég*ère*   ligero, -a
étranger — étrang*ère*   extranjero, -a

4. Los terminados en *on*, *en*, *el*, *eil*, *et* doblan la consonante final antes de añadir la *e* muda:

bon — bo*nne*	bueno, -a	pareil — parei*lle*	parecido, -a
ancien—ancie*nne*	viejo, -a	muet — mue*tte*	mudo, -a
cruel — crue*lle*	cruel	net — ne*tte*	limpio, -a

Exceptúanse:

secret — secr*ète*	secreto, -a	inquiet—inqui*ète*	inquieto, -a
complet—compl*ète*	completo, -a	discret—discr*ète*	discreto, -a

5. Asimismo doblan la última consonante los adjetivos siguientes:

bas — ba*ss*e	bajo, -a	épais — épai*ss*e	espeso, -a
gras — gra*ss*e	gordo, -a	nul — nu*ll*e	ninguno, -a
gros — gro*ss*e	grueso, -a	gentil — genti*ll*e	lindo, -a
las — la*ss*e	cansado, -a	sot — so*tt*e	tonto, -a

6. Los adjetivos en *eur*, que se derivan de participios, forman el femenino en *euse:* trompeur — tromp*euse* (engañador, -a), menteur — ment*euse* (mentiroso, -a).

Exceptúanse:

supérieur — supérieur*e*	superior, -a
majeur — majeur*e*	mayor
meilleur — meilleur*e*	mejor
mineur — mineur*e*	menor

7. Los adjetivos siguientes tienen una forma especial para el femenino.

long — long*ue*	largo, -a	frais — fra*îche*	fresco, -a
aigu — aigu*ë*	agudo, -a	public — publi*que*	público, -a
blanc — blan*che*	blanco, -a	grec — grec*que*	griego, -a
franc — fran*che*	franco, -a	bénin — béni*gne*	benigno, -a
sec — sè*che*	seco, -a	malin — mali*gne*	maligno, -a

8. Los adjetivos «beau» (hermoso), «nouveau» (nuevo), «fou» (loco), «mou» (blando) y «vieux» (viejo) forman los femeninos «belle, nouvelle, molle, folle, vieille». Esta forma femenina se deriva de las formas secundarias masculinas «bel, nouvel, fol, mol, vieil», que se emplean delante de sustantivos que empiezan por vocal o *h* muda; por ejemplo: un bel enfant (un bello niño), un bel arbre (un hermoso árbol), le nouvel an (el año nuevo), mon vieil ami (mi viejo amigo), mon vieil habit (mi vestido viejo), un fol amour (un amor loco). Pero se dice: les beaux arbres (los hermosos árboles).

Vocabulaire

la note	la nota	l'histoire	la historia
brun	moreno, pardo	étroit	estrecho
la boisson	la bebida	le chocolat	el chocolate
noir	negro	court	corto

El adjetivo

froid	frío	la peau	la piel, el cutis
se laver	lavarse	la jeune fille	la joven
entendu	oído	la chevelure	la cabellera
blond	rubio	la voix	la voz
l'horloge *(f.)*	el reloj	le cri	el grito
la nouvelle	la noticia	cependant	sin embargo
le matin	la mañana	le cheveu	el cabello
la mer	el mar	je préfère	yo prefiero
la vie	la vida	paresseux, -se	perezoso
la taille	la estatura	agréable	agradable
la figure	la cara	lu	leído

Exercice

La vie de l'homme est courte. Le boucher est de grande taille, mais la bouchère est petite. La jeune fille a les yeux noirs, la chevelure également noire, la peau brune et la figure aimable; c'est une personne très instruite et très polie. Ces personnes sont étrangères. Voilà une rue bien étroite et bien longue. La table est trop petite; elle n'est pas non plus assez large. Le bon élève est attentif aux explications du professeur. La dernière maison de la rue. Mon frère est le premier élève de la clase. Ma sœur a eu de bonnes notes. Cette grosse horloge est très jolie. Les jeunes filles paresseuses ne sont bonnes à rien. J'ai lu de bonnes nouvelles d'Espagne dans le journal de ce matin. L'histoire n'est pas complète. J'ai un vieil habit et un vieux chapeau; voici une vieille casquette et de vieux bas.

Tema

Prefiero el agua fría al agua caliente para lavarme. Los cuartos son muy estrechos en aquella casa. Las calles de nuestra ciudad son largas, anchas y bien cuidadas. Usted tiene las manos sucias. La señorita ha comprado una falda azul. Los alumnos tienen libros nuevos. El chocolate y el café son bebidas agradables y buenas. ¿Ha recibido usted buenas noticias de su padre? Las nueces son frescas. La flor del campo es bonita. Las casas nuevas tienen ventanas altas. Un periódico extranjero. Una historia verdadera. Una carga pesada.

Exercice de lecture

La France

La France portait autrefois[1] le nom de Gaule. Elle était alors[2] couverte[3] en grande partie de grandes forêts[4] et de vastes marécages[5]; on ne voyait[6] point de routes[7]; les villes, les champs cultivés étaient rares. Maintenant[8] la France est un riche et beau pays qui compte environ 40 millions d'habitants. Le sol[9] est partout[10] bien cultivé[11]; de belles et larges[12] routes bien entretenues[13] et bordées d'arbres, des lignes de chemins de fer[14] se dirigent[15] dans tous les sens[16]. La France est arrosée[17] par quatre grands fleuves[18]: la Seine, la Loire, la Garonne et le Rhône. Elle est baignée[19] par la Manche, l'océan Atlantique et la mer Mediterranée. Le climat[20] est très doux et tempéré[21]. Le sol est très fertile, il produit[22] du blé[23], des raisins[24], des légumes[25], de l'huile[26] et beaucoup de fruits excellents. L'industrie est très florissante[27]. Le commerce tant intérieur qu'extérieur est des plus considérables. La France a pour capitale[28] Paris.

[1]antiguamente. [2]entonces. [3]cubierta. [4]selvas. [5]pantanos. [6]no se veían. [7]carreteras. [8]ahora. [9]suelo. [10]en todas partes. [11]cultivado. [12]anchas. [13]cuidadas. [14]líneas de ferrocarril. [15]se dirigen. [16]direcciones. [17]regada. [18]río. [19]bañada. [20] clima. [21]templado. [22]produce. [23]trigo. [24]uvas. [25]legumbres. [26]aceite. [27]floreciente. [28]capital.

DOUZIÈME LEÇON   LECCIÓN DUODÉCIMA

Posición del adjetivo

1. En francés, como en español, el adjetivo epíteto puede preceder o seguir al sustantivo a que se refiere, siendo entonces su valor expresivo distinto en cada uno de los casos, pero las reglas a seguir para su empleo difieren en muchos casos de las españolas.

2. *Después del sustantivo.*

Siendo determinantes, se colocan lógicamente después del nombre:

a) Los adjetivos que denotan una cualidad física, perceptible por medio de los sentidos, como color, forma, sabor, olor, etc.:

une table ronde	una mesa redonda
du papier rouge	papel encarnado
de l'eau fraîche	agua fresca

b) Los adjetivos que indican nacionalidad, idioma, religión, clase, etc.:

la religion catholique	la religión católica
la langue française	la lengua francesa
le peuple espagnol	el pueblo español
les langues modernes	las lenguas modernas

c) Los adjetivos de origen verbal, participio pasado, adjetivo verbal:

une langue parlée	una lengua hablada
un jeu amusant	un juego divertido
un homme instruit	un hombre instruido

d) Los sustantivos empleados como adjetivos:

une robe orange	un vestido naranja
un homme grenouille	un hombre rana

e) Los adjetivos polisílabos que son más largos que los sustantivos:

un homme extraordinaire	un hombre extraordinario

f) Los adjetivos que terminan en *il, if, ique, able, ible*:

un monument public	un monumento público
une place publique	una plaza pública
un homme actif	un hombre activo
une femme aimable	una mujer amable

g) Los adjetivos seguidos de un complemento:

une chose facile à comprendre	una cosa fácil de comprender
un malheur commun aux hommes	una desgracia común a los hombres

3. *Antes del sustantivo.*

El orden lógico (nombre + epíteto) se encuentra alterado a veces por causas psicológicas o estéticas. Así, se colocan antes del nombre algunos adjetivos, muy usuales, que expresan cualidades muy corrientes, y susceptibles (como en español) de tener un carácter afectivo: bon (bueno), mauvais, méchant (malo), nouveau (nuevo), jeune (joven), vieux (viejo), haut (alto), long (largo), gros (grueso), grand (grande), petit (pequeño), beau (hermoso), joli (bonito), vilain (feo):

Voici une belle vue.	He aquí una hermosa vista.
Quel mauvais chemin!	¡Qué mal camino!

4. *Antes o después del sustantivo.*

Los adjetivos polisílabos se anteponen o posponen al nombre indistintamente:

une aventure étrange
une étrange aventure } una aventura extraña

une charmante soirée
une soirée charmante } una velada encantadora

Pero algunos de estos polisílabos, colocados después del nombre, adquieren una fuerza especial; por ejemplo:

une charmante femme   (se dice por cortesía)
une femme charmante   (realmente encantadora)

5.
Algunos epítetos cambian de significación (como en español) según vayan delante o después del nombre; así, guardan su sentido propio cuando están después del nombre y toman una significación figurada o derivada cuando lo preceden; por ejemplo:

un homme grand	un hombre alto
un grand homme	un hombre de gran talento
l'année dernière	el año pasado
la dernière année	el último año
un objet cher	un objeto caro

Posición del adjetivo

mon cher ami	mi querido amigo
du vin nouveau	vino recién hecho
un nouveau vin	un vino diferente (de otro)
un livre triste	un libro que inspira tristeza
un triste livre	un libro sin mérito
un homme galant	un hombre galante
un galant homme	un hombre cortés
un personnage plaisant	un personaje agradable
un plaisant personnage	un personaje ridículo
une femme grosse	una mujer embarazada
une grosse femme	una mujer gorda
une fleur simple	una flor sencilla
une simple fleur	una sola flor
un homme pauvre	un hombre falto de bienes
un pauvre homme	hombre infeliz, bobo

Hay unos 40 adjetivos de este tipo.

6. Cuando un sustantivo va acompañado de dos adjetivos, debe repetirse el artículo delante de cada uno si expresan cualidades opuestas:

Les jeunes et les vieux soldats attendaient le signal de combat.

Los soldados bisoños y los veteranos esperaban la señal de combate.

Pero:

les jeunes et vaillants soldats — los jóvenes y valientes soldados

7. El uso dará a conocer las respectivas preposiciones que requieren los adjetivos antes de sus complementos; éstas no son siempre idénticas en francés y en español:

content de son sort	contento de su suerte
bon a manger	bueno para comer
facile à comprendre	fácil de comprender

8. Dos adjetivos pueden tener un solo y mismo complemento con tal que admitan la misma preposición:

aimé et recherché de tous — querido y buscado por todos

Vocabulaire

la promenade	el paseo	les Parisiens	los parisienses
l'allée	la alameda	l'industrie	la industria
l'ombre	la sombra	le commerce	el comercio
le parc	el parque	la capitale	la capital
la nappe	el mantel	la rive	la orilla
le jour, la journée	el día	favori, -te	favorito, -a
gigantesque	gigantesco	la prairie	la pradera
odorant	fragante	la température	la temperatura
anglais	inglés	immense $imã:s$	inmenso, -a
le boulanger	el panadero	considérable	considerable
jeune	joven	touffu	frondoso
honnête	honrado	superbe	soberbio
aucun	ninguno	les environs	los alrededores
la langue	la lengua	il compte	él cuenta
le goût	el gusto	environ	aproximadamente
habillé	vestido		
à l'aise	con comodidad	florissant	floreciente
rencontré	encontrado	donc	pues
bu	bebido	il partage	él divide
couvert	cubierto	le bois	el bosque
la plaine	la llanura	le bateau à vapeur	el barco de vapor
le fleuve	el río	circulent	circulan
la montagne	la montaña	à travers	a través
la richesse	la riqueza	la métropole	la metrópoli

Exercice

Une promenade

Lundi dernier nous avons fait une délicieuse promenade à Trianon. Le temps était très beau. Les fillettes étaient habillées de robes légères pour courir plus à l'aise dans les larges et longues allées du vieux parc, sous l'ombre fraîche des arbres gigantesques, au milieu des fleurs odorantes. Nous avons rencontré beaucoup de jeunes anglaises très gentilles; les demoiselles ont bu du lait chaud autour de la table carrée, couverte d'une nappe blanche, dans la prairie verdoyante qui est en face du parc. Nous sommes revenus à la nuit tombante (al cerrar de la noche). Ce fut une très agréable journée; mais ce sera notre dernière promenade avant les vacances.

Tema

Francia tiene llanuras inmensas, ríos, montañas altas y riquezas incomparables. Es un país rico y hermoso, que cuenta aproximadamente 42 millones de habitantes. Su suelo es muy fértil. La industria es muy floreciente; el comercio es muy considerable. La capital de Francia es París, que se halla situado a orillas del Sena. Este río divide la ciudad en dos partes casi iguales. París se halla, pues, situado a la orilla derecha y a la orilla izquierda de este río. La temperatura es apacible. París tiene frondosas alamedas y anchas avenidas; hay soberbios palacios por todos los alrededores. El bosque de Boulogne es el paseo favorito de los parisienses. Pequeños barcos de vapor circulan por el Sena a través de la metrópoli francesa.

Exercice de lecture

Les blés d'or[1]

Henri IV, un des meilleurs rois de France visitait[2] le parc d'un gentilhomme qui lui faisait[3] admirer les plantes les plus rares et les fleurs enchanteresses[4] de son magnifique parterre[5]. Un bon vieux fermier[6] qui était présent dit[7] qu'il avait des fleurs bien plus riches et plus belles. Henri IV voulut les voir[8]; le paysan[9] le mena[10] vers son champ[11] de blé. «Tu as raison, dit le roi, voilà bien les fleurs les meilleures et les plus riches que je connaisse[12].» De retour[13] à Paris il envoya[14] au brave fermier quatre épis[15] de blé en or. Celui-ci les conserva[16] avec un soin[17] pieux[18] et les transmit[19] à ses descendants[20] comme un précieux trésor[21] de famille.

[1]los trigos de oro. [2]visitaba. [3]hacía. [4]encantadora. [5]jardín. [6]granjero. [7]dijo. [8]quiso verlas. [9]campesino. [10]llevó. [11]campo. [12]conozco. [13]de vuelta. [14]mandó. [15]espigas. [16]conservó. [17]cuidado. [18]piadoso. [19]transmitió. [20]descendientes. [21]tesoro.

De la vie de tous les jours

Quel temps fait-il, Paul?	¿Qué tiempo hace, Pablo?
Il fait beau, et je crois que nous aurons une journée magnifique.	Hace buen tiempo, y me parece que tendremos un día magnífico.
Ah! tant mieux, que je suis content!	¡Ay! tanto mejor; ¡qué contento estoy!

Quelle belle promenade nous allons faire!	¡Qué paseo tan bonito vamos a dar!
Allons, partons tout de suite.	Vamos, salgamos en seguida.

TREIZIÈME LEÇON   LECCIÓN DECIMOTERCERA

Grados de comparación

1. El *comparativo* (de superioridad o de inferioridad) se forma anteponiendo al adjetivo los adverbios «plus» (más), «moins» (menos); el comparativo de igualdad o de desigualdad, por medio de «aussi» o «si» (tan, tanto). El «que» o «como» que siguen en español al adjetivo se expresan por «que»:

L'instruction est *plus* utile *que* la richesse.	La instrucción es más útil que la riqueza.
Pierre est *moins* laid *que* son frère.	Pedro es menos feo que su hermano.
Cette affaire est *aussi* avantageuse *que* l'autre.	Este negocio es tan ventajoso como el otro.

2. En las proposiciones afirmativas siempre se usa «aussi — que» para expresar el «tan — como» español, comparativo de igualdad; en las negativas se prefiere «si»:

Louis est *aussi* grand *que* son frère.	Luis es tan alto como su hermano.
Charles *n*'est pas *si* grand *que* moi.	Carlos no es tan alto como yo.

3. Con sustantivos o verbos se emplea «autant de — que, tant de — que» en lugar de «aussi — que», comparativo de cantidad. La preposición «de» debe repetirse delante de cada sustantivo:

J'ai *autant de* livres *que* le professeur.	Tengo tantos libros como el profesor.
Il boit autant qu'il mange.	Tanto bebe cuanto come.
Il a plus d'amis que d'ennemis.	Tiene más amigos que enemigos.
Il y a autant de dames que de messieurs dans la salle.	Hay tantas señoras como caballeros en la sala.
Il n'a pas tant d'argent qu'elle.	No tiene tanto dinero como ella.

4. «Mucho», seguido de un comparativo, se traduce por «beaucoup» o «bien»:

L'Asie est *beaucoup* (*o* bien) plus grande que l'Europe.   Asia es mucho más grande que Europa.

5. Cuando «plus» (más) o «moins» (menos) van seguidos de un adjetivo numeral se usa «de» en lugar de «que»:

plus (*o* moins) *de* deux cents   más (*o* menos) de doscientos

6. Cuando la comparación se hace entre dos infinitivos, se pone «de» antes del segundo:

J'aime mieux lire *que d*'écrire.   Me gusta más leer que escribir.

7. El *superlativo relativo* se forma anteponiendo el artículo determinado al comparativo:

le plus grand — el más grande
la plus belle — la más hermosa
le moins laid — el menos feo
voici le moyen le plus (*o* moins) sûr — he aquí el medio más (*o* menos) seguro

8. El *superlativo absoluto,* que en español se expresa por «muy», se traduce por «très» o «bien»:

Votre ami est *très* savant.   Su amigo de usted es muy sabio.
Un pays *très* (*o* bien) fertile.   Un país muy fértil.

9. Los superlativos españoles acabados en *ísimo, -a* se traducen al francés anteponiendo al adjetivo correspondiente la partícula «fort»:

La cathédrale est *fort* belle.   La catedral es bellísima.
Le jardin est *fort* joli.   El jardín es hermosísimo.

10. Cuando el superlativo relativo precede al sustantivo, sólo el superlativo lleva el artículo, pero si el superlativo sigue al sustantivo entonces debe colocarse el artículo delante de ambos: le plus grand poète — le poète le plus grand (el poeta más grande). Pero se dice: mon plus jeune frère — mon frére le plus jeune (mi hermano menor).

Comparativos y superlativos irregulares

bon	bueno	meilleur	mejor	le meilleur
mauvais	malo	pire	peor	le pire
petit	pequeño	moindre	menor	le moindre

También se dice: (le) plus mauvais (más malo), (le) plus petit (más pequeño).

Vocabulaire

les métaux	los metales	le cuivre	el cobre
le diamant	el diamante	le corps	el cuerpo
l'acier	el acero	le voisin	el vecino
le profit	el provecho	le soleil	el sol
l'étain	el estaño	la nature	la naturaleza
le plomb	el plomo	le charbon	el carbón
les entrailles	las entrañas	l'usage	el uso
la terre	la tierra	le mal	la enfermedad
la coutellerie	la cuchillería	considéré	considerado
le bijoutier	el joyero	répandu	difundido
abondant	abundante	le mineur	el minero
dur	duro	celui qui	el que
l'argent	la plata	le forgeron	el herrero
tout (*pl.* tous)	todo	pénible	penoso
le voleur	el ladrón	ils donnent	dan
brillant	brillante	le village	la aldea
le remède	el remedio	l'exemple	el ejemplo
minéral	mineral	la santé	la salud
malléable	maleable	l'âme	el alma
précieux	precioso	l'air	el aire
le nombre	el número	contagieux	contagioso
restreint	escaso	dangereux	peligroso
il sert	se usa, sirve		

Exercice

Le diamant est le plus dur de tous les corps. Aucune autre pierre précieuse n'est aussi brillante que le diamant. Mais c'est le moins abondant de tous les minéraux. Le fer est plus dur que le plomb et moins malléable que le cuivre; l'étain est plus précieux que le plomb. L'argent est un métal très blanc; mais l'or est le plus précieux des métaux. Les entrailles de la terre nous donnent moins d'or que d'argent. L'acier est de tous les métaux celui qui sert le plus dans la coutellerie. Mon village n'est pas si grand ni si beau que la capitale. Le paresseux est aussi dangereux que le voleur. Le premier acte de la pièce est fort beau. Nous aurons de meilleurs résultats l'année prochaine. Notre maison est plus petite que la maison du voisin. La terre est beaucoup plus petite que le soleil.

Tema

Los metales más importantes para los usos comunes son el hierro, el cobre, el estaño, la plata, el plomo y el oro. El oro ha sido considerado como el más pesado de los metales; el plomo es también muy pesado. El más útil de todos los metales es el hierro, que se halla (on trouve) muy difundido en las entrañas de la tierra; no es tan pesado como el oro, pero es más duro que el estaño. El diamante es la piedra más preciosa. A veces el remedio es peor que la enfermedad. El vino no está tan fresco como la cerveza. Los Alpes son montañas muy altas. La niña es más guapa que la madre. El mal ejemplo es tan nocivo a la salud del alma como el aire contagioso a la salud del cuerpo.

Exercice de lecture

Un exemple

Un jeune homme subissait[1] son examen de bachelier et grâce aux passages[2] trés nombreux[3] de son Manuel[4] dont il avait meublé[5] sa mémoire, la chose allait[6] fort bien. Arrive[7] le tour[8] de l'examinateur de physique[9]. «Quelles [10]sont les propriétés de la chaleur[11]?», demande-t-il[12]. «La chaleur dilate les corps, c'est-à-dire[13], les allonge[14], les agrandit[15], tandis que[16] le froid les rapetisse[17].» «Une exemple?», ajoute[18] l'examinateur. A cette question[19] non prévue[20], le candidat[21] hésite[22] un moment; mais bientôt[23] il répond[24] tout satisfait[25] d'une si heureuse idée[26]: «Dans la saison des chaleurs, les jours sont plus longs et lorsqu'il fait froid, ils deviennent[27] plus courts.»

[1]pasaba. [2]gracias a los pasajes. [3]numerosos. [4]manual. [5]con que había adornado. [6]andaba. [7]llega. [8]turno. [9]examinador de física. [10]cuáles. [11]calor. [12]pregunta. [13]esto es. [14]alarga. [15]agranda. [16]mientras que. [17]acorta. [18]añade. [19]pregunta. [20]no prevista. [21]candidato. [22]vacila. [23]pronto. [24]contesta. [25]muy satisfecho. [26]idea. [27]se hacen.

De la vie de tous les jours

Êtes-vous mieux aujourd'hui?	¿Se encuentra usted hoy mejor?
Oui, je me trouve beaucoup mieux, merci, et je me dispose à vous accompagner au café.	Sí, gracias, estoy mucho mejor, y estoy dispuesto a acompañar a usted al café.
Tant mieux; hier, plusieurs de nos amis m'ont demandé de vos nouvelles	Tanto mejor; ayer varios de nuestros amigos me pidieron noticias de usted.
Cela me fait bien plaisir, et je serai très heureux de me retrouver au milieu de vous.	Eso me causa gran placer, y yo sería muy feliz de volver a encontrarme entre ustedes.

QUATORZIÈME LEÇON
LECCIÓN DECIMOCUARTA

Adjetivos numerales

Numerales cardinales

un, une	uno, una	vingt-six	veintiséis
deux	dos	vingt-sept	veintisiete
trois	tres	vingt-huit	veintiocho
quatre	cuatro	vingt-neuf	veintinueve
cinq	cinco	trente	treinta
six	seis	trente et un	treinta y uno
sept	siete	quarante	cuarenta
huit	ocho	cinquante	cincuenta
neuf	nueve	soixante *swasãt*	sesenta
dix	diez	soixante-dix	setenta
onze	once	soixante et onze	setenta y uno
douze	doce	soixante-douze	setenta y dos
treize	trece	soixante-treize	setenta y tres
quatorze	catorce	soixante-quatorze	setenta y cuatro
quinze	quince	soixante-quinze	setenta y cinco
seize	dieciséis	soixante-seize	setenta y seis
dix-sept	diecisiete	soixante-dix-sept	setenta y siete
dix-huit	dieciocho	soixante-dix-huit	setenta y ocho
dix-neuf	diecinueve	soixante-dix-neuf	setenta y nueve
vingt *vẽ*	veinte	quatre-vingt	ochenta
vingt et un	veintiuno	quatre-vingt-un	ochenta y uno
vingt-deux	veintidós	quatre-vingt-deux	ochenta y dos
vingt-trois	veintitrés	quatre-vingt-dix	noventa
vingt-quatre	veinticuatro	quatre-vingt-onze	noventa y uno
vingt-cinq	veinticinco		

quatre-vingt-douze	noventa y dos	trois cents	trescientos, -as
quatre-vingt-treize	noventa y tres	quinze cents	mil quinientos, -as
cent	ciento	mille	mil
cent un	ciento uno	mille un	mil uno
cent deux	ciento dos	deux mille	dos mil
cent trois	ciento tres	un million	un millón
deux cents	doscientos, -as	le zéro	cero

Observaciones

1.ª La consonante final de los números 5, 6, 7, 8, 9, 10 se pronuncia cuando se emplean solos o en el enlace: nous sommes cinq [sɛ̃k] (somos cinco), nous avons cinq^encriers (tenemos cinco tinteros). No se pronuncia cuando la palabra siguiente empieza por consonante o h aspirada: nous avons cinq [sɛ̃] plumes.

2.ª Entre 60 y 80 los números se forman añadiendo a «soixante» los 19 primeros números; lo mismo se hace entre 80 y 100, añadiendo dichos números a «quatre-vingt».

3.ª Entre decenas y unidades se coloca un guión, excepto en los casos en que se hallan unidos por la conjunción «et», o sea en 21, 31, 41, 51, 61, 71; por ejemplo: «trente-deux», pero «trente et un». En «quatre-vingt-un» y «quatre-vingt-onze» se omite la conjunción «et».

4.ª «Quatre-vingt» y los múltiplos de «cent» toman el signo del plural s cuando van seguidos de un sustantivo expresado o sobreentendido; pero no cuando los sigue otro numeral: quatre-vingts arbres (80 árboles), il a parcouru quatre-vingts lieues (ha recorrido 80 leguas), deux cents ans (200 años), nous sommes deux cents (personnes) (somos doscientas [personas]). Pero: mon jardin a huit cent cinquante mètres carrés (mi jardín tiene 850 metros cuadrados), deux cent huit marks (208 marcos), quatre-vingt-cinq soldats (85 soldados).

5.ª En las fechas, «quatre-vingt» y «cent» no toman nunca la s del plural: en dix-neuf cent quatre-vingt (en 1980).

6.ª En vez de «mille» se escribe «mil» para indicar el año: mon père est né en mil huit cent quatre-vingt-dix (mi padre nació en [el año de] 1890).

7.ª «En el año de» o «en» se traducen sólo por «en» y también por «l'an» cuando el número no pasa de 100; por ejemplo:

en mil neuf cent trente-huit } en 1938
en dix-neuf cent trente-huit

l'an 79 avant Jésus-Christ   en el año 79 antes de J. C.

Cuando el año va precedido del nombre del mes, se dice: le seize avril dix-neuf cent trente-huit (el dieciséis de abril de 1938).

Nota. Desde 1100 hasta 2000 se suele contar por cientos: onze cents (*por* mille cent), quinze cents (1500), dix-neuf cents (1900).

8.ª Los cardinales se emplean para indicar el orden de sucesión de los monarcas, papas, etc., así como también después de «page» (página), «chapitre» (capítulo). Exceptúase «premier»: Napoléon I (premier) et Napoléon III (trois). Louis quatorze. Chapitre sept, page deux.

9.ª   Addition: trois et trois font six (3 + 3 = 6).
      Soustraction: trois ôté de trois, reste zéro (3 − 3 = 0).
      Multiplication: trois fois quatre *font* douze (3 × 4 = 12).
                      une fois trois *fait* trois (1 × 3 = 3).
      Division: trois divisé par trois donne un (3 : 3 = 1).

10.ª Tous les quatre jours = cada cuatro días. — De deux jours l'un = un día sí y otro no. — Environ trente francs = unos treinta francos. — Au bout de trois jours = a los tres días. — Demi = medio.

Las estaciones: le printemps (primavera), l'été (verano), l'automne (otoño), l'hiver (invierno).

Los días de la semana (jours de la semaine): lundi, mardi, mercredi, jeudi, vendredi, samedi, dimanche.

Adjetivos numerales

Los meses del año: janvier, février, mars, avril, mai, juin, juillet, août, septembre, octobre, novembre décembre.

Los nombres de los meses y de los días se usan sin artículo: Janvier est le premier mois. (Enero es el primer mes.)

Vocabulaire

la division	la división	le mois	el mes
la monnaie	la moneda	il vaut	vale
l'espace	el espacio	ils valent	valen
la pièce	la pieza	la livre	la libra
la mesure	la medida	la grosse	la gruesa
la douzaine	la docena	donné	dado
le soir	la tarde	la marchandise	la mercancía
la nuit	la noche	vu	visto
le courant	el corriente	l'an, l'année	el año
le jour	el día	bissextile	bisiesto
le train	el tren	l'exception	la excepción
le bois	la madera	séculaire	secular
la durée	la duración	le billet	el billete
le centime	el céntimo	les vacances	las vacaciones
le gramme	el gramo	demandé	pedido
le litre	el litro	il mourut	falleció

Exercice

L'année

L'année ordinaire compte 365 jours 5 heures 48 minutes 47 secondes. L'année bissextile compte 366 jours. Il y a une année bissextile tous les quatre ans. L'année comprend douze divisions, appelées mois. Les mois n'ont pas tous le même nombre de jours. Avril, juin, septembre et novembre ont 30 jours chacun; les autres mois en ont 31, excepté février, qui n'en a que 28 et, tous les quatre ans, 29. On appelle semestre l'espace de temps de six mois, et trimestre l'espace de trois mois. Une année a cinquante-deux semaines. La semaine a sept jours. Les noms des jours de la semaine sont: dimanche, lundi, mardi, etc. Le jour a 24 heures; une heure a 60 minutes, une minute a 60 secondes. Trente minutes font une demi-heure; un quart d'heure se compose de quinze minutes. En été, les jours sont plus longs qu'en hiver. Le jour le plus long de l'année est le vingt-deux juin. Quand une année est finie, une autre commence.

Trente jours ont novembre,
Avril, juin et septembre,
De vingt-huit il en est un,
Les autres en ont trente et un.

Tema

El año tiene doce meses. Los meses no tienen todos el mismo número de días; los unos tienen 30; los otros, 31; sólo febrero tiene 28 y en los años bisiestos 29. Un año es el espacio de tiempo de 365 ó 366 días. Una semana tiene siete días. El mes de junio tiene 30 días; julio tiene 31 días. El día tiene 24 horas; la hora se divide en 60 minutos y el minuto en 60 segundos. ¿Cuánto dinero tiene usted? Tengo 145 francos. Nuestra ciudad tiene 15.000 habitantes. El franco vale 100 céntimos. Mi padre falleció el día 10 de abril de 1945. Las vacaciones empiezan el día 15 de julio. Mi madre nació el 26 de marzo de 1900. Un kilo equivale a 1000 gramos, o sea unas dos libras. He estado dos veces en París y cuatro veces en Londres.

Conversation

Combien de jours compte l'année ordinaire? Combien de jours a une année bissextile? Combien de mois y a-t-il dans un an? Les mois ont-ils tous la même durée? Quels sont les douze mois de l'année? Quel mois a seulement 28 ou 29 jours? Quels sont les sept jours de la semaine? Quel jour est-ce aujourd'hui? Combien de semaines a l'année? Combien d'heures a le jour? Combien de minutes font une demi-heure? Combien de minutes font un quart d'heure?

QUINZIÈME LEÇON
LECCIÓN DECIMOQUINTA

Adjetivos numerales (continuación)

Numerales ordinales

A excepción de «premier» y «second», los ordinales se forman añadiendo a los cardinales la sílaba *-ième;* los cardinales terminados en *e* pierden ésta antes de tomar *-ième:* quatre — quatrième, onze — onzième. De «cinq» se forma «cin*qui*ème»; de «neuf», «neu*v*ième». Los ordinales preceden siempre al sustantivo.

le premier	el primero	le quarantième	el cuadragésimo
la première	la primera	le cinquantième	el quincuagésimo
le, la deuxième	} el segundo, la segunda		
le second,		le soixantième	el sexagésimo
la seconde		le soixante-dixième	el septuagésimo
le troisième	el tercero		
le quatrième	el cuarto	le soixante-onzième	el septuagésimo primero
le cinquième	el quinto		
le sixième	el sexto	le quatre-vingtième	el octogésimo
le septième	el séptimo		
le huitième	el octavo	le quatre-vingt-unième	el octogésimo primero
le neuvième	el noveno		
le dixième	el décimo	le quatre-vingt-dixième	el nonagésimo
le onzième	el undécimo		
le douzième	el duodécimo	le quatre-vingt-onzième	el nonagésimo primero
le treizième	el decimotercio		
le quatorzième	el decimocuarto	le centième	el centésimo
le quinzième	el decimoquinto	le cent unième	el centésimo primero
le seizième	el decimosexto		
le dix-septième	el decimoséptimo	le cent vingtième	el centésimo vigésimo
le dix-huitième	el decimoctavo	le deux centiéme	el ducentésimo
le dix-neuvième	el decimonono	le six cent soixantième	el sexcentésimo sexagésimo
le vingtième	el vigésimo		
le vingt et unième	el vigésimo primero	le millième	el milésimo
		le millionième	el millonésimo
le vingt-deuxième	el vigésimo segundo	le dernier	el último
		la dernière	la última
le trentième	el trigésimo		

Observaciones

1.ª En los ordinales compuestos sólo el último número lleva la terminación *-ième:* la deux cent dix-neuvième page (la página doscientos diecinueve).

2.ª En los ordinales compuestos se emplea «unième» en vez de «premier»: le quatre-vingt-unième.

3.ª Delante de «onze» y «onzième», el artículo no toma el apóstrofo: le onze janvier, le onzième livre, la onzième leçon.

4.ª De los ordinales se forman los adverbios numerales: premiè*rement* (primeramente), deuxième*ment* (en segundo lugar) troisième*ment* (en tercer lugar), etc.

5.ª Después de los ordinales, «año» se traduce por «année»: la onzième année.

6.ª Multiplicativos: double (doble), triple, quadruple, centuple.

7.ª Partitivos: la moitié (la mitad), un demi, une demie (medio, -a), un tiers (un tercio), un quart (un cuarto), trois quarts (tres cuartos). Los demás se expresan por medio del ordinal; por ejemplo: $\frac{3}{15}$ = trois quinzièmes.

8.ª «¿A cuántos (del mes) estamos hoy?» se traduce por: Le combien sommes-nous? — Quel jour du mois sommes-nous aujourd'hui? Respuesta: C'est *le* huit février aujourd'hui. — Nous sommes *le* huit février. (Estamos a 8 de febrero.)

Exceptúase «le premier»: le premier mai (el primero de mayo).

9.ª «¿Qué edad tiene usted?» o «¿Cuántos años tiene usted?» se traduce por: Quel âge avez-vous? Respuesta: J'ai quinze ans. (Tengo 15 años.) «A los quince años (de edad)» se traduce: à l'âge de quinze ans.

10.ª La *hora* se expresa de la manera siguiente:

quelle heure est-il?	¿qué hora es?
il est une heure	es la una
il est trois heures et demie	son las tres y media
il est trois heures moins le quart	son las tres menos cuarto
il est une heure et quart	es la una y cuarto
il est onze heures vingt	son las once y veinte
vers (les) huit heures du matin	a eso de las ocho de la mañana
midi	las doce del día
minuit	medianoche
à quatre heures	a las cuatro

Nota. No se omite nunca la palabra «heures», pero casi siempre «minutes».

11.ª Locuciones: el siglo XIX = le dix-neuvième siècle; en los primeros (últimos) días del mes = dans les premiers (derniers) jours du mois.

Adjetivos numerales

Vocabulaire

le poids	el peso	la semaine	la semana
le droit	el derecho	le tome	el tomo
la circulation	la circulación	le vers	el verso
le public	el público	l'ouvrage	la obra
le parc	el parque	l'île	la isla
le trafic	el tráfico, tránsito	on paie	se paga
la ville	la ciudad	à peu près	aproximadamente
le voyageur	el viajero	donner	dar
la longeur	la longitud	il faut	es necesario
le parcours	el recorrido	suivant	siguiente
la majorité	la mayoría	moyen, -ne	medio, -a
le nombre	el número	urbain	urbano
le jour	el día	ouvrable	laborable
le matériel	el material	dépasser	sobrepasar
les exploitations	las explotaciones	roulant	rodado
		augmenter	aumentar
le service	el servicio	disposer	disponer
l'ensemble	el conjunto	mis	puesto, colocado
la voiture	el coche	parcourir	recorrer
la circonférence	la circunferencia	il sort	sale
		vous mangez	usted come
les vacances	las vacaciones	nous mangeons	comemos
l'étage	el piso	né	nacido

Exercice

Le métropolitain

Le trafic comparé des métropolitains des principales villes donne les chiffres suivants: New York, 2 milliards de voyageurs; Londres, 500 millions; Moscou, 250 millions, et Berlin, 240 millions. Mais il faut noter que la longueur moyenne de parcours à New York et à Londres est plus importante qu'à Paris, et qu'à Londres la majorité des voyageurs urbains est transportée par autobus.

Le nombre de voyageurs transportés par jour ouvrable à Paris dépasse quatre millions et quatre millions et demi en hiver, avec six cents mille dans l'heure la plus chargée.

Le parc du matériel roulant n'a pu être augmenté depuis 1938, et l'exploitation dispose seulement de quatre cent quatre-vingt-quatorze trains mis simultanément en service sur l'ensemble des lignes exploitées.

Le nombre de voiture-kilomètres parcourus en 1948 a atteint 170 millions, soit l'équivalent de cinq cents fois la distance de la terre à la lune, ou de quatre mille deux cents cinquante fois la circonférence de la terre.

Tema

La semana es la quincuagésima segunda parte del año. El lunes es el primer día de la semana; el viernes, el quinto, y el domingo, el último. Marzo es el tercer mes del año, y diciembre, el último. Mi hermano es el primero de su clase. ¿Cuántos años tiene usted? Tengo treinta años. Mi padre falleció a los 84 años de edad. ¿Cuántos años tiene su hijo de usted? Mi hijo tiene 15 años. ¿A qué hora sale el tren para Burdeos? Sale a las 10 y cuarto de la mañana. ¿A qué hora comen ustedes? Comemos a la una menos cuarto. ¿A cuántos estamos hoy? Estamos a primero de junio. Estamos a diez de mayo. Hoy es lunes. ¿Cuál es el primer día de la semana? ¿Cuántas estaciones del año hay? Las vacaciones empiezan el primero de agosto. Déme usted el tercer tomo de esta obra. Napoleón primero murió en la isla de Santa Elena el día 5 de mayo de 1821, en el sexto año de su cautiverio. Cincuenta es la mitad de cien. En la página 173 del tomo quinto de esta obra he hallado unos versos de Calderón. Vivo en el piso segundo de la cuarta casa a la izquierda.

Conversation

Combien de centimes y a-t-il dans un franc? À quelle heure le train part-il pour Paris? Combien de temps nous reste-t-il encore jusqu'au départ? Il nous reste encore un quart d'heure. Où aurons-nous le temps pour manger quelque chose? Combien de temps faut-il pour aller à pied à la gare? Quelle heure avons nous? Quand êtes-vous né? Quel jour est-ce aujourd'hui? Quel est le deuxième jour de la semaine? Cette pièce est-elle bonne? Non, madame, cette pièce est fausse. Où mange-t-on bien? À quelle heure y déjeune-t-on habituellement? Qu'y a-t-il à manger? Y a-t-il quelque chose à manger?

SEIZIÈME LEÇON   LECCIÓN DECIMOSEXTA

Los verbos regulares

1. En los verbos se han de distinguir las *letras radicales* (o la raíz) y la *terminación*. En el verbo regular, la raíz no se altera, y se efectúa la conjugación únicamente por la adición de las terminaciones.

Hay en francés *dos conjugaciones regulares* que se distinguen por la terminación del infinitivo.

La primera acaba en *er:* donner (dar).

La segunda, en *ir* (con el participio activo en *issant):* finir (acabar), *part.* finissant.

Los otros verbos son irregulares y sus infinitivos acaban en *ir, oir* y *re.*

Todos los verbos en *er*, a excepción de «aller» (ir), «envoyer» (enviar) y «renvoyer» (devolver), son regulares.

Formación de los tiempos

1. El *futuro* y el *condicional* presente se forman del infinitivo, añadiendo a éste *ai, as, a, ons, ez, ont* para el futuro y *ais, ais, ait, ions, iez, aient* para el condicional, o sean las formas del presente y del imperfecto, sin raíz, del verbo «avoir». Las terminaciones de los verbos en *oir* y *re* se convierten en *rai* y *rais*, etc.

porter	llevar	*fut.* je porter*ai*	*cond.* je porter*ais*
finir	acabar	» je finir*ai*	» je finir*ais*
recevoir	recibir	» je recevr*ai*	» je recevr*ais*
rendre	devolver	» je rendr*ai*	» je rendr*ais*

2. Del *presente de indicativo* se forman:

a) De la *1.ª pers. del plural:*

El *participe présent*, cambiando la terminación *ons* por *ant:*

nous donnons — *part.* donn*ant*
nous finissons — » finiss*ant*

El *imparfait de l'indicatif*, cambiando *ons* por *ais*:

nous donnons	—	je donn*ais*
nous finissons	—	je finiss*ais*
nous recevons	—	je recev*ais*, etc.

b) De la *3.ª pers. del plural*, omitiendo *nt*, el *present du subjonctif*:

ils donn*ent*	—	que je donne
ils finiss*ent*	—	que je finisse
ils reçoiv*ent*	—	que je reçoive, etc.

3. Del *passé défini* (o «prétérit») se forma el *imparfait du subjonctif* añadiendo a la 2.ª pers. sing. la terminación *se:*

tu donnas	—	que je donnasse
tu finis	—	que je finisse
tu reçus	—	que je reçusse, etc.

4. Los tiempos compuestos de los verbos activos se forman con ayuda del verbo «avoir» seguido del *participe passé* del verbo que se conjuga: j'ai donné (he dado), j'avais donné (había dado), etc.

Primera conjugación

Porter (llevar)

Tiempos simples

Indicatif			
Présent			
je port*e*	yo llevo	nous port*ons*	nosotros llevamos
tu port*es*	tú llevas	vous port*ez*	vosotros lleváis usted(es) lleva(n)
il (elle, on) port*e*	él (ella, se) lleva	ils (elles) port*ent*	ellos (ellas) llevan

Los verbos regulares

Imparfait

je port*ais*	yo llevaba	nous port*ions*
tu port*ais*		vous port*iez*
il port*ait*		ils port*aient*

Prétérit

je port*ai*	yo llevé	nous port*âmes*
tu port*as*		vous port*âtes*
il port*a*		ils port*èrent*

Futur

je porter*ai*	yo llevaré	nous porter*ons*
tu porter*as*		vous porter*ez*
il porter*a*		ils porter*ont*

Conditionnel présent

je porter*ais*	yo llevaría	nous porter*ions*
tu porter*ais*		vous porter*iez*
il porter*ait*		ils porter*aient*

Impératif

port*e*	lleva tú	port*ez*	llevad, lleve usted
port*ons*	llevemos		

Subjonctif

Présent

que je port*e*	lleve yo	que nous port*ions*
que tu port*es*		que vous port*iez*
qu'il port*e*		qu'ils port*ent*

Imparfait

que je port*asse*	llevase o llevara yo	que nous port*assions*
que tu port*asses*		que vous port*assiez*
qu'il port*ât*		qu'ils port*assent*

Tiempos compuestos

Indicatif

Parfait

j'ai porté yo he llevado	nous avons porté
tu as porté	vous avez porté
il a porté	ils ont porté

Passé antérieur[1]

j'eus porté yo hube llevado	nous eûmes porté
tu eus porté	vous eûtes porté
il eut porté	ils eurent porté

Plus-que-parfait

j'avais porté yo había llevado	nous avions porté
tu avais porté	vous aviez porté
il avait porté	ils avaient porté

Futur antérieur

j'aurai porté yo habré llevado	nous aurons porté
tu auras porté	vous aurez porté
il aura porté	ils auront porté

Conditionnel passé

j'aurais porté yo habría llevado	nous aurions porté
tu aurais porté	vous auriez porté
il aurait porté	ils auraient porté

Subjonctif

Parfait

que j'aie porté haya llevado	que nous ayons porté
que tu aies porté	que vous ayez porté
qu'il ait porté	qu'ils aient porté

Plus-que-parfait

que j'eusse porté hubiese llevado	que nous eussions porté
que tu eusses porté	que vous eussiez porté
qu'il eût porté	qu'ils eussent porté

[1] Apenas se usa sino después de: quand, lorsque (cuando); dès que, aussitôt que (tan pronto como); à peine (no bien).

Los verbos regulares

	Infinitif		
Présent		*Passé*	
porter	llevar	avoir porté	haber llevado

	Participe		
Présent		*Passé*	
portant	llevando	porté, -e	llevado, -a
		ayant porté	habiendo llevado

Forma interrogativa

porté-je?[2] est-ce que je porte? } ¿llevo? portes-tu? ¿llevas? porte-*t*-il? ¿lleva? ai-je donné? as-tu donné? a-t-il donné?	portons-nous? ¿llevamos? portez-vous? ¿lleváis? portent-ils? ¿llevan? ¿he dado?

Forma negativa

je *ne* portais *pas* tu *ne* portaras *point*	que nous *ne* portions *pas* je *n*'ai *pas* porté

Forma negativo-interrogativa

ne porte-je pas (*o* est-ce que je ne porte pas)? ne portait-il pas? n'ai-je pas porté? n'a-t-elle pas porté?	¿no llevo? ¿no llevaba él? ¿no he llevado? ¿no ha llevado ella?

[2] En la forma interrogativa, la 1.ª pers. sing. cambia *e* en *é*, pero se usa poco, prefiriéndose la locución «est-ce que?». Est-ce que je parle?: *o* Parlé-je?

Observaciones

1.ª El empleo de los tiempos es en general el mismo que en español, pero el pretérito indefinido es generalmente substituido por el pretérito perfecto: j'ai vu ton chien hier (ayer vi tu perro).

2.ª El imperativo se emplea también en la forma negativa: ne donne pas (¡no des!), ne donnez pas (¡no deis!). Antes de «en» o «y» añade una *s* en la 1.ª pers.: ne parle pas (¡no hables!), parles-en (¡habla de ello!) restes-y (¡quédate allí!).

3.ª En francés, el complemento directo de personas no lleva la preposición «a» como en español: J'ai vu ton frère. (He visto *a* tu hermano.) J'attendais mon propriétaire. (Esperaba *a* mi casero.)

4.ª Muchos verbos rigen el infinitivo sin preposición; otros requieren *à* o *de* antes del infinitivo regido; p. ej.: Je compte écrire aujourd'hui. (Pienso escribir hoy.) C'est sa mauvaise conduite qui me pousse à parler ainsi. (Es su mala conducta lo que me mueve a hablar así.) Je tâcherai de vous servir autant que je pourrai. (Procuraré servir a usted en tanto cuanto pueda.)

5.ª La mayoría de los verbos franceses, esto es, nueve por cada diez, se conjugan por la 1.ª conjugación.

Verbos de la 1.ª conjugación

aimer	amar	apporter	traer	pleurer	llorar
donner	dar	sonner	sonar	causer	hablar
chercher	buscar	admirer	admirar	désirer	desear
trouver	encontrar	louer	alabar	raconter	contar
tomber	caer	rentrer	volver	tuer	matar
jouer	jugar	écouter	escuchar	monter	subir
penser	pensar	arriver	llegar	montrer	mostrar

Vocabulaire

le pourboire	la propina	charger	cargar
l'arme	el arma	récolter	recoger, cosechar
inaugurer	inaugurar		
passer	pasar	souhaiter	desear
essayer	tratar	trouver	hallar
le jardinier	el jardinero	épargner	ahorrar
la poste	el correo	demander	preguntar
le bagage	el bagaje	assister à	asistir
le facteur	el cartero	le garçon	el mozo
travailler	trabajar	manger	comer
l'incendie	el incendio	le blé	el trigo
les mœurs *(f. pl.)*	las costumbres	la poignée de mains	el apretón de mano
gagner	ganar		

Los verbos regulares

la chasse	la caza, cacería	parce que	porque
le mont	el monte	sous	debajo de
le foin	el heno	davantage	más
ennuyeux	molesto	vivre	vivir
éclater	estallar	veux-tu?	¿quieres?
		le plus tôt	lo más pronto

Exercice

J'ai donné un pourboire au jardinier parce qu'il a porté ma lettre à la poste. Les troupes passèrent à l'ennemi avec armes et bagages. Que cherchez-vous sous cette table? Si vous ne travaillez pas davantage, vous ne gagnerez pas de quoi (con que) vivre. Il est temps que le fermier laboure son champ. Nous récoltâmes beaucoup de blé l'année dernière; je souhaite que vous en récoltiez tout autant (otro tanto) cette année. Donnez-nous (nos) une poignée de main. On donnera une fête, quand on inaugurera cette ligne de tramways. Mon père était à Paris, lorsque la guerre de 1914 éclata. J'aime beaucoup les belles pommes. Ce poète chanta les gloires de nos pères. Que joue-t-on ce soir au théâtre? On joue «Figaro». Veux-tu m'accompagner au théâtre? Bon, je t'accompagnerai. Oui, mais partons tout de suite, il est déjà huit heures et demie. Bien, partons... Quand votre père rentrera-t-il à la maison? Je désire qu'il rentre le plus tôt possible.

Tema

Amo a mi padre y a mi madre. Mis hermanos estudian muy bien sus lecciones. Los niños juegan todos los días en el jardín. Esta mañana hemos comido manzanas y uvas de nuestro jardín. El jardinero trajo a mi madre muchas flores. Pablo nos dio noticias de mi tío. Estalló un terrible incendio en casa de mi amigo. Cada país tiene sus costumbres; cada persona, sus faltas. Los maestros alaban a los discípulos aplicados. ¿Qué desea usted? No deseo nada. ¿Qué busca usted? Busco mi libro y mi cuaderno. ¿Quién ha traído esta carta? El cartero ha traído la carta y los periódicos. ¡Buscad y hallaréis! Es necesario que demos una propina al mozo. Me dio un fuerte apretón de manos.

Exercice de lecture

Bonaparte et son guide[1]

Le général Bonaparte traversait[2] les Alpes, guidé par un jeune villageois[3]. Il s'aperçut[4] par hasard que son guide était triste et quelquefois même versait[5] des larmes. «Quelle est la cause de ta tristesse?, lui demanda-t-il. Puis[6]-je y porter[7] remède[7]?» «Hélas, mon général, vous ne pouvez[8] rien faire[9] pour mon chagrin»[10]. Puis le guide raconta qu'il aurait voulu épouser[11] une jeune fille de son pays; mais les parents de celle-ci[12] s'opposaient[13] à leur mariage, parce qu'il n'était pas assez riche. En arrivant à l'étape, Bonaparte ému[14] par le récit de son guide lui remit[15] un billet[16] en disant[17]: «Portez cela[18] au général Berthier.» Grande fut la surprise du jeune homme quand Berthier, après avoir lu le billet, lui remit deux cents pièces d'or. Le jeune guide et sa compagne[19] d'enfance[19] se marièrent[20] le jour même de la victoire de Marengo.

[1]guía. [2]atravesaba. [3]lugareño. [4]notó. [5]vertía. [6]puedo. [7]remediarla. [8]usted puede. [9]hacer. [10]pena. [11]casarse. [12]de ésta. [13]se oponían. [14]conmovido. [15]entregó. [16]una carta escrita. [17]diciendo. [18]eso. [19]compañera de infancia. [20]se casaron.

Conversation.

Qui guidait Bonaparte à travers les Alpes? Que remarqua le général? Que demanda-t-il au guide? Que raconta ce jeune homme? Que fit Bonaparte pour son guide? Quel fut le résultat?

DIX-SEPTIÈME LEÇON
LECCIÓN DECIMOSÉPTIMA

Los verbos regulares (continuación)

Particularidades de algunos verbos de la 1.ª conjugación

Hay verbos de la 1.ª conjugación que presentan ciertas modificaciones ortográficas, sin dejar por eso de ser regulares:

1. Los verbos terminados en *eler* y *eter* duplican la *l* o la *t* siempre que estas letras van seguidas de una *e*

Los verbos regulares

muda o de *ent*, en cuyo caso la *e* muda o la *[ə]* se transforman en *[ɛ]*. Esto tiene lugar en aquellas formas en que el acento recae sobre la sílaba radical, a saber, en las tres personas del sing. y 3.ª pers. del plural del presente, en el imperativo, el futuro y el condicional.

Appeler (llamar)

Prés.: j'appe*ll*e, tu appe*ll*es, il appe*ll*e, ils appe*ll*ent.
Pero: nous appelons, vous appelez.
Fut.: j'appe*ll*erai, tu appe*ll*eras, etc. (todas con *ll*).
Cond.: j'appe*ll*erais, etc. (todas con *ll*).

Jeter (tirar)

Prés.: je je*tt*e, tu je*tt*es, il je*tt*e, ils je*tt*ent.
Pero: nous jetons, vous jetez.
Fut.: je je*tt*erai, etc. (todas con *tt*).
Cond.: je je*tt*erais, etc. (todas con *tt*).

Se exceptúan de esta regla: «acheter» (comprar), «celer» (ocultar) y «geler» (helar), los cuales no duplican la *l* o la *t* en las formas antes indicadas, sino que cambian la *e* en *è*.

Acheter (comprar)

Prés.: j'achète, tu achètes, il achète, ils achètent.
Pero: nous achetons, vous achetez, etc.
Fut.: j'achèterai, etc.
Cond.: j'achèterais, etc.
Impér.: achète!
Pero *(part. passé):* acheté (comprado).

2. Los verbos terminados en *er* que tienen una *e* muda en la penúltima sílaba, cambian esta *e* muda en *è* cuando va seguida de otra sílaba con *e* muda[1] (¡hay 21 formas con *è!*):

Lever (levantar)

Prés.: je lève, tu lèves, il lève, ils lèvent.
Pero: nous levons, vous levez.
Impér.: lève!
Fut.: je lèverai, etc.
Cond.: je lèverais, etc.

---
[1] Esto se verifica en el presente de ind. y subj. (3 pers. sing. y 3.ª pers. plur.) imperat. (2.ª pers. sing.), fut. y cond. (todas las pers.).

Del mismo modo se conjugan: achever (acabar), semer (sembrar), peser (pesar), mener (llevar), se promener (pasearse).

3. Aquellos verbos en *er* que tienen *é* cerrada en la penúltima sílaba del infinitivo cambian esta *é* en *è* cuando la sílaba siguiente termina en *e*, *es*, *ent*, esto es, en las tres pers. del sing. y 3.ª del plur. del presente y en la 1.ª del imperativo.

Espérer (esperar)

Prés.: j'espère, tu espères, il espère, ils espèrent.
　　　　 Pero: nous espérons, vous espérez.
Imp: j'espérais, etc.
Fut.: j'espérerai.
Cond.: j'espérerais.
Impér.: espère!
　　　　　 Pero: espérons!

Del mismo modo se conjugan: abréger (cfr. § 4) (abreviar), céder (ceder), célébrer (celebrar), protéger (proteger), régner (reinar), posséder (poseer), répéter (repetir), modérer (moderar).

4. Los verbos en *ger* intercalan una *e* muda siempre que la *g* va seguida de *a* o de *o*, para conservar el sonido de la *g* [= ʒ].

Manger mã:ʒe comer

Prés.: nous mangeons.
　　　　 Pero: je mange, vous mangez.
Imp.: je mangeais, tu mangeais, il mangeait.
Préter.: je mangeai, tu mangeas, il mangea, nous mangeâmes.
Imparf. du subj.: que je mangeasse.

Del mismo modo: nager (nadar), changer (cambiar), charger (cargar), plonger (zambullir), venger (vengar), voyager (viajar), corriger (corregir), abréger (cfr. § 3) (abreviar).

5. En los verbos en *cer* se cambia la *c* en *ç* cuando le sigue una *a* u *o*, para conservar el sonido de [s].

Commencer (empezar)

Prés.: nous commençons.
　　　　 Pero: je commence.
Imp.: je commençais, tu commençais, il commençait, etc.
Préter.: je commençai, tu commenças, il commença, etc.
Part. prés.: commençant.

De la misma manera: forcer (forzar), avanzar (avanzar), percer (horadar), annoncer (anunciar), renoncer (renunciar), exercer (ejercer).

6. Los verbos en *oyer* y *uyer* cambian la *y* en *i* delante de *e* muda, pero conservan la *y* delante de vocal que se pronuncia.

Employer ã:plwaje emplear

J'emploie, tu emploies, il emploie; *pl.* nous employons, vous employez, ils emploient. J'emploierai, etc.

Nettoyer (limpiar)

Je nettoie, tu nettoies, il nettoie, ils nettoient. Pero nous nettoyons, vous nettoyez; je nettoyais; nettoyant, nettoyé.

Asimismo: essuyer (secar), tutoyer (tutear).

7. Los verbos en *ayer* conservan siempre la *y*, si bien la Academia francesa permite su sustitución por *i*.

Payer (pagar)

Je paye (*o* je paie); ils payent (*o* paient), je payerai (*o* paierai).

Advertencia. Nótese que en la 1.ª y 2.ª pers. plur. del imperfecto ind. y presente subj., los verbos en *ier* se escriben con dos *i*: nous priions (rogábamos); los en *yer*, con *yi;* vous balayiez (barríais); los en *éer* tienen *ee* o, más bien, *ée* antes de cualquier terminación que no empiece por *a*, *i* u *o*; su participio pasado acaba por *éé*, seguidas en el femenino de una *e* muda: je récrée, tu récréeras, récréé, récréée. La *i* inicial de terminación lleva una diéresis en los en *uer* (*u* sonora) y *ouer:* vous louïez (alababais), nous distribuïons (distribuíamos).

Vocabulaire

menacer	amenazar	le nuage	la nube
placer	colocar	l'orage	la tempestad
forcer, obliger	obligar	la cérémonie	la función
modifier	modificar	le regret	el pesar
châtier, punir	castigar	ployez	doblar
la conduite	la conducta	dételer	desenganchar
la bonne	la criada	déceler	descubrir
la matinée	la mañana	l'auberge	la posada
amonceler	amontonar	le soulagement	el alivio
parce que	porque	la richesse	la riqueza
l'âme	el alma	la planche	la tabla
le malheureux	el desgraciado	le tourbillon	el torbellino
le vent	el viento	il faut	es preciso

le plus tôt possible	cuanto antes	mieux	mejor
superflu	superfluo	le cocher	el cochero
désormais	en lo sucesivo	toujours	siempre
		se réfugier	refugiarse

Exercice

Toute la conduite de l'avare décèle une âme basse. Il ne paye qu'à regret le peu qu'il achète. Le vent se lève; les nuages s'amoncellent, l'orage menace; nous n'avançons plus. Des tourbillons ploient les arbres; il faut que le cocher détèle nos chevaux. Il faut que nous nous (nos) réfugiions dans l'auberge; nous y sécherons nos vêtements. Il faut que la bonne balaye la salle à manger et qu'elle essuie les meubles. Cette lecture me récrée et me récréera toujours, car elle est fort amusante. Comment emploies-tu la matinée? Je me lève à 6 heures; je me promène de 8 heures à 9 heures et je travaille jusqu'à midi. Que mangez-vous le matin? Nous mangeons du pain. Quand payerez(paierez)-vous votre tailleur? Je le payerai (paierai) demain; je le paye tous les trois mois. Il faut que vous le payiez le plus tôt possible. Ne jette rien par la fenêtre, mon enfant; ne jetez rien non plus, mesdemoiselles. Je châtierai celui qui jettera quelque chose. Emploie ton superflu au soulagement des malheureux. Vous employez mal vos richesses; il faut que vous les employiez mieux désormais. Nous étudiions nos leçons quand le professeur nous appela. Qui nous appelle? C'est moi qui vous appelais. Quand j'aurai pris ma leçon, je me promènerai avec toi. Les mêmes causes amènent les mêmes effets. Ces deux choses diffèrent du tout au tout.

Tema

He mandado varias cartas a mi familia. Mi padre ha comprado una casa. Compro pan, manteca y queso. Mi madre compra cerezas, y nosotros compramos manzanas. ¿Qué coméis [por] la mañana? Comemos pan con manteca. Ayer comimos en casa de nuestros padres, hoy comeremos en el restaurante. ¿Adónde conduce este camino? Conduce a la estación. Eso no conducirá a ningún resultado. Se celebra hoy una fiesta en el colegio. ¡Paga tus deudas! Es preciso que paguemos al médico. ¿A qué hora se levanta usted? Me levanto todos los días a las 7 de la mañana. ¿Por qué se levanta usted tan temprano? Porque tengo que arreglar mis libros. Él tira los papeles por la ventana. ¿Cómo te llamas? Me llamo Enrique. ¿Cómo se llama usted? Mi nombre es Pablo. ¡No emplees esa palabra! Empleas mal el tiempo.

Exercice de lecture

Le derviche insulté

Le favori[1] d'un sultan lança une pierre contre un pauvre derviche qui lui demandait l'aumône[2]. Le prêtre[3] insulté n'osa[4] pas se plaindre[5], mais il ramassa[6] la pierre et l'emporta. «Tôt ou tard[7], pensait-il, je trouverai bien l'occasion de me venger avec cette même pierre de cet homme orgueilleux[8] et cruel.» Quelques jours après, il entendit pousser des cris[9] dans la rue; ayant demandé[10] quelle en était la cause, il apprit[11] que le favori venait de tomber en disgrâce[12], que le sultan le faisait mener sur un chameau[13] par les rues et livrer[14] aux insultes de la populace[15]. Aussitôt[16] le derviche prit sa pierre; mais rentrant bien vite en lui-même[17], il la jeta dans un puits[18] en disant[19]: «Je sens maintenant qu'il ne faut.jamais se venger; car si notre ennemi est puissant[20], cela est imprudent; si, au contraire, il est malheureux, cela est bas et cruel.»

[1]favorito. [2]le pedía una limosna. [3]sacerdote. [4]se atrevió. [5]quejarse. [6]recogió. [7]tarde. o temprano. [8]orgulloso. [9]oyó dar gritos. [10]preguntado. [11]supo. [12]caer en desgracia. [13]camello, [14]entregar. [15]populacho. [16]en seguida. [17]volviendo pronto en sí. [18]pozo. [19]diciendo. [20]poderoso.

Conversation

Que fit le favori du sultan? Que demandait le derviche? Que pensa le derviche après avoir ramassé la pierre? Qu'apprit-il quelques jours aprés? Que fit-il de la pierre? Que se disait-il en la jetant dans le puits?

DIX-HUITIÈME LEÇON
LECCIÓN DECIMOCTAVA

Los verbos regulares (continuación)

Segunda conjugación: infinitivo en «ir» (participio activo en «issant»)

Finir (acabar, concluir)

Tiempos simples

Indicatif	
Présent	
je fin*is* acabo	nous fin*issons*
tu fin*is*	vous fin*issez*
il fin*it*	ils fin*issent*
Imparfait	
je fin*issais* acababa	nous fin*issions*
tu fin*issais*	vous fin*issie*
il fin*issait*	ils fin*issaient*
Prétérit	
je fin*is* acabé	nous fin*îmes*
tu fin*is*	vous fin*îtes*
il fin*it*	ils fin*irent*
Futur	
je fin*irai* acabaré	nous fin*irons*
tu fin*iras*	vous fin*irez*
il fin*ira*	ils fin*iront*
Conditionnel présent	
je fin*irais* acabaría	nous fin*irions*
tu fin*irais*	vous fin*iriez*
il fin*irait*	ils fin*iraient*

Los verbos regulares

Impératif			
fin*is*	acaba	fin*issez*	acabad
fin*issons*	acabemos		

Subjonctif

Présent

que je fin*isse*	acabe	que nous fin*issions*	
que tu fin*isses*		que vous fin*issiez*	
qu'il fin*isse*		qu'ils fin*issent*	

Imparfait

que je fin*isse*	acabase	que nous fin*issions*	
que tu fin*isses*		que vous fin*issiez*	
qu'il fin*ît*		qu'ils fin*issent*	

Tiempos compuestos

Indicatif

Parfait		Passé antérieur	
j'ai fin*i*	he acabado	j'eus fin*i*	hube acabado

Plus-que-parfait		Futur antérieur	
j'avais fin*i*	había acabado	j'aurai fin*i*	habré acabado

Conditionnel passé

j'aurais fin*i*   habría acabado

Subjonctif

Parfait		Plus-que-parfait	
que j'aie fin*i*	haya acabado	que j'eusse fin*i*	hubiese acabado

Infinitif

Présent		Passé	
fin*ir*	acabar	avoir fin*i*	haber acabado

Participes

Présent		Passé	
fin*issant*	acabando	fini, -e	acabado, -a
		ayant fin*i*	habiendo acabado

Del mismo modo se conjugan:

nourrir	alimentar	punir	castigar	bâtir	construir
obéir	obedecer	remplir	llenar	salir	ensuciar
agir	obrar	trahir	traicionar	établir	establecer
guérir	sanar	choisir	escoger	franchir	atravesar

Observaciones

«Bénir» (bendecir) tiene dos participios pasados: béni, -e (que merece bendiciones): Dieu soit béni! (¡Bendito sea Dios!), y bénit, -e (consagrado por un sacerdote): eau bénite (agua bendita).

«Haïr» (aborrecer) pierde la diéresis en las tres pers. del sing. del ind. pres. y en la 2.ª sing. del imperf.: je hais, tu hais, il hait, etc. Es irregular.

«Fleurir», en el sentido figurado (= prosperar), cambia la *eu* en *o* en el participio de presente y en el imperf. de ind.: cité fl*o*rissante (ciudad floreciente). Pero: Les giroflées fl*eu*rissaient. (Los alelíes florecían.) Les sciences fl*eu*rissent. (Las ciencias florecen.) Es irregular.

Vocabulaire

désobéir	desobedecer	le sous-lieutenant	el alférez
chérir	querer		
vieillir	envejecer	le fruit	el fruto
le drapeau	la bandera	la jeunesse	la juventud
l'armée	el ejército	la neige	la nieve
enrichir	enriquecer	la campagne	el campo
l'œillet	el clavel	disparu	desaparecido
la saison	la estación	bienfaisante	bienhechora
accomplir	cumplir	se réveiller	despertarse
mûrir	madurar	donner chaleur	calentar
l'ordre	la orden	reverdir	ponerse verde
la littérature	la literatura	se parer	adornarse
l'aumônier	el capellán	commencer	empezar

ouvrir *(irr.)*	cubrir	la vie humaine	la vida humana
odoriférant, -e	odorífero	le symbole	el símbolo
embellir	embellecer	l'image	la imagen
la chaleur	el calor	la vieillesse	la vejez
l'action	la acción	blanchir	blanquear
le soleil	el sol	fleurir *(reg.)*	florecer
le feuillage	el follaje	ils reviennent	vuelven
la prairie	la pradera	réjouir	alegrar
la branche	la rama	gazouillement	gorjeo
le bouton	el botón	voltiger	revolotear
la verdure	el verde	cueillir *(irr.)*	coger
le rosier	el rosal	comparer	comparar
en foule	en masa	ressembler	asemejarse
la chanson	el cántico	viril	viril
joyeux, -se	alegre	mûr	maduro
le papillon	la mariposa	enfin	por último

Exercice

Nous vieillissons tous les jours; le riche vieillit comme le pauvre. Cet enfant ne désobéira pas à sa mère. Les soldats obéissent et obéiront toujours aux ordres de leurs officiers. Tous les honnêtes gens haïssent l'officier qui trahit sa patrie, comme je le hais. La littérature espagnole florissait au seizième siècle; elle fleurit encore de nos jours. La littérature italienne est plus florissante. J'avais de beaux œillets dans mon jardin l'année dernière; ils fleurissaient en abondance; je crois (creo) qu'ils ne fleuriront pas autant cette année. Les drapeaux ont été bénits par un vieil aumônier de l'armée. Choisissez mieux vos amis. Le sous-lieutenant chérit le drapeau qu'il porte. Les fruits ne mûrissent pas bien; ils mûriraient mieux, si la saison était plus chaude. Bénie soit une personne si charitable! Si vous étiez moins étourdi, vous ne saliriez pas ainsi vos livres et vos vêtements. Quelle carrière croyez-vous (piensa usted) qu'il choisisse? Il choisira la carrière qui l'enrichira le plus vite. Obéissez à vos parents. Si tu désobéis à ton maître, il te punira.

Tema

Llega la primavera. La nieve que blanqueaba los campos en invierno ha desaparecido. La naturaleza se despierta bajo la acción bienhechora del sol. El sol calienta más. Todo cambia en pocos días. Los árboles se ponen verdes y se adornan de follaje. Las praderas empiezan a cubrirse de miles [de] flores odoríferas. Las flores embellecen los jardines y las praderas. Los rosales empiezan a florecer. Todas las ramas de los árboles se cubren de pequeños botones. Los pájaros vuelven y nos alegran con sus gorjeos. Las bonitas mariposas revolotean en el aire. Los niños van a coger flores. Se han comparado a menudo las estaciones del año a las diversas épocas de la vida humana. La primavera se asemeja a la juventud; el verano es el símbolo de la edad viril; el otoño corresponde a la edad madura; el invierno, por último, es la imagen de la vejez.

De la vie de tous les jours

Où allez-vous si vite?	¿Adónde va usted tan de prisa?
Je m'en vais au restaurant.	Voy al restaurante.
Où déjeunez-vous ordinairement?	¿Dónde almuerza usted por lo general?
Je déjeune ordinairement dans un petit restaurant de la rue Lafayette.	Almuerzo generalmente en un restaurante pequeño de la calle Lafayette.
Est-ce qu'on mange là à la carte ou à prix fixe?	¿Se come allí a la carta o a precio fijo?
On y déjeune et dîne à la carte.	Allí se almuerza y se cena a la carta.
Êtes-vous content là?	¿Está usted contento?
Oui, les repas sont copieux et les mets sont très appétissants.	Sí, las comidas son copiosas y los platos muy apetitosos.
Voulez-vous déjeuner avec moi?	¿Quiere usted almorzar conmigo?
Je vous remercie, mais aujourd'hui cela m'est impossible.	Muchísimas gracias, pero hoy me es imposible.
Dans ce cas-là, je ne veux pas vous retenir davantage; je compte vous revoir bientôt.	En ese caso no quiero retenerle más tiempo, y cuento con volver a verle pronto.
Oui, à bientôt.	Sí, ¡hasta pronto!

DIX-NEUVIÈME LEÇON
LECCIÓN DECIMONOVENA

Verbos irregulares

En la primera conjugación no hay más verbos irregulares que «aller» (ir) y «envoyer» (enviar). En la segunda conjugación se consideran como irregulares todos los verbos cuyo participio presente no termina en *issant*.
Dividimos la conjugación de los verbos irregulares en seis grupos, y a continuación estudiamos los tres primeros; los otros serán estudiados en las lecciones 33 y 34.

Conjugación de «aller» (ir) y de «envoyer» (enviar)

Aller (ir)

Ind. prés.: je vais, tu vas, il va, nous allons, vous allez, ils vont.
Part. prés.: allant.
Imparf. ind.: j'allais, tu allais, il allait, etc.
Subj. prés.: que j'aille, tu ailles, il aille, nous allions, vous alliez, ils aillent.
Futur: j'irai, tu iras, etc.
Cond. prés.: j'irais, etc.
Prét.: j'allai, tu allas, il alla, nous allâmes, vous allâtes, ils allèrent.
Imparf. subj.: que j'allasse, tu allasses, il allât, nous allassions, vous allassiez, ils allassent.
Part. pas.: allé. (Auxiliar, «être»: Je *suis* allé.)

Conjúgase de la misma manera «s'en aller» (irse), p. ej.: je m'en vais, tu t'en allais, il s'en alla, nous nous en irons, que vous vous en alliez, qu'ils s'en allassent. Va-t-en, ne t'en va pas, t'en iras-tu? Allons-nous-en. Il ne s'en est pas allé.

Aller + infinitivo puede significar «estar para»: j'allais partir (estaba para salir).

Envoyer (enviar)

A excepción del futuro y del condicional, las modificaciones de envoyer son meramente ortográficas.

Ind. prés.: j'envoie, tu envoies, il envoie, nous envoyons, vous envoyez, ils envoient.

Imparf.: j'envoyais, tu envoyais, il envoyait, nous envoyions, vous envoyiez, ils envoyaient.
Prét.: j'envoyai, tu envoyas, il envoya, nous envoyâmes, vous envoyâtes, ils envoyèrent.
Futur.: j'*enverrai,* tu *enverras*, etc.
Cond. prés.: j'*enverrais,* tu *enverrais*, etc.
Impér.: envoie, envoyons, envoyez.
Subj. prés.: que j'envoie, que tu envoies, qu'il envoie, que nous envoyions, que vous envoyiez, qu'ils envoient.

Primer grupo

A. Infinitivo en *ir*, pretérito indefinido en *is*, participio pasado en *i*, participio presente en *ant*.

La consonante final de la raíz desaparece generalmente en el singular del presente de indicativo y en el imperativo, delante de las desinencias *s* y *t*.

Dormir (dormir)

Tiempos simples

Indicatif		
Présent		
je dors	duermo	nous dormons
tu dors		vous dormez
il dort		ils dorment
Imparfait		
je dormais	dormía	nous dormions
tu dormais		vous dormiez
il dormait		ils dormaient
Prétérit		
je dormis	dormí	nous dormîmes
tu dormis		vous dormîtes
il dormit		ils dormirent
Futur		
je dormirai	dormiré	nous dormirons
tu dormiras		vous dormirez
il dormira		ils dormiront

Conditionnel présent		
je dormirais dormiría		nous dormirions
tu dormirais		vous dormiriez
il dormirait		ils dormiraient

Impératif		
dors	duerme	dormez dormid
dormons	durmamos	

Subjonctif		
	Présent	
que je dorme	duerma	que nous dormions
que tu dormes		que vous dormiez
qu'il dorme		qu'ils dorment
	Imparfait	
que je dormisse	durmiese	que nous dormissions
que tu dormisses		que vous dormissiez
qu'il dormît		qu'ils dormissent

Tiempos compuestos

Indicatif	
Parfait	*Passé antérieur*
j'ai dormi he dormido	j'eus dormi hube dormido
Plus-que-parfait	*Futur antérieur*
j'avais dormi había dormido	j'aurai dormi habré dormido
Conditionnel passé	
j'aurais dormi habría dormido	

Subjonctif	
Parfait	*Plus-que-parfait*
que j'aie dormi haya dormido	que j'eusse dormi hubiese dormido

Infinitif	
Présent	*Passé*
dormir — dormir	avoir dormi — haber dormido

Participe	
Présent	*Passé*
dormant — durmiendo	dormi — dormido
	avant dormi — habiendo dormido

De la misma manera se conjµgan: bouillir (hervir), mentir (mentir), se repentir (arrepentirse), partir (marcharse), sentir (sentir, oler), servir (servir), sortir (salir).

Ind. prés.: je bous, je mens, je me repens, je pars, je sens, je sers, je sors.
Part. prés.: bouillant, mentant, se repentant, partant, sentant, servant, sortant.
Prét.: je bouillis, je mentis, je me repentis, je partis, je sentis, je servis, je sortis.
Part. passé.: bouilli, menti, repenti, parti, senti, servi, sorti.

Los derivados «consentir, démentir, ressortir (salir de nuevo o resaltar) endormir», etc., se conjugan del mismo modo. «Asservir (avasallar), assortir (combinar), répartir (repartir), ressortir (pertenecer a una jurisdicción)» se conjugan como «finir».

Faillir (faltar)

Part. pas.: failli.
Ind. prés.: je faux, tu faux, il faut, nous faillons, vous faillez, ils faillent.
Imparf.: je faillais, etc.
Prét.: je faillis, etc.
Imparf. subj.: que je faillisse, etc.
Futur: je faudrai *o* faillirai, etc.

Verbo poco usado; se suple con «manquer». En la acepción de «hacer quiebra», se prefiere «faire faillite». «Défailli» (desfallecer) se conjuga como «faillir»; se usa poco, a excepción del imperfecto y del pretérito «Desmayado» = «défaillant».

Haïr (odiar)

Ind. prés.: je hais, tu hais, il hait, nous haïssons, vous haïssez, ils haïssent.
Impér.: haïs, haïssons, haïssez.
Prét.: je haïs, tu haïs, il haït, nous haïmes, vous haïtes, ils haïrent.

(La *i* de «haïr» no toma nunca el circunflejo. En las tres personas del sing. del presente de ind. pierde la diéresis.)

Fuir (huir)

Part. pas.: fui.
Ind. prés.: je fuis, tu fuis, il fuit, nous fuyons, vous fuyez, ils fuient.
Imparf. ind.: je fuyais, nous fuyions, etc.
Subj. prés.: que je fuie... que nous fuyions, que vous fuyiez, qu'ils fuient.
Part. prés.: fuyant.
Prét.: je fuis, nous fuîmes, etc.
Imparf. subj.: que je fuisse, etc. (raro).
Futur: je fuirai. etc.
Cond.: je fuirais, etc.

Del mismo modo: s'enfuir (huir, escapar) *(part. pas.:* s'étant enfui).

Cueillir (coger)

Ind. prés.: je cueille, tu cueilles, il cueille, nous cueillons, vous cueillez, ils cueillent.
Imparf.: je cueillais, tu cueillais, etc.
Prét.: je cueillis, tu cueillis, etc.
Futur: je cueillerai, tu cueilleras, etc.
Cond.: je cueillerais, tu cueillerais, etc.
Impér.: cueille, cueillons, cueillez.
Subj. prés.: que je cueille, que tu cueilles, qu'il cueille, que nous cueillions, que vous cueilliez, qu'ils cueillent.
Imparf. subj.: que je cueillisse, que tu cueillisses, etc.
Part. pas.: cueilli, -e.

Igualmente se conjugan: accueillir (acoger), recueillir (recoger), assaillir (asaltar) *futuro:* j'assaillirai), tressaillir (estremecerse) *(futuro:* je tressaillirai).

B. Infinitivo en *re*, pretérito indefinido en *is*, participio pasado en *i*, participio presente en *ant*.

Hay sólo un verbo: *suivre* (seguir):

Ind. prés.: je suis... nous suivons, etc.
Part. prés.: suivant.

Prét.: je suivis.
Part. pas.: suivi.
Subj. prés.: que je suive.
Imparf.: que je suivisse.

Vocabulaire

la voiture	el coche	la malle	el baúl
la cerise	la cereza	la montre	el reloj
propre (à)	propio (de)	le village	el pueblo
le soir	la tarde	soigneux	cuidadoso
la nuit	la noche	supporter	soportar
le wagon-lit	el coche-cama	pouvoir	poder
le matin	la mañana	vous pourrez	usted podrá
la gare	la estación	en descendant	al bajar
la veille	la víspera	dispos	dispuesto
fatigué	cansado	la plage	la playa
le lendemain	al otro día	la paire	el par
l'horloger	el relojero	la minute	el minuto
le cadeau	el regalo	la campagne	el campo
honnête	honesto	le coup	el golpe
dîner	almorzar	le reste	lo demás
maintenant	ahora	la tête	la cabeza
cueillir	coger	mal de tête	dolor de cabeza
prendre congé	despedirse	offert, -e	ofrecido, -a

Exercice

Allez-vous partir bientôt pour la France? Vous sentez-vous bien pour supporter un si long voyage? Si vous partez le soir d'Irún, vous pourrez dormir toute la nuit dans un wagon-lit et vous arriverez à sept heures du matin à la gare d'Austerlitz à Paris. Vous dînerez au wagon-restaurant où vous serez bien servi. Ainsi le lendemain matin en descendant du train vous serez aussi dispos que la veille. Je vous envoie deux paires de bas; demain je vous [en] enverrai encore autant. Si vous alliez cette semaine à Paris, j'irais avec vous; il faut que j'y aille le plus tôt possible. L'eau ne bout pas encore, mais elle bouillira dans quelques minutes. Ne mentez pas; celui qui ment est haï des honnêtes gens. Demain je vous enverrai les livres que je vous ai offerts. Quand partirez-vous pour la campagne? Nous partirons le plus tôt possible. Comment allez-vous? Je vais très bien maintenant. Et madame ta mère? Elle va bien aussi. Nous allons faire un petit voyage. Il faut que j'aille à l'école à

Verbos irregulares

8 heures. Il est temps que je m'en aille. Cela va sans dire. Aller à pied, aller à cheval, aller en voiture. Il est vrai que cela ne sert à rien. Garçon, servez-moi un verre d'eau.

Tema

Para que el agua hierva, es preciso ponerla sobre el fuego. No creo que duerma el niño. Es preciso que yo salga para hacer algunas compras. Vamos a dar un paseo. Voy al jardín para coger cerezas. Los niños se han ido sin despedirse de nosotros. Yo me voy en seguida. ¿Va usted conmigo al teatro? No iré contigo, no tengo dinero. ¿Adónde vais? Vamos a la escuela. Mi reloj no anda bien, lo llevaré al relojero. Mi médico me envió a los baños. No duermo nada más que seis horas diarias. Esta noche no he dormido ni tres horas. Estas flores huelen bien. ¿Para qué sirve esto? Esto no sirve para nada. ¿Duerme usted bien? ¿No se siente usted cansado? ¿Adónde va usted? Mande usted mis zapatos nuevos a mi dirección. Se marchará usted para Madrid. El tren sale (part) a las ocho. No duermo bien, no me siento bien. Sirve en esta casa hace mucho tiempo y se marchará pronto para su pueblo. Si miente usted se arrepentirá. Sentía frío.

Exercice de lecture

Les bords[1] de la Creuse

J'allais, il y a quelques années, visiter les bords de la Creuse. J'aime ce petit pays, non seulement parce que j'y suis né[2], mais aussi parce qu'il est un des plus pittoresques et des plus charmants qui se puissent voir. C'est peut-être, avec la Bretagne, le seul point de la France qui conserve encore aujourd'hui quelque chose de sa physionomie primitive. C'est à peine si, de loin en loin, quelque poète de passage en a chanté les sites agrestes, les vallées ombreuses et la rivière aux belles eaux. Sa poésie est vierge[3]; nul n'en a cueilli les fleurs mystérieuses et sauvages. Cependant des fabriques bruyantes[4] commencent à s'élever sur les rives dont le frais[5] silence n'était troublé[6] jadis que par le caquetage des moulins. Avant peu de temps, ce pauvre pays aura, lui aussi, ses romanciers et ses trouvères[7].

JULES SANDEAU.

[1]orilla, margen. [2]nacer. [3]virgen. [4]ruidoso. [5]fresco. [6]turbado. [7]novelistas y troveros.

VINGTIÈME LEÇON
LECCIÓN VIGÉSIMA

Verbos irregulares (continuación)

Segundo grupo

Este grupo comprende: A, un verbo en *ir;* B, la mayor parte de los verbos en *oir;* y, C, muchos de los verbos en *re*.

A. Infinitivo en *ir*, pretérito indefinido en *us*, participio pasado en *u*, participio presente en *ant*.

Courir (correr)

Part. pas.: couru.
Ind. prés.: je cours, tu cours, il court, nous courons, vous courez, ils courent.
Imparf.: je courais, etc.
Part. prés.: courant.
Subj. prés.: que je coure, que tu coures, qu'il coure, que nous courions, que vous couriez, qu'ils courent.
Prét.: je courus, nous courûmes, etc.
Imparf. subj.: que je courusse, que nous courussions, etc.
Futur: je courrai, etc.
Cond.: je courrais, etc.

Conjúganse lo mismo: accourir (acudir), concourir (concurrir), parcourir (recorrer), secourir (socorrer), etc.

B. Infinitivo en *oir*, pretérito indefinido en *us*, participio pasado en *u*, participio presente en *ant*.

Los verbos que acaban en *evoir* pierden: 1.º, *ev* delante de *oi* y *u* (excepto en el infinitivo), y 2.º, *oi* en el futuro y condicional.
Los en *cevoir* toman una cedilla antes de *o* y *u*.

Recevoir (recibir)

Tiempos simples

Indicatif	
Présent	
je reç*ois* recibo tu reç*ois* il (elle) reç*oit*	nous recev*ons* vous recev*ez* ils (elles) reç*oivent*
Imparfait	
je recev*ais* recibía tu recev*ais* il recev*ait*	nous recev*ions* vous recev*iez* ils (elles) recev*aient*
Prétérit	
je reç*us* recibí tu reç*us* il reç*ut*	nous reç*ûmes* vous reç*ûtes* ils reç*urent*
Futur	
je recev*rai* recibiré tu recev*ras* il recev*ra*	nous recev*rons* vous recev*rez* ils recev*ront*
Conditionnel présent	
je recev*rais* recibiría tu recev*rais* il recev*rait*	nous recev*rions* vous recev*riez* ils recev*raient*

Impératif	
reç*ois* recibe recev*ons* recibamos	recev*ez* recibid

Subjonctif	
Présent	
que je reç*oive* reciba que tu reç*oives* qu'il reç*oive*	que nous recev*ions* que vous recev*iez* qu'ils reç*oivent*

	Imparfait	
que je reçusse recibiese que tu reçusses qu'il reçût		que nous reçussions que vous reçussiez qu'ils reçussent

Tiempos compuestos

Indicatif

Parfait	Passé antérieur
j'ai reçu he recibido	j'eus reçu hube recibido

Plus-que-parfait	Futur antérieur
j'avais reçu había recibido	j'aurai reçu habré recibido

Conditionnel passé

j'aurais reçu   habría recibido

Subjonctif

Parfait	Plus-que-parfait
que j'aie reçu haya recibido	que j'eusse reçu hubiese recibido

Infinitif

Présent	Passé
recevoir recibir	avoir reçu haber recibido

Participe

Présent	Passé
recevant recibiendo	reçu recibido ayant reçu habiendo recibido

De la misma manera se conjugan:

apercevoir	divisar, percibir	devoir	deber
concevoir	concebir	percevoir	percibir
décevoir	engañar		

«Devoir» (deber) y «redevoir» (adeudar) toman un circunflejo en el participio pasado masc. sing.: dû, redû.

Apercevoir (percibir)

Ind. prés.: j'aperçois, nous apercevons, vous apercevez, ils aperçoivent.
Futur: j'apercevrai, etc.
Prét.: j'aperçus, etc.
Part. pas.: aperçu.

Igualmente se conjugan: concevoir (concebir), decevoir (decepcionar), percevoir (percibir), devoir (deber).

«Choir» y sus compuestos «déchoir», «échoir»

Ind. prés.: je déchois, nous déchoyons, etc.
Subj. prés.: que je déchoie, nous déchoyions, etc.
Prét.: je déchus, etc.
Futur.: je decherrai, etc.
Part. pas.: déchu.
Part. pres. (solamente para «échoir»): échéant.

«Choir» (caer) sólo se usa en la locución «laisser choir».

Falloir (ser necesario) (impersonal)

Il faut, il faudra, il fallut.
Part. pas.: fallu.

Vocabulaire

la concorde	la concordia	jouir de	gozar
le milieu	el medio'	le cadeau	el regalo
la santé	la salud	l'arrivée	la llegada
la tempérance	la templanza	la promesse	la promesa
la somme	la cantidad	les parents	los padres
le fond	el fondo	le tableau	el cuadro
le député	el diputado	l'imagination	la imaginación
la rencontre	el encuentro	jamais	nunca, jamás
dans le lontaini	a lo lejos	la hauteur	la altura
le monument	el monumento	superbe	soberbio, -a
après demain	pasado mañana	dire	decir
curieux, -se	curioso, -a		

Exercice

Je dois ma bonne santé à l'exercice et à la tempérance. Nous devons obéir à nos parents. J'ai payé les sommes que je devais. Je n'ai pas vu votre frère ici, il a dû sortir avant mon arrivée. L'espérance déçoit bien souvent l'homme. Avez-vous reçu des cartes postales? Il était minuit quand je reçus votre télégramme. En sortant de la rue Royale, on aperçoit une des plus belles et des plus curieuses places de Paris, la place de la Concorde. Ce ne fut qu'en 1795 que cette place reçut le nom de place de la Concorde. Du milieu de cette place on jouit d'une vue superbe: on aperçoit au fond de la rue Royale la Madeleine, le palais de la Chambre des Députés, le Louvre à l'est, et à l'ouest l'immense avenue des Champs-Élysées, avec l'arc de Triomphe qu'on voit dans le lointain.

Tema

Cumplió su deber como debía. Que recibas o no recibas las mercancías, debes cumplir tu promesa. Recibe, amigo mío, mis felicitaciones por la feliz llegada de tus padres. No pienso que usted reciba dinero en (de) todo el mes. La imaginación no concebirá jamás nada más hermoso que este cuadro. ¿Recibió usted mi carta a tiempo? Recibieron muchos regalos el día de año nuevo. Divisamos un pueblecito en una altura. Diviso el monumento de que hablas. ¿No es justo que recibamos nuestro salario? Siento de todo [mi] corazón no poder acompañar a usted mañana. ¿Quién ha recibido estas cartas? Recibí ayer varias cartas. Y ¿de quién las has recibido? De mis padres. Ayer recibimos tu carta, y hoy te escribo para decirte que pasado mañana saldremos de ésta en el tren de las ocho y cuarenta y cinco de la noche.

Exercice de lecture

Madame Victor Hugo

Madame Victor Hugo, la femme du grand poète, avait acheté un jour des abricots pour le goûter[1] de ses enfants; Charles, François-Victor, qu'on appelait alors Toto, Léopoldine et Adèle, qu'on appelait Didine et Dédé. Au moment de distribuer les fruits, elle s'aperçut qu'il en manquait[2] plusieurs. «Mes enfants — demanda-t-elle —, quel est celui d'entre vous qui a goûté aux abricots?» «Pas moi», répondirent[3] ensemble les quatre enfants. «Qu'on ait mangé les abricots, ce n'est rien, reprit[4] Mme. Hugo —. Ce qui m'inquiète, ce qui m'épouvante[5], c'est que ces fruits ont des noyaux[6], et que si on avale[7] un de ces noyaux, on meurt[8] le jour même.» Alors Dédé s'écria[9]: «Rassure-toi[10], petite maman; j'ai mis tous les noyaux dans ma poche»[11].

[1]merienda. [2]faltar. [3]responder. [4]replicar. [5]espantar. [6]hueso. [7]tragar. [8]morir. [9]exclamar. [10]tranquilizarse. [11]bolsillo.

VINGT ET UNIÈME LEÇON
LECCIÓN VIGÉSIMA PRIMERA

Verbos irregulares

Segundo grupo (continuación del subgrupo B)

Mouvoir (mover)

(Muda *ou* en *eu* cuando la sílaba es tónica.)

Ind. prés.: je meus, tu meus, il meut, nous mouvons, vous mouvez, ils meuvent.
Imparf.: je mouvais, etc.
Prét.: je mus, etc.
Futur: je mouvrai, etc.
Cond.: je mouvrais, etc.
Subj. prés.: que je meuve... que nous mouvions, que vous mouviez, qu'ils meuvent.
Imparf. subj.: que je musse, etc.
Part. prés.: mouvant.
Part. pas.: mû.

Conjúganse de la misma manera: émouvoir (conmover), promouvoir (promover).

Pleuvoir (llover) (impersonal)

Ind. prés.: il pleut. — *Imparf.:* il pleuvait.
Prét.: il plût. — *Futur:* il pleuvra.
Cond.: il pleuvrait. — *Subj. prés.:* qu'il pleuve.
Imparf. subj.: qu'il plût. — *Part. pas.:* plu.

Pouvoir (poder)

(Muda *ou* en *eu* cuando la sílaba es tónica.)

Ind. prés.: je peux, *o* je puis, tu peux, il peut, nous pouvons, vous pouvez, ils peuvent.
Imparf.: je pouvais, etc.
Prét.: je pus, nous pûmes, etc.
Futur: je pourrai, etc.
Cond.: je pourrais, etc.
Subj. prés.: que je puisse, que tu puisses, qu'il puisse, que nous puissions, que vous puissiez, qu'ils puissent.
Imparf. subj.: que je pusse, etc.
Part. prés.: pouvant.
Part. pas.: pu.

Savoir (saber)

Ind. prés.: je sais, tu sais, il sait, nous savons, vous savez, ils savent.
Subj. prés.: que je sache, que tu saches, qu'il sache, que nous sachions, que vous sachiez, qu'ils sachent.
Imparf.: je savais, etc.
Futur: je saurai, etc.
Cond.: je saurais, etc.[1]
Prét.: je sus, nous sûmes, etc.
Imparf. subj.: que je susse, etc.
Impér.: sache, sachons, sachez.
Part. prés.: sachant.
Part. pas.: su.

Valoir (valer)

Ind. prés.: je vaux, tu vaux, il vaut, nous valons, vous valez, ils valent.
Subj. prés.: que je vaille, que tu vailles, qu'il vaille, que nous valions, que vous valiez, qu'ils vaillent.
Imparf.: je valais, etc.
Prét.: je valus, etc.
Imparf. subj.: que je valusse, etc.
Futur: je vaudrai, etc.
Cond.: je vaudrais, etc.
Part. prés.: valant.
Part. pas.: valu.

Equivaloir (equivaler), revaloir (devolver) se conjugan como «valoir». Prévaloir (prevalecer) hace en el subjuntivo presente: que je prévale, etc.

---
[1] El condicional «je ne saurais» se usa frecuentemente en la acepción de «je ne puis».

Verbos irregulares

Vouloir (querer)

(Muda *ou* en *eu* cuando la sílaba es tónica.)
Ind. prés.: je veux, tu veux, il veut, nous voulons, vous voulez, ils veulent.
Imparf.: je voulais, etc.
Subj. prés.: que je veuille, que tu veuilles, qu'il veuille, que nous voulions, que vous vouliez, qu'ils veuillent.
Pas. déf.: je voulus, etc.
Imparf. subj.: que je voulusse, etc.
Futur: je voudrai, etc.
Cond.: je voudrais, etc.
Impér.: Veuillez.
Part. prés.: voulant.
Part. pas.: voulu.

Vocabulaire

la forteresse	la fortaleza	le besoin	la necesidad
le côté	el lado	le fauteuil	el sillón
la louange	la alabanza	les vivres	los víveres
la chambre	la cámara	se soulager	ayudarse
politique	político	l'équateur	el ecuador
l'événement	el caso	l'associé	el socio
s'inquiéter de	alterarse por	l'affaire	el asunto
le mouvement	el movimiento	l'adresse	las señas
la conduite	la conducta	le bulletin	el boletín
la position	la posición	l'édition	la edición
la misère	la miseria, la desgracia	abondant	abundante
		le droit	el derecho
l'once	la onza	agréable	agradable

Exercice

On ne peut pas toujours faire ce que l'on veut. Mon associé pourrait venir parler de cette affaire avec moi, mais je ne crois pas qu'il le veuille. Ne vous inquiétez pas, nous pourvoirons à tous vos besoins. Je ne saurais vous dire s'il pourra venir. Combien valent ces bas? Cet événement ne nous émeut en rien. L'estime vaut mieux que la célébrité. Cela ne vaut pas la peine. Sa bonne conduite lui a valu cette position distinguée. Je veux rester chez moi. On ne sait ce qu'il vaut. En quoi puis-je vous être agréable? Donnez-vous la peine de vous asseoir. Puis-je vous offrir une tasse de café? Ce sont des nouvelles très émouvantes. Les misères d'autrui nous émeuvent profondément. Vous deviez travailler beaucoup mieux. Il fut très ému. Qu'est-ce qu'on aperçoit là? On aperçoit au fond l'église de la Madeleine. Je ne pouvais pas sortir parce que j'étais malade. Je veux me promener. Voudriez-vous nous mettre votre adresse dans ce bulletin? Il faudra que je sache ce qu'il m'a dit. Je vous prie de bien vouloir me renvoyer le livre.

Tema

Ese traje le cae a usted bien. La tierra se mueve alrededor del sol. No pudo reprimir un movimiento de admiración. Cuando quieras venir, escríbemelo. Pudisteis hacerlo, pero no quisisteis. Quiera él o no quiera, tendrá que sentarse y escucharme. Habría sido mejor callarse. Es menester que usted sepa la lección. Los políticos hábiles prevén y preverán los casos. No se conmuevan ustedes por tan poca cosa. ¿Cuándo volveré yo a ver España? No lo sé. Los hombres deben ayudarse los unos a los otros. Debo deciros que esto no puede continuar. Un franco equivale a 100 céntimos. Este franco no vale nada, es falso. Quisiera comprar algunos libros. ¿Qué libros desea usted? Quisiera un ejemplar del diccionario de Larousse. Se acaba de publicar una edición nueva (de él); está ahora en prensa (sous presse). Pero no se sabe cuando saldrá (paraître). Quisiera hablarle. ¿Puede usted cambiarme este billete? Llueve muy abundantemente en la región del ecuador. Ha llovido durante toda la noche. Voy a Francia y a Inglaterra. Nosotros iremos a París y a Londres. ¿Sabes qué lección tenemos para mañana? ¿Cuánto vale esto? Es preciso que sepas cuáles son tus deberes, pero también debes saber cuáles son tus derechos. Quisieron regresar y no pudieron. La fortaleza está provista de víveres para seis meses.

Exercice de lecture

Clarté de la langue française

Ce qui distingue notre langue des langues anciennes et modernes, c'est l'ordre et la construction de la phrase. Cet ordre doit toujours être direct, et nécessairement clair. Le français nomme d'abord le sujet du discours, ensuite le verbe, qui est l'action, et enfin l'objet de cette action: voilà la logique naturelle à tous les hommes; voilà ce qui constitue le sens commun. Or cet ordre si favorable, si nécessaire du raisonnement, est presque toujours contraire aux sensations, qui nomment le premier l'objet qui frappe le premier. C'est pourquoi tous les peuples, abandonnant l'ordre direct, ont eu recours aux tournures plus ou moins hardies; et l'inversion a prévalu sur la terre, parce que l'homme est plus impérieusement gouverné par les passions que par la raison.

Le français, par un privilège unique, est seul resté fidèle à l'ordre direct, comme s'il était tout raison et on a beau, par les mouvements les plus variés et toutes les ressources du style, déguiser cet ordre, il faut toujours qu'il existe, et c'est en vain que les passions nous bousculent et nous sollicitent de suivre l'ordre des sensations: la syntaxe française est incorruptible. C'est de là que résulte cette admirable clarté, base éternelle de notre langue.

La langue française ayant la clarté par excellence, a dû chercher toute son élégance et sa force dans l'ordre direct; l'ordre et la clarté ont dû surtout dominer dans la prose, et la prose a dû lui donner l'empire. Cette marche est dans la nature: rien n'est, en effet, comparable à la prose française.

RIVAROL, *Discours sur l'universalité de la langue française.*

VINGT-DEUXIÈME LEÇON
LECCIÓN VIGÉSIMA SEGUNDA

Verbos irregulares

Segundo grupo (subgrupo C)

C. Infinitivo en *re*, pretérito indefinido en *us*, participio pasado en *u*, participio presente en *ant*.

Boire (beber)

Ind. prés.: je bois, tu bois, il boit, nous buvons, vous buvez, ils boivent.
Subj. prés.: que je boive... que nous buvions, que vous buviez, qu'ils boivent.

Imparf.: je buvais, etc.
Prét.: je bus, etc.
Imparf. subj.: que je busse, etc.
Futur: je boirai, etc.
Cond.: je boirais, etc.
Part. prés.: buvant.
Part. pas.: bu.

Conclure (concluir)

Ind. prés.: je conclus... nous concluons, etc.
Subj. prés.: que je conclue... que nous concluions, etc.
Imparf.: je concluais, etc.
Prét.: je conclus, etc.
Imparf. subj.: que je conclusse, etc.
Futur: je conclurai, etc.
Cond.: je conclurais, etc.
Part. prés.: concluant.
Part. pas.: conclu.

Del mismo modo se conjuga: exclure (excluir).

Connaître (conocer)[1]

Ind. prés.: je connais, tu connais, il connaît, nous connaissons, vous connaissez, ils connaissent.
Imparf.: je connaissais, etc.
Subj. prés.: que je connaisse, que tu connaisses, etc.
Prét.: je connus... nous connûmes, etc.
Imparf. subj.: que je connusse, etc.
Futur: je connaîtrai, etc.
Cond.: je connaîtrais, etc.
Part. prés.: connaissant.
Part. pas.: connu.

Del mismo modo se conjugan: méconnaître (desconocer), etc.; paraître (parecer), y sus derivados; paître (pastar), se repaître (alimentarse.)

Croire (creer)

Ind. prés.: je crois, tu crois, il croit, nous croyons, vous croyez, ils croient.
Subj. prés: que je croie... que nous croyions,.. qu'ils croient.
Imparf. ind.: je croyais, etc.

---

[1] Los verbos en *aître, oître* pierden el circunflejo cuando a la *i* no le sigue una *t*. Estos verbos pierden además la *t* en las dos primeras personas del sing. del presente de ind. y en la 1ª pers. del sing. del imperativo; p. ej.: paraître (parecer): je parais, tu parais: croître (crecer): je crois, tu crois. Pero: tu paraîtras, il paraît, il croîtra.

Prét.: je crus, tu crus, il crut, nous crûmes, vous crûtes, ils crurent.
Futur: je croirai, etc.
Cond.: je croirais, etc.
Part. prés.: croyant.
Part. pas.: cru.

«Accroire» sólo se emplea en la locución «en faire accroire» (embaucar, engañar).

Croître (crecer)[2]

Ind. prés.: je crois, tu crois, il croit, nous croissons, etc.
Imparf.: je croissais, etc.
Subj. prés.: que je croisse, etc.
Prét.: je crûs, tu crûs, il crût, nous crûmes, vous crûtes, ils crûrent.
Imparf. subj.: que je crusse, que tu crusses, qu'il crût, etc.
Futur: je croîtrai, etc.
Cond.: je croîtrais, etc.
Part. pas.: crû, crue.

Los derivados «accroître» (acrecentar) y «décroître» (menguar) sólo toman el circunflejo sobre la *i* de *oi* antes de la *t*.

Lire (leer)

Ind. prés.: je lis, tu lis, il lit, nous lisons, etc.
Subj. prés.: que je lise... que nous lisions, etc.
Prét.: je lus, tu lus, il lut, nous lûmes, vous lûtes, ils lurent.
Imparf. subj.: que je lusse, que tu lusses, qu'il lût, etc.
Part. prés.: lisant.
Part. pas.: lu.

Lo mismo se conjugan: élire (elegir), relire (volver a leer), réélire (volver a elegir).

Moudre (moler)

Ind. prés.: je mouds, tu mouds, il moud, nous moulons, etc.
Sub. prés.: que je moule, etc.
Imparf.: je moulais, etc.
Prét.: je moulus, etc.
Imparf. subj.: que je moulusse, etc.
Futur: je moudrai, etc.
Cond.: je moudrais, etc.
Part. prés: moulant.
Part. pas.: moulu.

Asimismo: renombre (remoler.)

---
[2] Véase nota anterior.

«Paraître», «paître» (defectivo) y sus derivados, como «connaître»[3].

Plaire (placer, gustar, agradar)

Ind. prés.: je plais, tu plais, il plait, nous plaisons, etc.
Subj. prés.: que je plaise... que nous plaisions, etc.
Imparf.: je plaisais, etc.
Prét.: je plus, tu plus, il plut, nous plûmes, etc.
Imparf. subj.: que je plusse, etc.
Futur: je plairai, etc.
Cond.: je plairais, etc.
Part. prés.: plaisant.
Part. pas.: plu.

Conjúganse como «plaire»: complaire (complacer), déplaire (desagradar), taire (callar).

Résoudre (resolver, decidirse a)[4]

Ind. prés.: je résous, tu résous, il résout, nous résolvons, etc.
Subj.: que je résolve, etc.
Imparf.: je résolvais, etc.
Prét.: je résolus, etc.
Imparf. subj.: que je résolusse, etc.
Futur: je résoudrai, etc.
Cond.: je résoudrais, etc.
Part. prés.: résolvant.
Part. pas.: résous, résoute *y* résolu, -e.

Del mismo modo: absoudre (absolver) *(part. pas.:* absous, absoute [fem.]), dissoudre (disolver) *(part. pas.:* dissous, dissoute). Ambos carecen de pretérito e imperfecto de subjuntivo.

«Taire» (callar), como «plaire».

«Vivre» (vivir) tiene una raíz diferente en el pretérito y el participio pasado:

Ind. prés.: je vis, tu vis, il vit, nous vivons, vous vivez, ils vivent.
Subj. prés.: que je vive, etc.
Imparf.: je vivais, etc.
Prét.: je vécus, etc.
Imparf. subj.: que je vécusse, etc.
Futur: je vivrai, etc.
Cond.: je vivrais, etc.
Part. prés.: vivant.
Part. pas.: vécu.

---

[3] Véase la nota n.º 1.
[4] Los verbos en *soudre* pierden la *d* final de la raíz en la 1ª., 2ª. y 3ª. pers. sing. del presente de indicativo y en la 1ª. pers. sing. del imperativo: dissous! (¡disuelve!) resous! (¡resuelve!).

Vocabulaire

la paix	la paz	la troupe	la tropa
la poste	el correo	le sacrifice	el sacrificio
le sel	la sal	le problème	el problema
la règle	la regla	l'accusé	el reo
le grain	el grano	l'olivier	el olivo
le bouton	el botón	l'herbe (f.)	la hierba
la couture	la costura	l'immortalité	la inmortalidad
le tailleur	el sastre	l'âme	el alma
l'étoffe	la tela	vite	de prisa
l'assemblée	la asamblea	confectionner	confeccionar

Exercice

Combien y a-t-il de temps qu'il ne nous a écrit? Il y a trois semaines qu'il n'a écrit. Que disent les journaux? Je voudrais bien voir le journal d'aujourd'hui. Savez-vous des nouvelles? Il n'y a point de nouvelles. Avez-vous lu cela dans quelque journal? Croit-on que nous ayons la paix? Ce n'est pas probable. Je vais écrire à ma famille. Avez-vous mis ma lettre à la poste? Il faut que j'écrive une lettre aujourd'hui. Marie-Louise riait aux éclats (a carcajadas) en lisant cette histoire. Jacqueline a lu et relu la lettre que sa cousine lui écrivit la semaine dernière. Je m'instruis par de bons exemples. Le sel se dissout dans l'eau. Ne buvez pas de l'eau froide. Que lisez-vous? Je lis les dernières nouvelles. Lisez donc à hautre voix, ne lisez pas si vite. Je ne comprends pas cette règle. Les grains du café doivent être moulus au moment de s'en servir. Cousez-moi un bouton, s'il vous plaît. Cette couture est très mal cousue. Les coutures d'un vêtement mal confectionné se décousent de toutes parts.

Tema

¿Cree usted eso? Sí, lo creo, pero mi hermano no cree nada de ello. No he creído lo que me ha dicho. Te creo y te creeré siempre. El sastre cose los vestidos. ¡Póngase usted el sombrero! Se unen dos telas, cosiéndolas juntas (ensemble). He comprado café molido. La asamblea fue disuelta. El general resolvió retirar las tropas. Estoy resuelto a hacer todos los sacrificios posibles. Este problema me parece muy difícil de (a) resolver. Puesto que él vino a verme, me decidí a ir a su casa. El reo ha sido absuelto. Los olivos crecen en toda España. Mala hierba mucho crece. La luna crece. Las aguas han bajado (décroître) mucho durante la noche. Casi la mitad del café que se consume en el mundo proviene del Brasil. Creemos en la inmortalidad del alma. Creo en Dios. Él se cree odiado de todo el mundo. Usted no (se) beberá toda la botella de vino. En Inglaterra se (on) bebe más té que café. El hombre es quizá el único ser que bebe sin tener sed.

Exercice de lecture

Lettre de recommandation

Barcelone, le 25 mai 1958.

Messieurs F. Boncour et Fils
Paris

Messieurs:

Nous prenons la liberté de recommander à votre bon accueil le porteur de la présente, Mr. Paul Lacroix, qui désire vivement se placer dans une bonne maison de Paris, afin qu'il eût occasion d'y accroître ses connaissances commerciales en même temps que de s'y perfectionner dans l'usage de la langue française.

Nous pouvons en toute confiance vous recommander ce jeune homme, car, pendant les deux années qu'il a travaillé chez nous, nous avons constamment eu lieu d'être satisfaits de sa capacité, de son activité et de sa conduite morale. Nous serions heureux qu'il vous fût possible de l'employer dans votre maison. Mais s'il ne s'y trouvait pas de place vacante en ce moment, nous osons assez compter sur votre obligeance pour espérer que vous aurez du moins la bonté de lui venir en aide avec vos avis et renseignements; et peut-être vos relations si étendues vous permettront-elles de lui trouver une position convenable.

Nous vous offrons par anticipation l'expression bien sincère de notre vive gratitude pour ce que vous voudrez bien faire en faveur de notre jeune ami.

Veuillez recevoir, messieurs, l'hommage de notre haute considération.

A. Verlaine et Cie.

VINGT-TROISIÈME LEÇON
LECCIÓN VIGÉSIMA TERCERA

Verbos irregulares (continuación)

Tercer grupo

Pretérito indefinido en *is*, participio pasado en *u*

Este grupo comprende: A, un verbo en *ir* y, B, gran número de verbos en *re*.

A. Infinitivo en *ir*, pretérito indefinido en *is*, participio pasado en *u*, participio presente en *ant*.

Vêtir (vestir)

Ind. pres.: je vêts, tu vêts, il vêt, nous vêtons, vous vêtez, ils vêtent.
Subj. prés.: que je vête... que nous vêtions, etc.
Imparf. ind.: je vêtais, etc.
Prét.: je vêtis, etc.; nous vêtîmes, etc.
Imparf. subj.: que je vêtisse, etc.
Futur: je vêtirai, etc.
Cond. je vêtirais, etc.
Part. prés.: vêtant.
Part. pas.: vêtu.
Lo mismo «revêtir» (revestir).

B. Infinitivo en *re*, pretérito indefinido en *is*, participio pasado en *u*, participio presente en *ant*.

Rompre (romper)

Tiempos simples

Indicatif		
Présent		
je romp*s* rompo		nous romp*ons*
tu romp*s*		vous romp*ez*
il romp*t*		ils romp*ent*

	Imparfait	
je rompais	rompía	nous rompions
tu rompais		vous rompiez
il rompait		ils rompaient

	Prétérit	
je rompis	rompí	nous rompîmes
tu rompis		vous rompîtes
il rompit		ils rompirent

	Futur	
je romprai	romperé	nous romprons
tu rompras		vous romprez
il rompra		ils rompront

	Conditionnel présent	
je romprais	rompería	nous romprions
tu romprais		vous rompriez
il romprait		ils rompraient

Imperatif

romps	rompe	rompons	rompamos
		rompez	romped

Subjonctif

	Présent	
que je rompe	rompa	que nous rompions
que tu rompes		que vous rompiez
qu'il rompe		qu'ils rompent

	Imparfait	
que je rompisse	rompiese	que nous rompissions
que tu rompisses		que vous rompissiez
qu'il rompît		qu'ils rompissent

Tiempos compuestos

Indicatif

Parfait	Passé antérieur
j'ai rompu he roto	j'eus rompu hube roto

Plus-que-parfait	Futur antérieur
j'avais rompu había roto	j'aurai rompu habré roto

Conditionnel passé
j'aurais rompu   habría, hubiera roto

Subjonctif

Parfait	Plus-que-parfait
que j'aie rompu haya roto	que j'eusse rompu hubiese roto

Infinitif

Présent	Passé
rompre romper	avoir rompu haber roto

Participe

Présent	Passé
rompant rompiendo	rompu roto
	ayant rompu habiendo roto

De la misma manera se conjugan:

attendre	esperar	mordre	morder	répondre	responder, contestar
perdre	perder	rendre	devolver		
défendre	defender	étendre	extender	fondre	fundir
entendre	oir	vendre	vender	répandre	derramar

Observaciones

1.ª Los verbos en *andre*, *endre*, *ondre*, *erdre*, *ordre* no añaden la *t* en la 3.ª pers. sing. del presente de ind.: il répand (derrama), il vend (vende), il répond (contesta), il perd (pierde), il mord (muerde)[1].

2.ª «Vaincre» (vencer) y «convaincre» (convencer) cambian la *c* en *qu* delante de vocal, excepto *u*, pero conservan la *c* delante de consonante y de *u*; por ejemplo: nous vain*qu*ons, je vain*qu*is, vain*qu*ant; pero: je vain*c*s, il vain*c*, je vain*c*rai, vain*c*re, vain*c*u.

3.ª Los en *attre*, *ettre* llevan sólo una *t* en dichas formas: je bats (bato), tu mets (metes), il promet (promete)[2].

Battre (pegar, batir, latir)

Ind. prés.: je bats, tu bats, il bat, nous battons, etc.
Subj. prés.: que je batte, etc.
Prét.: je battis, etc.
Part. pas.: battu.

Coudre (coser)

Ind. prés.: je couds, tu couds, il coud, nous cousons, etc.
Subj. prés.: que je couse, etc.
Imparf.: je cousais, etc.
Prét.: je cousis, etc.
Imparf. subj.: que je cousisse, etc.
Futur: je coudrai, etc.
Cond.: je coudrais, etc.
Part. prés.: cousant.
Part. pas.: cousu.

Lo mismo: découdre (descoser), recoudre (recoser).

Descendre (descender)

Ind. prés.: je descends, tu descends, il descend, nous descendons, etcétera.
Subj. prés.: que je descende, etc.
Prét.: je descendis, etc.
Part. pas.: descendu.

Lo mismo: fendre, pendre, rendre, tendre, vendre; así como: épandre, répandre.

«Fondre» (fundir), como «descendre».

---
[1] Los infinitivos de estos verbos son: répandre, vendre, répondre, perdre, mordre.
[2] Los infinitivos de estos verbos son: battre, mettre, promettre.

Lo mismo: pondre (poner), répondre (responder).

Mordre (morder)

Ind. prés.: je mords... nous mordons, etc.
Subj. prés.: que je morde, etc.
Prét.: je mordis, etc.
Part. pas.: mordu.

Lo mismo: tordre (torcer).

Perdre (perder)

Ind. prés.: je perds... nous perdons, etc.
Subj. prés.: que je perde, etc.
Prét.: je perdis, etc.
Part.: perdu.

Vaincre (vencer)

Ind. prés.: je vaincs... il vainc, nous vainquons, etc.
Subj. prés.: que je vainque, etc.
Imparf.: je vainquais, etc.
Prét.: je vainquis, etc.
Imparf. subj.: que je vainquisse, etc.
Futur: je vaincrai, etc.
Cond.: je vaincrais, etc.
Part. prés.: vainquant.
Part. pas.: vaincu.

Lo mismo: convaincre (convencer).

Vocabulaire

la musique	la música	précieux, -se	precioso
la patrie	la patria	s'incliner	inclinarse
produire	producir	le chant	el canto
corrompre	corromper	le rossignol	el ruiseñor
remettre	entregar	comprendre	comprender
comparaître	comparecer	le mot	la palabra
le déraillement	el descarrilamiento	admettre	admitir
		le voyageur	el viajero
pendre à	colgar	le port	el puerto
le raisonnement	el razonamiento	le quai	el andén
		l'excuse	la excusa
se rendre	ir, dirigirse a	le verre	el vaso
l'avocat	el abogado	se mettre à	empezar, echarse a
le fardeau	la carga, el peso	je dis	digo

Exercice

Les voyageurs attendaient sur le quai que le train partît. Prendriez-vous un verre de bière? J'en prendrai un avec plaisir. Je ne me permets pas de juger ce que je ne comprends pas. As-tu répondu à ton ami? Il faut que tu lui répondes le plus tôt possible. Je ne lui répondrai que demain. Je lui répondrais aujourd'hui, si j'avais le temps. Les mauvaises compagnies ont toujours corrompu et corrompront toujours la jeunesse. Cet enfant croit tout ce (lo) qu'il entend. Le blé croît bien dans ce champ. La nouvelle se répandit qu'un déraillement s'était (se había) produit entre Paris et Orléans. Ne perdez rien. Un livre est une voix qu'on entend, une voix qui vous parle. C'est la pensée vivante d'une personne séparée de nous par l'espace ou par le temps; c'est une âme. Avant d'apprendre à écrire il faut apprendre à penser. Auprès de la montagne s'étend un lac immense dont les eaux claires et transparentes réfléchissent l'image des arbres qui poussent en abondance sur les rives.

Tema

Es necesario que conteste hoy mismo la carta de mi amigo. Oí con gusto el razonamiento del abogado y ahora (maintenant) me parece justo. [2]Faltándole (lui manquant) [1]los víveres, la ciudad se rindió. Los soldados pelearon largo tiempo, pero tuvieron que rendirse. ¿Comprendes estas palabras? Tomaría un vaso de cerveza si lo (en) tuviera. En otoño todo toma un aspecto nuevo: frutos dorados cuelgan de los árboles, cuyas (dont les) ramas se inclinan hacia la tierra, bajo esta carga preciosa. Mi amigo llegó a tiempo para coger el tren. ¿Oyes el canto del ruiseñor? Hoy hemos oído bonita música. Mi vecino venderá su casa. ¡Quédese usted aquí, y espere usted un poco! Esperaré un momento. ¿Por qué no respondes? Porque no sé lo que debo responder. Tú no has contestado a mi carta. No esperaré más tiempo, me iré a casa de mi tío. ¿No comprendes lo que digo? No, no lo comprendo. Defendiendo tu patria, defiendes tu propia familia.

Exercice de lecture

Adieu, rôti![1]

Je ne puis me rappeler[2] sans rire[3] qu'un soir, chez mon père, étant condamné pour quelque espièglerie[4] à m'aller coucher[5] sans souper[6], et passant par la cuisine avec mon triste morceau[7] de pain, je vis[8] et flairai[9] le rôti tournant[10] à la broche[11]. On était autour du feu: il fallait[12] en passant saluer[13] tout le monde. Quand la ronde fut faite, lorgnant du coin de l'œil[14] ce rôti qui avait si bonne mine[15] et qui semblait si bon, je ne pus m'abstenir[16] de lui faire aussi ma révérence[17] et de lui dire d'un ton piteux[18]: «Adieu, rôti!» Cette saillie[19] de naïveté[20] parut si plaisante qu'on me fit rester[21] à souper.

J. J. ROUSSEAU.

[1]adiós, asado. [2]recordar. [3]reir. [4]travesura. [5]acostar. [6]cenar. [7]trozo, pedazo (rebanada). [8]vi. [9]olfatear. [10]girar. [11]asador. [12]era preciso, tenía que. [13]saludar. [14]mirar de reojo. [15]aspecto. [16]no pude menos. [17]hacer la reverencia. [18]en tono lastimoso. [19]chiste, agudeza. [20]candidez. [21]quedar.

VINGT-QUATRIÈME LEÇON
LECCIÓN VIGÉSIMA CUARTA

Pronombres personales

Hay dos clases de pronombres personales:

1. Los pronombres absolutos (pronoms absolus), así llamados porque se emplean solos, sin verbo; por ejemplo:

| A qui a-t-il donné la lettre? — A *moi*. | ¿A quién ha dado la carta? — A mí. |
| Qui veut aller avec *lui*? — *Moi, lui, elle.* | ¿Quién quiere ir con él? — Yo, él, ella. |

2. Los pronombres conjuntivos (pronoms conjoints), átonos, que siempre van unidos a un verbo; por ejemplo:

| *Je te* donne. | (Yo) te doy. |
| *Il me* donne. | (Él) me da. |

1. *Pronombres personales absolutos*

Sing.: moi (yo), toi (tú), lui (él), elle (ella).
Plur.: nous (nosotros, -as), vous (vosotros, -as, usted[es]), eux (ellos), elles (ellas).

Se declinan por medio de «de» y «à»:

	1.ª pers.			*2.ª pers.*	
N.	*moi*	yo	*toi*		tú
G.	de moi	de mí	de toi		de ti
D.	à moi	de mí	à toi		a ti
A.	moi	a mí	toi		a ti
	nous	nosotros, -as	*vous*		vosotros, -as
	de nous	de »	de vous		de »
	à nous	a »	à vous		a »
	nous	a »	vous		a »

3.ª pers.

	(masculino)		(femenino)	
S.	*lui*	él	*elle*	ella
	de lui	a él	d'elle	de »
	à lui	a él	à elle	a »
	lui	a él	elle	a »
Pl.	*eux*	ellos	*elles*	ellas
	d'eux	de »	d'elles	de »
	à eux	a »	à elles	a »
	eux	a »	elles	a »

Forma reflexiva
(para ambos géneros)

N.	*soi*	sí
G.	de soi	de sí
D.	à soi	a sí
A.	soi	a sí

Observaciones

Los pronombres personales absolutos se emplean:
1.ª En respuestas, usadas sin verbo: Qui chante? — *Moi, eux.* (¿Quién canta? — Yo, ellos.)
2.ª Después de preposición: Viens avec *moi.* (Ven conmigo.) Il parle de *toi,* de *lui,* d'*elle.* (Habla de ti, de él, de ella.)

3.ª En el segundo término de las oraciones comparativas: Il est plus instruit que *toi*. (Él es más instruido que tú.) Je travaille autant que *lui*. (Trabajo tanto como él.)

4.ª Después del modismo «c'est, c'était», etc.

S.			Pl.	
c'est *moi*	soy yo		c'*est* nous	somos nosotros, -as
c'est toi	eres tú		c'*est* vous	sois vosotros, -as
c'est lui	es él		ce *sont* eux	son ellos
c'est elle	es ella		ce *sont* elles	son ellas

Ejemplos: C'est *moi* qui l'*ai* trouvé. (Soy yo el que lo ha [quien lo he] encontrado.) C'est *toi* qui l'*as* dit. (Eres tú quien lo ha [has] dicho.) Est-ce *toi* qui l'*as* dit? (¿Eres tú quien lo ha [has] dicho?) Est-ce *vous?* (¿Es usted?) Ce n'est pas *moi*. (No [lo] soy.)

5.ª Cuando van unidos a «même, mêmes» (mismo, -a, -os, -as), «seul» (solo), «aussi» (también), «encore» (asimismo), «surtout» (sobre todo).

Moi-même (yo mismo), *eux*-mêmes (ellos mismos), *vous*-même (usted mismo), *vous*-mêmes (ustedes mismos), lui-même nous écrit que... (él mismo nos escribe que...), toi aussi (tú también), *lui* seul (él solo), *eux* surtout (ellos sobre todo), *moi* seul ne l'*ai* pas vu (yo solo no lo he visto).

6.ª Después de los verbos «être» (= pertenecer), «penser» (pensar [en]), «songer» (pensar, cuidar); por ejemplo: Ce crayon est *à moi*. (Este lápiz es mío [me pertenece].) J'ai pensé *à lui*. (He pensado en él.)

7.ª Cuando se quiere insistir en la persona o marcar oposición; por ejemplo: *Lui*, il l'a dit? (¿Él lo ha dicho?) Je vous le dis, *moi*. (Yo se lo digo a usted.)

8.ª Cuando varios pronombres van unidos entre sí o con sustantivos, por medio de «et, ou, ni»; por ejemplo: *Lui* et *moi*, nous jouons. (Él y yo jugamos.) Ton frère et *toi,* vous pensez. (Tu hermano y tú pensáis.) J'ai vu son oncle et *lui*. (He visto a su tío y a él.)

9.ª «Soi» no se emplea sino en singular, tratándose de cosas, o en oraciones cuyo sujeto es uno de los pronombres indeterminados, como «on» (uno, se), «personne» (nadie), «chacun» (cada cual), «quiconque» (quienquiera); por ejemplo: La vertu est aimable en *soi*. (La virtud es en sí amable.) Chacun pour *soi* et Dieu pour tous. (Cada cual para sí y Dios para todos.) On ne parle pas toujours de *soi*. (No se debe hablar siempre de sí mismo.)

Vocabulaire

le charlatan	el charlatán	le voyage	el viaje
un jour	cierto día	il disait	decía
la bonne aventure	la buenaventura	tromper	engañar
le monde	la gente	tout à coup	de pronto
le présent	el presente	en courant	corriendo
le feu	el fuego	crier	gritar
le bien	los bienes	vous dites	usted dice
en public	en público	déviner	adivinar
nulle part	en ninguna parte	arriver	pasar, llegar
		prochain, -e	próximo, -a
la chanson	la canción	vite	de prisa
les pères	los antepasados	sauver	salvar
mais	sino	se moquer	burlarse
également	igualmente	se montrer	mostrarse

Exercice

Le charlatan

Un charlatan disait un jour la bonne aventure. Il y avait beaucoup de monde autour de lui, et il avait déjà trompé bien des gens. Tout à coup, un homme arrive en courant, et lui crie: «Vous dites que vous pouvez deviner ce qui m'arrivera l'année prochaine; mais moi, je ne vous crois pas, car vous ne savez pas seulement ce qui vous arrive à vous-même à présent. Le feu est à votre maison; courez vite si vous voulez sauver votre bien.» Le charlatan ne se le fit pas répéter; il courut chez lui. De feu, il n'y en avait nulle part, mais il comprit qu'on s'était moqué de lui et ne se montra plus en public.

Tema

Pienso en ti, pero tú no piensas en mí. ¿Piensas en ella? No, no pienso en ella, pienso en él. ¿Quién canta las viejas canciones de nuestros antepasados? Él, ella, ellos las cantan. ¿De quién habla usted? Hablo de usted y de mí mismo. ¿Habla usted de mi hermano o de mí? No, no hablo de él, sino de ti mismo. Hablaré igualmente de él, de ella, de tus padres y de todos vosotros. ¿Vive Enrique en casa de su tío? No, no vive ya con él, ahora vive con nosotros. ¿Quién está ahí? Soy yo. ¿Es usted? Sí, yo soy, llegué ayer de París. Háblame de tu último viaje a París. ¿De quién es este libro? Este libro es mío. Tus hermanos me hablaron de él.

De la vie de tous les jours

Ah! c'est bien vous, madame Pernam!	¡Ah! es usted, señora Pernam.
C'est moi-même.	La misma soy.
Quelle agréable surprise!	¡Qué agradable sorpresa!
Il y a déjà quelque temps que nous ne nous étions pas vus.	Ya hace tiempo que no nos habíamos visto.
Oh, bien longtemps!	¡Oh, sí!, hace mucho.
Permettez-moi de vous présenter monsieur Simon?	¿Permite usted que le presente al señor Simon?
Enchantée de faire votre connaissance, monsieur.	Encantada de conocerle, caballero.
Le plaisir est pour moi, madame.	El gusto es mío, señora.
Vous avez bonne mine.	Tiene usted muy buena cara.
Vous trouvez?	¿Le parece?
Vous êtes plein de santé.	Está usted rebosando de salud.
Je me porte à merveille.	Me encuentro a las mil maravillas.
Nous reverrons-nous bientôt, madame?	¿Nos veremos pronto, señora?
Comme il vous plaira.	Como a usted guste.
J'ai à vous parler d'une petite affaire.	Tengo que hablarle de un pequeño asunto.
Bon, je vous attendrai chez moi, demain à onze heures du matin.	Bueno, le esperaré en casa mañana, a las once de la mañana.
Bien, à demain, madame.	Bueno, hasta mañana, señora.
Tous mes hommages, madame.	Mis respetos, señora.
Au revoir, messieurs.	¡Hasta la vista, caballeros!

VINGT-CINQUIÈME LEÇON
LECCIÓN VIGÉSIMA QUINTA

Pronombres personales (continuación)

2. *Pronombres personales átonos*

	1.ª pers.	2.ª pers.	3.ª pers.
N.	*je* yo	*tu* tú	*il* él *elle* ella
D.	*me* me	*te* te	*lui* le *lui* le (la)
A.			*le* le lo *la* la
N.	*nous* {nos-, otros, nos}	*vous* {vos-, otros, os}	*ils* ellos *elles* ellas
D.			*leur* les *leur* les (las)
A.			*les* los *les* las

Observaciones

1.ª Los pronombres «je, me, te, le, la, se» se apostrofan delante de vocal o *h* muda; por ejemplo: Je *l'*ai. (Lo tengo.) Tu *m'*aimes. (Me amas.) Il s'habillait. (Él se vestía.) Tu t'habillais. (Tú te vestías.) Cuando se hallan después del verbo no se apostrofan; por ejemplo: Répondrai-je à mon ami? (¿Responderé a mi amigo?) Dis-le à ton frère. (Díselo a tu hermano.)

2.ª Los pronombres personales átonos van *siempre* acompañados de un verbo, y se colocan *delante* del mismo, en los tiempos simples, o delante del verbo auxiliar, en los tiempos compuestos.

Ejemplos de dativo

je *te* donne	te doy	il *me* donne	me da
je *lui* donne	le doy	il *nous* donne	nos da
je *vous* donne	os doy	il *leur* donne	les da

nous *lui* parlerons — le hablaremos
nous *leur* parlerons — les (las) hablaremos
vous *leur* parlerez — les (las) hablaréis
nous *lui* donnerons du pain — le daremos pan
je *t'*ai donné — te he dado
nous *lui* avons dit — le hemos dicho

Ejemplos de acusativo

je *te* cherche	te busco	nous *le* punirons	le castigaremos
tu *le* cherches	le buscas		
je *la* cherche	la busco	nous *l'*étudierons	lo estudiaremos
il *nous* cherche	nos busca		
vous *la* verrez	la veréis	ils *les* cherchent	los (las) buscan

elle *m'*a cherché — ella me ha buscado
il *vous* a cherché — él os ha buscado

Nota. El empleo de las formas de dativo «lui, leur» y de las de acusativo «le, la, les» ofrecen a veces grandes dificultades a los españoles, ya que en español se confunden a menudo las correspondientes formas «le, lo, la, les, los, las». Basta observar que si la oración se puede poner en *la voz pasiva*, entonces hay que emplear en francés las formas «le, la, les»; en el caso contrario, las formas «lui, leur». Así, por «le castigaremos» (= nous le punirons) se puede decir «él será castigado»; en cambio, por «le daremos pan» (= nous lui donnerons du pain) *no* se puede decir «él será dado pan».

3.ª En el imperativo afirmativo se colocan estos pronombres después del verbo, separándolos por un guión, y sustituyendo «me» y «te» por «moi» y «toi»; por ejemplo: donnez-*moi* (déme usted), amuse-*toi* (diviértete), cherche-le (búscale), apportez-lui (llévele usted), dis-lui (dile).

Pero si el imperativo se halla en la forma negativa, entonces se sigue la regla general (obs. 2.ª); por ejemplo: ne *le* cherche pas (no le busques), ne *lui* dis pas (no le digas), ne *me* donnez pas (no me dé usted), ne *les* mangez pas (no los [las] comáis).

Cuando «me» y «te» van seguidos de «en» (de él, de ello) o de «y» (ahí, en ello), entonces *no* cambian en «moi» y «toi»; por ejemplo:

donnez-*m'en*	déme usted (de ello)
procure-*t'en*	procúrate (de ello)
mène-*m'y*	condúceme (allá)
fais-*m'y* penser	hazme pensar en ello

4.ª Los pronombres adverbiales «en, y» se emplean hablando de cosas, animales o de un lugar; «en» se emplea en lugar de «de lui, d'elle, d'eux, d'elles», «d'ici»; «y» en lugar de «à lui, à elle», «à cela» (a eso), «ici» (aquí), «là» (allí); por ejemplo: Avez-vous besoin d'un encrier? — Je n'*en* ai pas besoin. (¿Necesita usted un tintero? — No lo necesito.) Pensez-vous à cette affaire? — J'*y* pense. (¿Piensa usted en este negocio? — Pienso en él.) J'ai lu votre lettre; j'*en* suis content. (He leído su carta de usted; estoy contento de ella.)

Tratándose de personas se emplean generalmente «de lui, d'elle», etc.; por ejemplo: Cet homme est méchant, éloignez-vous de lui. (Aquel hombre es malo, aléjese usted de él.) Aimez-vous cette personne? — Oui, je l'aime et j'en suis aimé. (¿Ama usted a esta persona? — Sí, la amo y soy amado por ella.)

Su puesto en la oración es el mismo que el de los otros pronombres átonos (véanse obs. 2.ª y 3.ª); por ejemplo: Aimes-tu les fruits? — Oui, j'*en* mange de temps en temps, j'*en* ai mangé hier et j'*en* achèterai demain. Mangeons-*en*. Pensez-*y*.

5.ª En el infinitivo, los pronombres átonos se colocan, al contrario del español, delante del verbo; por ejemplo: lui parler (hablarle), les envoyer (mandarlos), l'écrire (escribirlo). Cuando un verbo va seguido de un infinitivo y un pronombre, éste se antepone al infinitivo; por ejemplo: Je veux *le* faire. (Quiero hacerlo.) Il ne peut *le* voir. (No puede ver*le* o no *le* puede ver.) Pero cuando el infinitivo depende de uno de los verbos «faire, laisser, voir, entendre, écouter, sentir», entonces los pronombres van, como en español, delante de estos verbos; por ejemplo:

| je *le* vois venir | le veo venir |
| il *nous* entend chanter | nos oye cantar |

6.ª En la forma negativa o interrogativa, los pronombres se colocan, en general, como en español:

je *ne vous* donne pas	no le doy a usted
tu *ne me* donnes pas	no me das
je *ne le* cherche pas	no le busco
il *ne m*'a pas répondu	no me ha contestado
Charles *ne nous* l'a pas dit	Carlos no nos lo ha dicho
me donnes-tu?	¿me das?
ne me donnes-tu pas?	¿no me das?
me cherche-t-il?	¿me busca?
ne le cherchez-vous pas?	¿no le busca usted?

Pero:

vous a-t-*il* répondu? ¿le ha contestado a usted *él?*
ne *vous* a-t-*il* pas répondu? ¿no le ha contestado a usted él?

7.ª Las expresiones españolas «conmigo, contigo, consigo» deben traducirse en francés por «avec moi, avec toi, avec soi»; por ejemplo: Tu mangeras avec moi aujourd'hui. (Comerás conmigo hoy.)

8.ª Cuando el sujeto de la oración no está determinado, el pronombre español «se» (= uno) se traduce en francés por «on»; por ejemplo: *On* parla de plusieurs choses. (Se habló de varias cosas.) *On* parle français. (Se habla francés.)

Pero cuando el sujeto está determinado, el pronombre español «se» se traduce igualmente por «se» (o «s'»); por ejemplo: Le général s'approcha de la ville et s'en empara. (El general se acercó a la ciudad y se apoderó de ella.) Ma famille se trouve très bien. (Mi familia se encuentra muy bien.)

Vocabulaire

l'ardeur	el ardor	la mort	la muerte
le mendiant	el mendigo	annoncer	anunciar
la bourse	la bolsa	s'approcher	acercarse
le cordonnier	el zapatero	quelque chose	algo
le vieillard	el anciano	se disposer à	prepararse a
la gravure	el grabado	recommander	recomendar
le mouchoir	el pañuelo	le témoin	el testigo
l'acheteur	el comprador	l'héritage	la heredad
la botte	la bota	laisser	dejar
l'égoïste	el egoísta	parler	hablar
se promener	pasearse	la vérité	la verdad
les mathématiques	las matemáticas	souvent	a menudo
il dit	él dice	s'occuper de	ocuparse en
dit	dicho	inviter	invitar
excuser	disculpar	passer	hacer, pasar
sain, -e	sano, -a	prêter	prestar
sérieux, -se	serio, -a	l'affaire *(f.)*	el asunto

Exercice

Le mendiant s'avança vers les jeunes filles et leur dit: Donnez-moi quelque chose, j'ai faim. As-tu répondu à ton frère? Je lui répondrai demain. Quand répondrez-vous à la lettre de votre associé? J'y répondrai dans deux jours. Ni mon ami ni moi, n'avons trouvé votre bourse. Le cordonnier a envoyé les bottes que mon mari lui a achetées hier. Apportez-vous des gravures? Nous ne vous en apportons pas. On n'est pas toujours maître de soi. Cet homme est toujours maître de lui. Quiconque ne pense qu'à soi n'a point d'amis. Ne lui parlez pas de mathématiques, il n'y entend rien; il est comme moi. Je ne vous parle pas d'eux, mais d'elles. Son frère et elle nous annoncèrent une bonne nouvelle. Ne lui parlez pas. Je me dispose à travailler avec ardeur pour bien passer mon examen. Je te recommande d'être bien sage. Donnez-leur ces bonnes nouvelles et parlez-leur de ces belles actions. Promène-toi quelques instants après tous les repas. Je te demande ce que t'a dit le professeur.

Tema

Tenemos un hermoso jardín donde paseamos a menudo. ¿Con quién saldrá tu hermana? ¿Contigo o conmigo? Cada cual para sí, dicen (disent) los egoístas. ¿Saldrán ellos por la tarde? No lo creo. Te lo he dicho a ti, y no a él. Les diré (dirai) toda la verdad a ellos y a ellas. Cada uno se disculpa a sí mismo. ¿Quién estaba aquí? ¿Él, ella o usted? Sentámonos (nous nous assîmes) a [la] mesa, mi hermano y yo. ¿Está usted contenta con su suerte? Sí, lo estoy. ¿Sois los alumnos a quienes (que) espero? Sí, los somos. Amaos como hermanos. Háblenle en mi favor. Harías (tu ferais) mejor en ocuparte de ti mismo y no de él. Un anciano llamó a todos sus hijos y les habló sin testigos: Guardaos, les dijo, de vender la heredad que nos han dejado nuestros padres. Le invitarás a venir (a) almorzar conmigo y le dirás que me traiga el libro que le he prestado. ¿Ha visto usted a mi amigo? No, no le he visto. Le buscan a usted. ¿Busca usted a su criado? Sí, le busco. ¿Quién estuvo contigo anoche en el teatro? Mi amigo estuvo conmigo. ¿Pensará usted en eso? Pensaré en ello. Tráigame usted pan y manteca. Las uvas son frutas muy sanas, comemos a menudo (de ellas). Este asunto es muy serio: piense usted bien en ello.

VINGT-SIXIÈME LEÇON
LECCIÓN VIGÉSIMA SEXTA

Pronombres personales (continuación)

Encuentro de dos pronombres átonos

1. Cuando dos pronombres personales átonos acompañan a un verbo, sólo los complementos indirectos «me, te, se, nous, vous, lui, leur» pueden ir junto con los complementos directos «le, la, les». Si los dos pronombres son de *distinta persona*, entonces el *complemento indirecto* va primero, pero si los dos son de *tercera persona*, se coloca primero el *complemento directo*, exceptuándose «se». Las combinaciones posibles son las siguientes:

me le	*te le*	*se le*	*nous les*	*vous le*
me la	te la	se la	nous la	vous la
me les	te les	se les	nous les	vous les
		le lui	*le leur*	
		la lui	la leur	
		les lui	les leur	

je *te le* donnerai	te lo daré
je *te l'*ai montré	te lo he mostrado
mon ami *vous les* peindra	mi amigo os los pintará
je *le lui* porterai (le livre)	*se lo* llevaré (el libro) a él (a ella)
je *la lui* porterai (la fleur)	*se la* llevaré (la flor) a él (a ella)
je *le leur* porterai	*se lo* llevaré (a ellos)
je *la leur* porterai	*se la* llevaré (a ellas)
je *les leur* porterai	*se los* llevaré (a ellos, a ellas)

Nota. Obsérvese que la forma española de dativo «se» (por «le») se traduce por «lui» (= a él, a ella) en singular, y por «leur» (= a ellos, a ellas) en plural.

2. En el imperativo *afirmativo*, el complemento directo va *siempre* primero; el indirecto le sigue en la forma átona, y sustituyendo «me» y «te» por «moi» y «toi».

donne - *le* - *moi*!	¡dámelo!
donne - *le* - lui (leur)!	¡dáselo!
donne - *la* - lui (leur)!	¡dásela!
donne - *les* - lui (leur)!	¡dáselos, dáselas!

Dites-le-leur! (¡dígaselo!), racontez-la-nous! (¡cuéntenosla usted!), apportez-la-lui! (¡tráigasela usted!), portez-la-moi! (¡tráigamela usted!), porte-le-lui! (¡llévaselo [a él, a ella]!), porte-le-leur! (¡llévaselo [a ellos, a ellas]!).

Pero cuando el imperativo es *negativo* se sigue la regla general (véase § 1):

ne *me le* donne pas!	¡no me lo des!
ne *le lui* (leur) donne pas!	¡no se lo des!
ne *la lui* (leur) donne pas!	¡no se la des!
ne *les lui* (leur) donne pas!	¡no se los (las) des!

Ne me les donnez pas!	¡No me los dé usted!
Ne le leur dites pas!	¡No se lo diga usted (a ellos, a ellas)!

Cuando van juntos dos otros pronombres que los indicados en el § 1, esto es, cuando «me, te, se, nous, vous» no son dativos, sino acusativos, entonces estos acusativos «me, te, se, nous, vous» se anteponen al verbo — en el imperativo afirmativo se posponen al verbo —, y los dativos se colocan en la forma tónica después del verbo; por ejemplo: Il *se* montre *à moi* (¡«me se» no es posible!). (Él se me presenta.) Montre-*toi à lui*! (¡Preséntate a él!) Veuillez *me* présenter *à lui, à elle*. (¿Quiere usted presentarme a él, a ella?)

Vocabulaire

la marchandise	la mercancía	faire la sourde oreille	hacerse el sordo
la condition	la condición		
le petit-neveu	el sobrino segundo	tomber	caer
		il prit	él cogió
la fois	la vez	prendre	coger
l'impatience	la impaciencia	s'embarrasser	inquietarse
le mécontentement	el descontento	continuer (de)	continuar
		mettre	meter
l'humeur *(f.)*	el humor	prier	rogar
la poche	el bolsillo	davantage	más
le terme	la fórmula	le respect	el respeto

la menace	la amenaza	s'amuser	divertirse
le poing	el puño	plaire	gustar, agradar
le côté	el lado, la cadera	enchanter	encantar
la fierté	la altivez	devenir	llegar a ser
la hardiesse	el atrevimiento	reprendre	quitar
le successeur	el sucesor	dangereusement	gravemente
le secours	la ayuda	accepter	aceptar
le timbre-post	el sello de correo	fixé	fijado
les souliers	los zapatos	tiens!	¡ten, toma!

Exercice

Frédéric le Grand et son petit-neveu

Frédéric-Guillaume, depuis roi de Prusse, *s'*amusait un jour, étant enfant, dans un appartement où travaillait Frédéric le Grand, son grand-oncle. Il laissa tomber son volant sur la table du roi, qui *le* prit et *le lui* donna. L'enfant *le* laissa tomber une seconde fois. Le monarque *le* prend de nouveau, et *le lui* rend encore, mais avec un air d'impatience et de mécontentement. Le jeune prince, sans *s'*embarrasser de la mauvaise humeur du monarque, continue encore de jouer, et laisse tomber pour la troisième fois le volant sur la table. Le roi *le* prend aussi pour la troisième fois, mais *le* met dans sa poche. L'enfant *le* prie de *lui* rendre son volant dans les termes respectueux qu'il devait employer. Le roi fait la sourde oreille. Le petit prince *le* demande encore une fois dans les mêmes termes de respect, et n'*en* obtient pas davantage. Alors prenant un air de menace, et les deux poings sur le côté, il dit à son grand-oncle: «Plaira-t-il bientôt à Votre Majesté de *me* rendre mon volant? Répondez oui ou non!» Alors le monarque, enchanté de la fierté et de la hardiesse de son petit-neveu, qui pouvait devenir son successeur, *lui* dit: «Tiens, violà ton volant. Tu es un brave garçon, et je vois bien qu'ils ne *te* reprendront pas la Silésie!»

Tema

Se le mandó trabajar con un poco más de ardor. ¿Qué le ha preguntado usted? Le he preguntado si estaba enfermo. ¿Qué les ha dado? Les ha dado toda clase de ayuda. ¿Se lo ha dicho Carlos a usted? Sí, me lo ha dicho. Me dicen que ella está gravemente enferma. Tengo una casa que es muy hermosa; no la venderé. ¿Es ésta su pluma de usted? ¡Préstemela usted! Con mucho gusto se la prestaré a usted. ¿Dónde ha puesto usted mi carta? ¿Qué ha hecho usted de ella? Ya no la tengo; la he leído y después de haberla leído se la he devuelto a usted. ¿Por qué no me ha mandado usted mis zapatos? Me los había prometido para hoy. Mándemelos usted sin pérdida de tiempo (sans retard). ¿Tiene usted sellos de correo? Déme usted (de ellos). Se les ha contestado que las mercancías serán aceptadas en las (aux) condiciones fijadas.

De le vie de tous les jours

Il faut que j'écrive une lettre aujourd'hui.	Tengo que escribir hoy una carta.
Avez-vous du papier à lettre?	¿Tiene usted papel de cartas?
Je viens d'en acheter.	Acabo de comprar.
En avez-vous besoin?	¿Necesita usted?
Ayez l'obligeance de m'en prêter une feuille.	Hágame usted el favor de prestarme un pliego.
La voici.	Aquí lo tiene
Je vous suis infiniment obligé.	Le estoy muy agradecido.
Voulez-vous qu'elle parte aujourd'hui?	¿Quiere usted que salga hoy?
Oui, monsieur.	Sí, señor.
Alors, vous n'avez pas de temps à perdre, car il est déjà bien tard.	Entonces no tiene usted tiempo que perder, pues ya es muy tarde.
Je ne serai pas long.	Acabaré pronto.
Donnez-moi une enveloppe et prêtez-moi quelques timbres-poste.	¡Déme usted un sobre y présteme unos sellos de correo!
Les voici.	Aquí los tiene.
Merci beaucoup. Maintenant je n'ai plus que l'adresse à mettre.	Muchísimas gracias. Ahora no tengo nada más que poner las señas.

VINGT-SEPTIÈME LEÇON
LECCIÓN VIGÉSIMA SÉPTIMA

Adjetivos y pronombres demostrativos

1. *Adjetivos demostrativos*

Singular			Plural
masc.		fem.	(para ambos géneros)
ce	ese	cette esa	ces esos, -as
cet *sɛt*	ese		

Observaciones

1.ª El demostrativo «ce» se emplea delante de los sustantivos que empiezan por consonante o *h* aspirada; «cet», delante de aquellos que empiezan por vocal o *h* muda; por ejemplo:

Ce papier, ce garçon, ce héros, cet enfant, cet arbre, cet homme.

2.ª Los adjetivos demostrativos se colocan siempre delante del sustantivo y deben repetirse con cada uno de ellos: Je connais ce monsieur, cet enfant et cette dame. (Conozco a ese señor, a ese niño y a esa señora.)

3.ª El genitivo se forma con ayuda de «de»; el dativo, por medio de «à»: de ce livre, à cette femme, à ces enfants.

4.ª Cuando se quiere determinar los objetos con mayor precisión se hace uso en francés de las partículas «ci» (aquí) y «là» (allí), que se posponen al sustantivo y se unen a él por medio de un guión; por ejemplo: cet enfant-ci (este niño), ce livre-là (aquel libro), cet homme-là (aquel hombre), ces femmes-ci (estas mujeres), ces hommes-là (aquellos hombres).

5.ª «El mismo, la misma» se traducen por «le même, la même, *pl.* les mêmes»: c'est la même chose (es la misma cosa). Puede ir también precedido de «ce»: ce même homme.

2. Pronombres demostrativos

	Masc.		Fem.		Neutro	
sing.	celui	el que	celle	la que	ce	lo que
plur.	ceux	los que	celles	las que		

También se les pueden agregar las partículas «ci» y «là», resultando:

Singular

| celui-ci | éste | celle-ci | ésta | ceci | esto |
| celui-là | ése, aquél | celle-là | ésa, aquélla | cela | eso, aquello |

Plural

| ceux-ci | éstos | | celles-ci | éstas |
| ceux-là | ésos, aquéllos | | celles-là | ésas, aquéllas |

Observaciones

1.ª El pronombre «celui, ceux, celle, celles, ce» va siempre seguido de «de» o del relativo «que, qui, dont». Entre el demostrativo y «que» o «qui» puede mediar una preposición; por ejemplo: ma montre et celle de mon frère (mi reloj y el de mi hermano), celui que vous voyez (el que usted ve), ceux dont j'ai besoin (los que necesito), celles à qui vous vous adressez (aquellas a quienes usted se dirige), ce que vous dites (lo que usted dice).

2.ª El neutro «ce» se emplea a menudo unido al verbo «être»: c'est (esto es), ce sont (éstos son). Cuando se le agrega «ci» o «là» forma «ceci, cela» (¡sin guión!); por ejemplo: faites ceci, ne dites pas cela (haga usted esto, no diga usted eso), je préfère ceci à cela (prefiero esto a aquello).

En la conversación se sustituye a menudo «ceci» o «cela» por «ça»: prends ça (toma esto).

«Ce» (o «c'» delante de una vocal) es generalmente empleado en vez de «ceci» o «cela» si acompaña un tiempo del verbo «être»: ce sont mes amis (éstos son mis amigos), ce sera facile (eso será fácil).

3.ª El neutro «ce» se emplea en lugar de «il, elle», etc., cuando después de «être» hay un pronombre o un sustantivo determinado; por ejemplo: Qui est ce monsieur?

— C'est le colonel. (¿Quién es este caballero? — Es el coronel.) Ce qui me plaît le plus en lui, *ce* sont ses manières. (Lo que más me agrada en él son sus modales.)

4.ª La declinación de los pronombres demostrativos se hace por medio de «de» y «à». En lugar del genitivo «de cela» se emplea «en»; en vez del dativo «à cela» se dice «y» (véase p. 123), por ejemplo:

J'*en* parle = je parle de cela.   Hablo de ello.
J'*y* pense = je pense à cela.   Pienso en ello.
Penserez-vous à cela?   J'*y* penserai.

5.ª Los pronombres «en» e «y» se colocan siempre detrás del pronombre personal átono; cuando estos dos pronombres van juntos, entonces se coloca «y» delante de «en»; por ejemplo: il y en a (hay de ello), y en a-t-il? (¿hay de ello?).

Vocabulaire

la force	la fuerza	l'emplette	la compra
Pologne	Polonia	extraordinaire	extraordinaria
le maréchal ferrant	el herrero	remplacer	reemplazar
		choisir	elegir
le fer	la herradura	il ne vaut rien	no vale nada
l'artisan	el artesano	casser	romper
la moitié	la mitad	étonner	asombrar
l'écu	el escudo	il me semble	me parece
il a mis en morceaux	él ha hecho pedazos	enfin	por fin
		à son tour	a su vez
l'artiste	el artista	lorsque	cuando
l'événement	el acontecimiento	travailleuse	trabajadora
		instructif, -ve	instructivo, -a
l'émotion *(f.)*	la emoción	provoquer	provocar
le souvenir	el recuerdo	profond, -e	profundo, -a
la vie	la vida	conserver	conservar
l'affaire	el asunto	essayer	probar
le magasin	la tienda	sérieux, -se	serio, -a

Exercice

Force extraordinaire

Auguste le Fort était de Pologne. *Ce* prince était d'une force extraordinaire. Un jour il entra chez un maréchal ferrant. Son cheval avait perdu la moitié d'un fer, et le roi demanda au maréchal de remplacer *ce* fer par un autre. L'artisan apporta plusieurs fers et dit au prince de choisir. «*Celui-ci* ne vaut rien», dit le roi en cassant un fer entre ses doigts. «*Ces* cinq fers-là aussi sont mauvais», continua-t-il, et il pensa bien étonner le maréchal en les cassant comme le premier. «*Celui-ci* enfin *me* semble solide, donnez-*le-moi*.» «*Cet* écu ne *me* semble pas bon», dit à son tour le maréchal, lorsque le roi paya son fer. «Toutes *ces* pièces sont mauvaises, elles cassent entre les doigts», continua le maréchal, en cassant autant d'écus que le prince avait mis de fers en morceaux. «Enssayez *ce* louis», lui dit alors Auguste. «Oh! *ceci* c'est une bonne pièce — répondit l'artisan —; «à votre service pour une autre fois.»

Tema

Esta joven es muy trabajadora. Aquellas montañas son las más altas de España. Aquellos libros son muy instructivos. Ese artista ha cantado muy bien. Esos acontecimientos provocaron en mí una emoción profunda; conservaré toda mi vida un triste recuerdo de ellos. Este asunto es muy serio; piense usted bien en ello. ¿En qué tienda ha hecho usted estas compras? Este camino es más corto que aquél. Lo que nos contó aquel señor es falso. Eso es imposible. Esto es de mi hermano, aquello es de mi amigo. ¿Estará usted esta noche en el teatro? Sí, estaré. ¿Habla usted de mi negocio? De eso hablo. En vez de dos, encontré tres. Hemos hablado de esto y de aquello. ¿Son ésos sus hermanos de usted? No, señor, éstos son mis primos y aquéllos son mis hermanos. ¿Le gustan a usted más estas flores que aquéllas? Déme usted éstas.

Exercice de lecture

La soupe

Voici l'automne. Pierre, Babet et Jeannot vont ramasser[1] les feuilles mortes[2]. Pierre a pris sa hotte[3], Babet a pris son sac[4] et Jeannot les suit[5] avec sa brouette[6]. Ils ont descendu la côte[7] en courant. Ce n'est point un jeu. C'est un travail. Mais ne croyez pas[8] que ces enfants soient tristes parce qu'ils travaillent. Le travail est sérieux[9], il n'est pas triste. Voilà les enfants à l'œuvre[10]. Cependant le soleil qui monte[11], réchauffe[12] doucement la campagne. Des toits des hameaux, s'élèvent des fumées, légères comme des haleines[13]. Les enfants savent[14] ce que disent ces fumées. Elles disent que la soupe aux pois[15] cuit[16] dans la marmite[17]. Encore une brassée[18] de feuilles mortes, et les petits ouvriers prendront la route du village. La montée[19] est rude. Courbés[20] sous le sac ou penchés[21] sur la brouette, ils ont chaud, et la sueur[22] leur monte au front. Pierre, Babet et Jeannot s'arrêtent[23] pour respirer. Mais la pensée de la soupe aux pois soutient leur courage. Poussant[24] et soufflant[25], ils arrivent enfin. Leur mère qui les attend sur le pas[26] de la porte, leur crie de loin[27]. «Allons, les enfants, la soupe est trempée[28].» Nos amis la trouveront excellente. Il n'est si bonne soupe que celle qu'on a gagnée.

ANATOLE FRANCE

[1]recoger. [2]hojas secas. [3]cuévano. [4]saco, costal. [5]sigue. [6]carretilla. [7]cuesta. [8]no creáis. [9]serio. [10]obra. [11]subir. [12]calentar. [13]aliento, soplo. [14]saber. [15]guisantes. [16]cuece. [17]olla. [18]brazado. [19]subida. [20]agobiado. [21]inclinado. [22]sudor. [23]pararse, detenerse. [24]empujar. [25]resollar. [26]umbral. [27]lejos. [28]calar.

VINGT-HUITIÈME LEÇON
LECCIÓN VIGÉSIMA OCTAVA

Adjetivos y pronombres interrogativos

1. *Adjetivos interrogativos*

	Masc.	*Fem.*	
sing.	quel?	quelle?	¿cuál?, ¿qué?
plur.	quels?	quelles?	¿cuáles?, ¿qué?

Observaciones

1.ª Los adjetivos interrogativos van seguidos de un sustantivo, o pueden ir separados de él por una de las formas de «être»; por ejemplo:

Quel livre avez-vous?	¿Qué libro tiene usted?
Quelle heure est-il?	¿Qué hora es?
Quelle est cette fleur?	¿Qué (clase de) flor es ésta?
Quels sont ces hommes?	¿Qué hombres son éstos?

2.ª El genitivo y el dativo se forman por medio de «de» y «à», respectivamente.

3.ª Estas formas se emplean también en frases exclamativas. El «tan» español se traduce por «si» cuando en francés el adjetivo va pospuesto al sustantivo, y no se traduce cuando le precede; por ejemplo:

| Quelle haute maison! | ¡Qué casa *tan* alta! |
| Quel joli jardin! | ¡Qué jardín *tan* bonito! |

2. Pronombres interrogativos

a) N. qui? ¿quién?   quoi?, que? ¿qué?
    G. de qui?   de quoi?
    D. à qui?   à quoi?
    A. qui?   quoi?, que?

En lugar del nom. qui   se puede decir: qui est-ce qui?
  »   »   » ac. qui   »   »   »   qui est-ce que?
  »   »   » nom. que, quoi »   »   »   qu'est-ce qui?
  »   »   » ac. que, quoi »   »   »   qu'est-ce que?

Singular

Masc.   *Fem.*

b) N. lequel? ¿cuál?   laquelle? ¿cuál?
    G. duquel?   de laquelle?
    D. auquel?   à laquelle?
    A. lequel?   laquelle?

Plural

N. lesquels? ¿cuáles?   lesquelles? ¿cuáles?
G. desquels?   desquelles?
D. auxquels?   auxquelles?
A. lesquels?   lesquelles?

Observaciones

1.ª «Qui» no se dice sino de personas, y tiene una sola forma para ambos géneros y números; por ejemplo: qui vient? (¿quién viene?), qui cherchez-vous? (¿a quién busca usted?), qui vous a parlé de cela? (¿quién os ha hablado de ello?), à qui est ce livre? (¿de quién es este libro?).

2.ª «Que» y «quoi» no se refieren sino a cosas; por ejemplo: que demandez-vous? (¿qué pide usted?), que désirez-vous? (¿qué desea usted?), *qu'avez-vous dit?* (¿qué ha dicho usted?), a quoi pensez-vous? (¿en qué piensa usted?).

3.ª «Que» va siempre unido al verbo y no admite preposición; por ejemplo: que voulez-vous? (¿qué quiere usted?), que cherches-tu? (¿qué buscas?), qu'est-il devenu? (¿qué ha sido de él?).

4.ª «Quoi» reemplaza a «que» después de preposición; se emplea absolutamente o delante de un adjetivo; en este último caso exige «de»; por ejemplo: quoi?, que dites-vous? (¿qué?, ¿qué dice usted?), de quoi parlez-vous? (¿de qué habla usted?), quoi *de* plus instructif? (¿qué cosa más instructiva?).

5.ª «¿Qué es eso?» se traduce por: *a)* «Qu'est-ce-la?» *b)* «Qu'est-ce que cela?» *c)* «Qu'est-ce que c'est?» *d)* «Qu'est-ce que c'est que ça?»

6.ª «Lequel, laquelle» se emplea cuando se hace una elección entre varias personas o cosas, por lo que debe ir seguido de un genitivo expresado o sobreentendido; por ejemplo: lequel de ces élèves est paresseux? (¿cuál de estos alumnos es perezoso?).

7.ª «¿De quién?», indicando pertenencia, se traduce por «à qui, à quelle», etc.; por ejemplo: à qui est ce livre? (¿de quién es este libro?).

Vocabulaire

le bâtiment	el edificio	le bâton	el bastón
le parapluie	el paraguas	le journal	el periódico
la nouvelle	la noticia	le voisin	el vecino
la place	el sitio	dit	dicho
le général	el general	vrai	verdadero
le sacrifice	el sacrificio	maintenant	ahora
le maintien	el manteni-	dites-moi	dígame usted
	miento	confier	confiar
le prestige	el prestigio	je sais	yo sé
l'étranger	el extranjero	coupable	culpable
le droit	el derecho	s'adresser	dirigirse

Exercice

Quelle est la meilleure élève de la classe? Quel est ce beau bâtiment? C'est l'église de la Madeleine. Quel est le tailleur de ton père? Quel est cet homme? Quelles sont ces femmes-là? Quel est le nom de ton frère? À quoi ou à qui pensez-vous? Je pense à ce que vous m'avez dit hier. Voilà à quoi je pense. À qui est ce chapeau? Il est à l'ami dont (del cual) je vous ai parlé ce matin. À qui sont ces parapluies? Ils sont au jeune homme et à la jeune fille avec lesquels [qui] je suis venu hier. Lequel de ces chapeaux est le vôtre? C'est celu-ci; celui-là est à l'ami de mon oncle. Qu'y a-t-il de vrai dans cette nouvelle? Quoi de nouveau? Qu'y a-t-il à faire maintenant? Il y a à mettre chaque chose à sa place. Qui cherchez-vous? Je cherche les enfants de mon oncle. À qui l'a-t-il dit? À qui avez-vous parlé de moi? À ce monsieur-là. Dites-moi en quoi je puis vous servir! À quoi serviront tous ces sacrifices? Ils serviront au moins au maintien de notre prestige à l'étranger.

Tema

¿Qué edad tienen sus padres de usted? ¿Quiénes son esos hombres? ¿Cuáles son vuestros derechos y cuáles son vuestros deberes? ¿Cuál de sus hermanos de usted está enfermo, Carlos o Enrique? Carlos estuvo enfermo, pero ahora ya está bueno. ¿A qué profesor ha confiado usted la educación de sus niños? ¿Cuáles de sus discípulos son los más aplicados? Son Enrique y Pablo. Aquí hay dos navajas, ¿cuál quiere usted? ¿A quién llamas? Llamo a mi hermano. ¿Quién habla? Yo. ¿Qué buscas? Estoy buscando (= busco) mi bastón. ¿De qué se habla? Hablan (= se habla) del mal tiempo. ¿Cuál de las dos traducciones es la mejor? ¿Qué hay de nuevo en los periódicos? No lo sé. ¿Cuál de estos dos hombres es el más culpable? Aquél. ¿En qué piensa usted? ¿Estoy pensando (= pienso) en mis trabajos. ¿A quién se dirige usted? ¿Es a mí, a quien usted se dirige? No, señor, es a su vecino de usted. ¿Qué es eso? Es mi cuaderno de francés. ¿De quién es esta pluma? Es la pluma de mi profesor.

De la vie de tous les jours
Dans un magasin

Bonjour, monsieur! Qu'y a-t-il pour votre service?	Buenos días, caballero, ¿en qué puedo servirle?
Je voudrais acheter une paire de gants.	Desearía comprarme un par de guantes.
Bien, monsieur; j'en ai un grand choix et à différents prix.	Muy bien, caballero, tengo un gran surtido y de varios precios.

Adjetivos y pronombres posesivos

Montrez-moi ce que vous avez de meilleur.	Enséñeme los mejores que tenga.
Quelle en est la pointure?	¿Qué número necesita usted?
Oh, je ne me la rappelle pas exactement, mais je pense que c'est $7^1/_2$.	No lo sé de seguro, pero creo es el $7^1/_2$.
Quelle couleur préférez-vous, clair ou foncé?	¿Qué color prefiere usted, claro u oscuro?
Pas trop clair.	No muy claro.
En voici de toutes les couleurs.	Aquí los tiene de todos los colores.
Quel en est le prix?	¿Qué precio tienen éstos?
Le prix est de 450 francs.	Cuestan 450 francos.
C'est cher! Est-cela votre dernier prix?	Son muy caros. ¿Es ése su último precio?
Je n'ai qu'un prix, monsieur.	Es precio fijo, caballero.
Alors, je veux prendre cette paire.	Entonces me llevaré este par.
N'avez-vous pas besoin d'autre chose?	¿Necesita usted alguna otra cosa más?
Non, merci.	No, gracias.
Payez à la caisse, s'il vous plaît.	Haga usted el favor de pagar en caja.
Bonsoir, monsieur, et merci beaucoup.	Buenas tardes, caballero, y muchas gracias.

VINGT-NEUVIÈME LEÇON
LECCIÓN VIGÉSIMA NOVENA

Adjetivos y pronombres posesivos

1. *Adjetivos posesivos*

Singular			Plural	
masc.	fem.		(de ambos géneros)	
mon	ma	mi	mes	mis
ton	ta	tu	tes	tus
son	sa	su (de él, ella)	ses	sus (de él, ella)
notre	notre	nuestro, -a	nos	nuestros, -as
votre	votre	{ vuestro, -a { su... de usted(es)	vos	{ vuestros, -as { sus... de usted(es)
leur	leur	su (de ellos, -as)	leurs	sus (de ellos, -as)

Observaciones

1.ª Los adjetivos posesivos se refieren siempre a un sustantivo y concuerdan con él en género y número; por ejemplo: Ma mère a perdu *son* argent, *sa* montre, *ses* livres. (Mi madre ha perdido su dinero, su reloj, sus libros.) *Mon* père et *ma* mère ont vendu *leur* maison. (Mi padre y mi madre han vendido su casa [de ellos].)

2.ª Los adjetivos «mon, ton, son» se emplean en lugar de «ma, ta, sa» cuando el sustantivo o adjetivo que sigue empieza por vocal o *h* muda; por ejemplo: mon amie (mi amiga), mon autre fille (mi otra hija), son histoire amusante (su entretenida historia), son épée (su espada).

3.ª Las expresiones españolas «su... de usted, sus... de ustedes» se traducen en francés por «votre, vos» antepuestos al sustantivo; por ejemplo: *Votre* ami est mort. (Su amigo de usted[es] ha muerto.) *Vos* amis sont morts. (Sus amigos de usted[es] han muerto.)

4.ª No se deben confundir «son» y «sa» con «leur», ni «ses» con «leurs». «Son» y «sa» se refieren a un solo poseedor de un objeto; «ses» a un poseedor de varios objetos; «leur» se refiere a varios poseedores de un solo objeto, y «leurs» a varios poseedores de varios objetos; por ejemplo: *Son* ami est mort. (Su amigo [de él] ha muerto.) *Ses* amis sont morts. (Sus amigos [de él] han muerto.) *Leur* ami est mort. (Su amigo [de ellos] ha muerto.) *Leurs* amis sont morts. (Sus amigos [de ellos] han muerto.)

5.ª El adjetivo posesivo se pospone a «monsieur, madame», etc.; por ejemplo: Monsieur votre père et mesdemoiselles vos sœurs.

2. *Pronombres posesivos*

a) *Un* poseedor y *un* solo objeto:

Masc.		Fem.	
le mien	el mío	la mienne	la mía
le tien	el tuyo	la tienne	la tuya
le sien	el suyo (de él, ella)	la sienne	la suya (de él, ella)

b) *Un* poseedor y *varios* objetos:

les miens	los míos	les miennes	las mías
les tiens	los tuyos	les tiennes	las tuyas
les siens	los suyos	les siennes	las suyas

c) *Varios* poseedores y *un* solo objeto:

le nôtre[1]	el nuestro	la nôtre	la nuestra
le vôtre[1]	{ el vuestro / el suyo, (de usted[es]) }	la vôtre	{ la vuestra / la suya (de usted[es]) }
le leur	el suyo (de ellos, -as)	la leur	la suya (de ellos, -as)

d) *Varios* poseedores y *varios* objetos:

Ambos géneros

les nôtres	los nuestros, las nuestras
les vôtres	{ los vuestros, las vuestras / los suyos... de usted(es) }
les leurs	los suyos, las suyas (de ellos, -as)

Observaciones

1.ª Los pronombres posesivos se emplean solos y van acompañados del artículo; por ejemplo: Voici ma place. Où est la tienne? Où est la vôtre? (Éste es mi asiento. ¿Dónde está el tuyo? ¿Dónde está el de usted?) À votre santé, monsieur! — À la vôtre, monsieur! (¡A su salud, caballero! — ¡A la suya, caballero!)

2.ª No debe confundirse el pronombre posesivo «leur, leurs» con el pronombre personal «leur» (= à eux, à elles); este último no toma nunca *s* en el plural; por ejemplo: Leurs enfants leur désobéissent quelquefois. (Sus hijos les desobedecen a veces.) Leurs maîtres leur parlent. (Sus amos les hablan.)

3.ª Asimismo no debe confundirse el pronombre posesivo «le leur, la leur» con las combinaciones de dos pronombres personales de 3.ª pers. «le leur, la leur» (= se lo, se la), etc. (véase p. 122); por ejemplo: Je le leur ai dit. (Yo *se lo* he dicho [a ellos, a ellas].) Ils apprenaient notre

---
[1] Obsérvese el circunflejo de «le nôtre, le vôtre», etc.

langue et parlaient aussi la leur. (Aprendían nuestra lengua y hablaban también la suya.)

4.ª En lugar del posesivo se emplea a veces el artículo, siempre que por el sentido de la frase se sepa quién es el poseedor; por ejemplo: J'ai mal à la tête. (Me duele la cabeza.) Il s'est coupé le poignet. (Se ha cortado la muñeca.)

5.ª «El suyo de usted, la suya de usted», etc., se traducen por «le vôtre, la vôtre, les vôtres»; por ejemplo: Nos raisons semblent bonnes; les vôtres, madame, sont convainquantes. (Nuestras razones son buenas; las suyas, señora, son convincentes.)

6.ª Cuando en español el posesivo sigue al sustantivo, en frases como «un amigo mío, hijos míos», etc., entonces se reemplazan en francés los pronombres posesivos por los adjetivos posesivos correspondientes, que se colocan delante del sustantivo; por ejemplo: un des mes amis (un amigo mío), ce sont de nos cousins (son primos nuestros).

7.ª Las expresiones españolas «es mío, es tuyo», etcétera, se pueden traducir en francés de las dos maneras siguientes:

es mío:	c'est mien	o c'est à moi
es tuyo:	c'est tien	» c'est à toi
es suyo:	c'est sien	» c'est à lui, à elle
es nuestro:	c'est nôtre	» c'est à nous
es vuestro:	c'est vôtre	» c'est à vous
es suyo:	c'est leur	» c'est à eux, à elles

Cette maison est mienne, o est à moi.	Esta casa es mía.
Ce cheval-ci est mien, o est à moi.	Este caballo es mío.
Ceci est mien, o est à moi.	Esto es mío.
Cela est tien, o est à toi.	Aquello es tuyo.

8.ª Cuando varios posesivos dependen de un mismo sustantivo, entonces el primer posesivo se antepone al sustantivo y los otros le siguen, lo mismo que en español; por ejemplo: J'ai apporté *mon* cahier, le *tien* et le *sien*. (He traído *mi* cuaderno, el *tuyo* y el *suyo.)*

Adjetivos y pronombres posesivos

Vocabulaire

l'espérance	la esperanza	les gants	los guantes
l'avenir	el porvenir	la lettre	la carta
la montre	el reloj	vous dites	usted dice
la carte postale	la tarjeta postal	il vient	él viene
hier soir	ayer tarde	avancer	adelantar
la réponse	la contestación	retarder	atrasar
le courant	el corriente	s'étonner	extrañarse
le pardessus	el gabán	prêter	prestar
le cœur	el corazón	commode	cómodo
le train	el tren	il y a	hace
la voiture	el coche	chaque	cada
le cadeau	el regalo		

Exercice

Celui qui vient à nous n'est pas votre voisin, c'est le mien. C'est vous qui le dites. Ces livres sont à moi; celui-là est à ma sœur. Mes enfants, vous êtes l'espérance, vous êtes l'avenir. Ma montre avance; la tienne retarde. Ceci est à moi, cela est à vous. J'ai reçu une lettre d'un de mes neveux. Une de mes tantes est malade. Je vous ai donné mon opinion; quelle est la vôtre? J'ai reçu ta carte postale hier soir et je m'étonne que tu n'aies pas reçu la mienne. En réponse à la vôtre du 11 c. (o à votre lettre du 11 courant.) À qui est ce pardessus? C'est le mien. Une maison aussi agréable que la leur est bien rare. Il a perdu son argent, sa montre et ses livres. Elle m'a prêté son encrier, sa plume et ses ciseaux. Est-ce là votre plume? Prêtez-la-moi. Où est la tienne? Henri a perdu la mienne, mais il vous prêtera la sienne. Le tailleur a apporté nos habits, mais non les vôtres. Mon père attend encore les siens. Mes frères ont reçu les leurs. Un de mes camarades arriva hier par le train de 8 heures. À qui est ce cahier? Il est à moi. Rendez à chacun le sien. Je l'aime de tout mon cœur.

Tema

¿Es ésta su casa de usted? No es ésta, es aquélla. El coche de mi tío es más cómodo que el nuestro. Hace tiempo que no hemos recibido cartas suyas. Este libro no es el mío, es el de usted. ¿Son ésos sus hermanos de usted? Sí, señor; son los míos y los de mi vecino. He terminado mi trabajo, ¿has terminado también el tuyo? Hemos recibido regalos de nuestros padres; ¿habéis recibido [de ellos] también de los vuestros? ¿Por qué nos echáis en cara (= reprocher) nuestros defectos? ¿No tenéis también los vuestros? Madre mía, ¿qué desea usted? No deseo nada, hijo mío. Dos compañeros míos perecieron en la guerra mundial. Cada país tiene sus costumbres; tenemos las nuestras; Francia tiene también las suyas. ¿De qué habéis hablado? Hemos hablado de esto y de aquello y de muchas cosas. ¿Son éstos los guantes de su hija de usted? No, señora, no son los de ella, son los de una prima suya. ¿Qué es eso? Es un librito de apuntes (un carnet). Esto es mío, eso es tuyo, aquello es suyo. ¿Les ha hablado usted de mis asuntos? Sí, señor, les he hablado de ellos. Hable usted de ello a mis padres y a los suyos (de usted). Se lo he comunicado (a ellos) en mi carta de ayer.

Exercice de lecture

Pasteur

La première année d'études à Paris exerça[1] une action décisive sur Pasteur. Tout en suivant[2] sa classe du Lycée Saint-Louis, il entendait[3] des cours à la Sorbonne. Il entrait en contact avec des hommes supérieurs, comme le chimiste[4] J. B. Dumas. À l'École Normale, livré[5] au travail corps et âme[6], il fréquentait J. B. Dumas, Balard, Baruel. Il écoutait les leçons de cristallographie de Delafosse. Un jour, le chimiste Auguste Laurent lui fit examiner au microscope un sel[7] (le tungstate de soude) parfaitement cristallisé, qui était un mélange[8] de trois cristaux distincts, qu'un peu d'habitude[9] des formes cristallines permettait de reconnaître sans piene[10]. C'était à la fin de 1846: date inoubliable[11]! Elle marque l'entrée dans la vie de Pasteur, du microscope, du microscope employé à des observations chimiques. Tout Pasteur est sorti de là.

«Parle-nous[12] toujours de tes études — lui écrivait son père, au moment où se déclarait cette vocation de chimiste —; si tu ne négliges[13] pas les mathématiques, si une science ne gêne pas[14] l'autre, loin de là, cela doit s'entraider»[15]. Quelle intuition de ce qui devait caractériser les découvertes[16] de son fils!

Pasteur sortit de l'École Normale agrégé des sciences physiques; pour le doctorat ès sciences il fit sa thèse de physique sur «les phénomènes relatifs à la polarisation rotatoire des liquides» (1847).

[1]ejerció. [2]cursando. [3]frecuentaba. [4]el químico. [5]entregado. [6]con cuerpo y alma. [7]sal. [8]mezcla. [9]conocimiento. [10]sin trabajo. [11]inolvidable, memorable. [12]háblanos. [13]descuidas. [14]molesta. [15]ayudarse. [16]descubrimientos.

TRENTIÈME LEÇON LECCIÓN TRIGÉSIMA

Pronombres relativos o conjuntivos

1. *Para ambos géneros y números*

N.	qui	que, el (la) cual, quien, quienes
G.	{ de qui	de que, del cual, de la cual
	{ dont	de quien, cuyo, -a, de quienes
D.	à qui	a que, al cual
A.	que, qu'	que

Observaciones

1.ª «Qui, que» se emplean para ambos géneros y números; por ejemplo: l'homme (*o* la femme) *qui* me cherche; les hommes (*o* les femmes) *qui* me cherchent; l'homme (*o* la femme), les hommes (*o* les femmes) *que* je cherche.

2.ª «Qui» precedido de una preposición no se dice sino de personas; por ejemplo: C'est un homme en qui j'ai la plus grande confiance. (Es un hombre en quien tengo la mayor confianza.) Je vous recommande le professeur avec qui j'ai pris des leçons de français. (Le recomiendo a usted el profesor con el que yo he tomado lecciones de francés.)

3.ª El «cuyo» español, seguido de un nombre en nominativo o acusativo, se traduce por «dont», y el nominativo o acusativo llevan el artículo definido; por ejemplo: l'élève dont les cahiers sont sales (el discípulo cuyos cuadernos están sucios), la personne dont nous vantons les mérites (la persona cuyos méritos alabamos).

4.ª «Dont» se prefiere a menudo a «de qui, duquel»: la personne dont vous me parliez hier (la persona de quien me hablaba usted ayer), le livre dont je suis satisfait (el libro del cual estoy satisfecho), c'est une affaire dont il est digne (es un asunto del cual es digno).

Pero se excluye «dont» para sustituirlo por «de qui, duquel» cuando el antecedente está precedido él mismo de una preposición, pero solamente en el caso de que el relativo esté separado de su antecedente por otro nombre; por ejemplo: l'élève aux travaux de qui (o duquel) je m'intéresse (el alumno por cuyos trabajos me intereso).

5.ª Hablando de una manera indeterminada o con relación a algo anteriormente dicho, se emplea el pronombre «quoi» (= lo que), que va precedido de una preposición; por ejemplo: c'est de quoi je parle (eso es de lo que hablo), à quoi je pense (en lo que pienso).

2. *De diferente género y número*

	Singular		*Plural*	
Masc.	*Fem.*		*Masc.*	*Fem.*
N. lequel el que	laquelle la que		lesquels	lesquelles
G. duquel	de laquelle		desquels	desquelles
D. auquel	à laquelle		auxquels	auxquelles
A. lequel	laquelle		lesquels	lesquelles

Observaciones

1.ª «Lequel», etc., se dice de personas y cosas. Empleado con una preposición, se refiere a animales o cosas; tratándose de personas, se emplea generalmente en este caso «qui» (véase 1, obs. 2.ª); por ejemplo: L'homme de qui (o duquel) j'ai reçu cette lettre. (El hombre de quien he recibido esta carta.) C'est une entreprise dans laquelle j'ai la plus grande confiance. (Es una empresa en la que tengo la mayor confianza.) Voilà le cheval pour lequel il a donné 20 000 francs. (Éste es el caballo por el que ha pagado 20 000 francos.)

2.ª Después de las preposiciones «entre» y «parmi» se debe usar siempre «lequel», etc.; por ejemplo: les soldats parmi lesquels se trouvait mon fils (los soldados entre los que se encontraba mi hijo).

3.ª Se emplea «lequel», etc., siempre que se trata de evitar ambigüedad; por ejemplo: la mère de mon ami, laquelle est arrivée hier soir (la madre de mi amigo, la cual llegó anoche), le frère de ma tante, lequel demeure à Paris (el hermano de mi tía, el cual vive en París).

4.ª Cuando el «cuyo» español va precedido de una preposición, entonces no se puede usar «dont», sino «duquel, de laquelle», etc., debiendo colocarse el relativo detrás del sustantivo a que se refiere; por ejemplo: le tailleur avec l'apprenti duquel j'ai voyagé (el sastre con cuyo aprendiz he viajado), voilà le monsieur aux enfants duquel j'ai donné les leçons de français (ése es el señor a cuyos hijos he dado lecciones de francés), la lettre du contenu de laquelle nous avons parlé (la carta de cuyo contenido hemos hablado), les soldats par la bravoure *desquels* nous fûmes sauvés (los soldados por cuya valentía fuimos salvados).

5.ª «Dont», empleado sin verbo, significa «entre ellos»: il a cinq enfants, dont deux filles (tiene cinco hijos, entre ellos dos hijas), quinze matelots ont péri, dont sept Anglais (murieron quince marineros, entre ellos siete ingleses).

6.ª También el adverbio de lugar «où» se emplea a veces como pronombre relativo, usándose «où» por «dans lequel», y «d'où» por «dont» y «duquel»; por ejemplo: la ferme *où* vont ces faucheurs (la quinta adonde van estos segadores), dans le cas *où* vous ne pourriez venir, envoyez-moi un mot, s'il vous plaît (en el caso de que no pudiese usted venir, haga el favor de enviarme dos palabras), le chemin par *où* nous passons (el camino por el cual pasamos).

Vocabulaire

le siècle	el siglo	la rive	la orilla
la science	la ciencia	informé, -e	informado, -a
le progrès	el progreso	intéressant	interesante
le renseignement	el informe	demander	pedir
la maison	la casa (de comercio)	rencontrer	encontrar
		se plaindre	quejarse
la fortune	la fortuna	il ne faut pas	no hay que
la condition	la condición	songer	pensar
les détails	los detalles	réussir	tener éxito
le fait	el hecho	fonder	fundar
faire mention	mencionar	digne	digno, -a
la maison de campagne	la quinta	tromper	engañar
		venir de faire	acabar de hacer
la matière	la materia	parcourir	recorrer

Exercice

La personne qui vous a dit cela est bien informée. Il n'y a rien d'intéressant dans le journal que vous m'avez envoyé. Notre siècle est celui dans lequel la science a fait les plus grands progrès. C'est cela même que j'en pense. J'ai reçu votre lettre du 11 c. dans laquelle vous me demandez des renseignements sur une maison de notre place. Les personnes de qui (*o* dont) je vous parle ont perdu toute leur fortune, il y a six mois. La tante de mon ami, laquelle demeure à Paris, est la dame que vous avez rencontrée en chemin de fer. La porte par laquelle vous êtes entré donne sur une cour. Je ne sais de quoi vous vous plaignez. Faites ce que je vous dis. Voilà les conditions sans lesquelles il ne faut pas songer à réussir. L'homme à qui j'ai écrit, ne m'a pas encore répondu. J'ai oublié les détails du fait dont vous faites mention. La maison de campagne dont on aperçoit le toit a été achetée par un médecin. Le jardin auquel vous pensez va être vendu. La dame à qui je réponds est une amie de ma mère. Sur quoi fondez-vous vos espérances?

Tema

He dado mi opinión sobre el asunto de que usted me había hablado; ¿cuál es la suya? Las personas de que usted me habla en su carta son poco dignas de confianza. Aquí están los libros que usted ha comprado. El hombre que ha perdido su dinero es un inglés. ¿Ha leído usted el libro que le presté? El hombre a quien he comprado este caballo me ha engañado. La señora con quien he hablado me ha convidado para esta noche. Berlín, cuyas hermosas calles hemos visto, está situado a orillas del Spree. Ha hecho diez faltas, cinco de ellas graves. No conozco la materia de que estos objetos están hechos. ¿Qué ha hecho usted del libro que le he prestado? ¿A cuál de sus amigos ha prestado usted mi libro? ¿Quién de vosotros ha hecho esto? Esto es todo lo que (ce que) yo sé. Usted no sabe lo que dice. La ciudad en que vivimos es muy grande. Los campos que acabamos de recorrer son muy fértiles. ¿No ha recibido usted la carta en la que le pedía informes sobre una casa en esa plaza?

De la vie de tous les jours

Manière de demander son chemin

Pardon, monsieur, quel est le chemin le plus court pour la gare de l'Est?	Perdone usted, caballero, ¿cuál es el camino más corto para la estación del Este?
La gare de l'Est, s'il vous plaît?	La estación del Este, ¿me haría usted el favor?
Suivez le boulevard jusqu'au bout, tournez à droite et vous verrez la gare devant vous.	Siga usted hasta el final del paseo, tuerza a la derecha, y verá usted la estación en seguida.
Merci beaucoup. La gare est-elle loin d'ici?	Muchas gracias. ¿Está la estación lejos de aquí?
Vous avez encore un bon bout de chemin à faire, au moins vingt minutes.	Todavía le queda un buen trecho de camino que andar, lo menos 20 minutos.
Dans ce cas je préfère prendre un taxi.	En este caso prefiero tomar un taxi.
Le taxi vous conduira à la gare dans cinq minutes.	El taxi le llevará a la estación en cinco minutos.
Merci beaucoup, monsieur!	¡Muchísimas gracias, caballero!
De rien.	De nada.

TRENTE ET UNIÈME LEÇON
LECCIÓN TRIGÉSIMA PRIMERA

Adjetivos y pronombres indefinidos

Se dividen en tres clases: la 1.ª comprende los *adjetivos* propiamente dichos, la 2.ª los *pronombres* propiamente dichos, y la 3.ª aquellos que pueden usarse al mismo tiempo como adjetivos o como pronombres.

1. *Adjetivos indefinidos*

Plural

chaque	cada	
quelque	alguno, -a	quelques
divers, diverses	diversos, -as	
différents, différentes	diferentes	
certain, certaine	cierto, -a	certains, certaines
maint, mainte	muchos, -as	maints, maintes
quelconque	cualquiera	quelconques

2. *Pronombres indefinidos*

chacun, chacune	cada uno, cada una
quelqu'un, quelqu'une	alguien, alguno, -a
quelques-uns, quelques-unes	algunos, -as
on (l'on *después de* et, si, où, que)	se, uno
quelque chose [de]	alguna cosa, algo
ne — rien [de]	nada
ne — personne	nadie

3. *Adjetivos-pronombres indefinidos*

ne — aucun, aucune	ninguno, -a, -os, -as	aucuns, aucunes
ne — nul, nulle	ni uno, ninguno, -a	nuls, nulles
pas un, pas une	ni uno solo, ni una sola	
plusieurs	muchos, -as, varios-as	
tout, toute	todo, -a, -os, -as	tous, toutes
autre	otro, -a, -os, -as	autres (*o* d'autres)
tel, telle	tal, tales	tels, telles
le même, la même	el mismo, la misma, los mismos, las mismas	les mêmes

Observaciones

1.ª El empleo de «tout, -e, chaque, chacun» viene a ser el mismo que en español. «Tout, -e» se refiere a la totalidad de los individuos de una especie; «chaque» (o «chacun»), a cada uno de los individuos de la misma especie; por ejemplo: tout homme doit mourir (todo [= cada] hombre tiene que morir), toute école (toda [= cada] escuela), tout le livre (todo el libro), toute l'école (toda la escuela), il parle toutes ces langues (habla todas estas lenguas), toute ville (cada ciudad), toute la ville (toda la ciudad). Chaque pays a ses mœurs. (Cada país tiene sus costumbres.) Chaque maison de notre ville a un concierge. (Cada casa en nuestra ciudad tiene un portero.) Chacun pour soi et Dieu pour tous. (Cada uno para sí y Dios para todos.) Chacune de vous, mesdames. (Cada una de ustedes, señoras.)

Nótese: Tout le monde (todo el mundo), le monde entier (el mundo entero).

2.ª «Tout, -e», seguido de un adjetivo, equivale al español «por muy»; por ejemplo: tout riches que vous soyez (por muy ricos que seáis).

3.ª «Quelque», seguido de un sustantivo, se traduce por «alguno, -a»; por ejemplo: quelque chemin (algún camino), quelque fleur (alguna flor), quelques personnes (algunas personas).

4.ª «Quelque», seguido de un adjetivo, se traduce por las expresiones castellanas «por muy... que, por más... que, aunque», y queda invariable; por ejemplo: quelque savant qu'il soit (por muy sabio que sea), quelque riches que soient ces pays (por muy ricos que sean estos países).

5.ª «Quelque», seguido del verbo «être», se escribe en dos palabras: «quel (o quelle)... que» y equivale a «cualquiera que, cualesquiera que»; por ejemplo: quel qu'il soit, quelle qu'elle soit, quels qu'ils (o quelles qu'elles) soient (sea quien fuere), quel que soit votre courage (cualquiera que sea vuestro valor), quelles que soient ses richesses (cualesquiera que sean sus riquezas).

6.ª «Quelconque» se pospone al sustantivo; por ejemplo: donnez-moi un livre quelconque (déme usted cualquier libro), une ville quelconque (cualquier ciudad), trois points quelconques (tres puntos cualesquiera), des occasions quelconques (cualesquiera ocasiones). El pronombre correspondiente es «quiconque» (quienquiera), que es invariable; por ejemplo: *Quiconque* n'observera pas cette loi sera puni. (Quienquiera que no observare esta ley será castigado.) Il le raconte à quiconque veut l'entendre. (Se lo cuenta a quienquiera desee oírle.)

Obsérvese: Quoi que ce soit (cualquier cosa, sea lo que fuere): Donnez-moi quoi que ce soit (o une chose quelconque). (Déme usted cualquier cosa.) Qui que ce soit (sea quien fuere): Qui que ce soit qui vous l'ai dit, il en a menti. (Sea quien fuere quien lo ha dicho, ha mentido.) Véase obs. 5.ª

7.ª «Personne, rien, aucun» exigen la negación «ne» delante del verbo; por ejemplo: Personne (sujeto) *ne* me cherche. (Nadie me busca.) La mort *n*'epargne *personne* (complemento). (La muerte no perdona a nadie.) *Rien n*'est arrivé. (No ha pasado nada.) *Rien n*'est plus facile. (No hay nada más fácil.) Je *ne* trouve *rien*. (No encuentro nada.) Je *n*'en avais *aucune* idée. (No tenía ninguna idea de ello.) Je *ne* connais *aucun* de ses amis. (No conozco a ninguno de sus amigos.)

Cuando «rien» y «tout» son complementos de un infinitivo o de un participio, se anteponen a ellos; por ejemplo: Je n'ai rien vu. (No he visto nada.) Ils semblaient *ne rien* comprendre. (Parecía que no comprendían nada.) J'ai tout mangé. (Me lo he comido todo.) Ils voulaient tout voir. (Querían verlo todo.)

Pero se suprime el «ne» en oraciones abreviadas, o después de «sans» seguido de un infinitivo.

Qui est là? — Personne. (Nadie.)
Qui as-tu vu? — Personne. (A nadie.)
À qui l'as-tu dit? — À personne. (A nadie.)
Qu'est-ce que tu as vu? — Rien. (Nada.)
Qu'as-tu là? — Rien. (Nada.)
Il prit ses dispositions *sans* avoir consulté personne. (Él tomó sus disposiciones sin haber consultado a nadie.)
Je sortis du magasin *sans* avoir *rien* acheté. (Salí del almacén sin haber comprado nada.)

8.ª El pronombre «on» corresponde generalmente al castellano «se», «uno»; a veces se traduce por la 3.ª pers. del plural del verbo. Nótese que el verbo que sigue a «on» está siempre en la 3.ª pers. del singular. En lugar de «on» se emplea generalmente «l'on» delante de «et, si, où, que»; por ejemplo: on dit (se dice), on parle (se habla). On n'est pas de bonne humeur si le travail manque. (Uno no está de buen humor cuando el trabajo falta.) On écrivit au ministre. (Escribieron al ministro.) Si *l'on* vous raconte ces choses-là. (Si os cuentan tales cosas.)

Vocabulaire

la propriété	la propiedad	le défaut	el defecto
le proverbe	el refrán	le mendiant	el mendigo
gêner	incomodar	secourir	socorrer
orgueilleux	orgulloso	ne fais pas	no hagas
poliment	cortésmente	briller	relucir, lucir
le censeur	el censor	le malheur	la desgracia, desdicha
plein	lleno	coquette	coqueta
venu	venido	le jeune garçon	el muchacho
forger	forjar	traiter	tratar
l'intérêt	el interés	se conduire	comportarse
toujours	siempre		

s'ériger	erigirse	le paresseux	el perezoso
la façon, manière	la manera	crier	gritar
le métier	el oficio	s'accoutumer	acostumbrarse
rire	reir, risa	exercer	ejercer
pleurer	llorar	semblable	semejante
le sort	la suerte	parfait	perfecto
le valet	el criado	je connais	conozco

Exercice

Aimez-vous les uns les autres! Les proverbes enseignent ce qu'on doit faire et ce qu'on doit éviter. Chacun de nous en cite quelqu'un à l'occasion. En voici quelques-uns: Ne fais pas (no hagas) à autrui ce que tu ne voudrais (quisieras) pas qu'on te fît (hiciesen) à toi-même. Tel qui rit vendredi, dimanche pleurera. Tout ce qui brille n'est pas or. À quelque chose malheur est bon. Est-il venu aujourd'hui quelqu'un de mes parents? Non, monsieur, personne n'est venu. Aucune des personnes que vous attendiez n'est ici. La fumée vous gêne-t-elle? En aucune façon (modo). Rien n'est beau que le vrai. Tel riait, tel pleurait. Quel est cet homme? C'est monsieur un tel. Quelles que soient vos richesses, ne soyez pas orgueilleux. Plusieurs pensent comme vous. Cette jeune fille est un peu coquette; qui que ce soit le dira. Chacun se conduit comme il lui plaît (le parece) et je ne m'érige en censeur de qui que ce soit. Tel donne à pleines mains qui n'oblige personne; la façon de donner vaut (vale) mieux que ce qu'on donne. Quiconque s'exerce à forger deviendra (se hará) forgeron.

Tema

Llaman a la puerta, ¿quién es? Es el joven de quien hablábamos ayer. ¿A quién buscas? No busco a nadie. No se lo diga usted a nadie. Cada cual cuenta la cosa de diferente manera. Nada es perfecto en sí. Ningún hombre está contento de su suerte. Tal amo, tal criado. Cada país tiene sus costumbres. Déme usted cualquier periódico. Cada cual de ellos lo desea. Uno se acostumbra a todo. Cada uno para sí, y Dios para todos. Todo se ha perdido, menos el honor. Cada mano tiene cinco dedos. Cada cuerpo tiene sus propiedades. ¿Qué quieres que te dé? No tengo nada. Cómprame sea lo que fuere. No conozco a nadie en esta ciudad. ¿A quién esperan ustedes? Esperamos a los demás alumnos. Cada quince días recibo tarjetas postales de Francia. Me alegraré de que eso sea verdad. Ha muerto hace algunos años. No hagas mal a otro. El mendigo pide algo de comer. ¿Ha encontrado usted algo? Sí, he encontrado algo. Yo no he perdido nada. Todo el mundo dice que no hay nada semejante a París. Socorra usted a esa gente, sea quien fuere. El perezoso no es bueno para (à) nada; pasará su vida sin pensar que vivía y sin hacer nada de provecho (d'utile).

De la vie de tous les jours

Dans un hôtel

A. Bonjour, monsieur; êtes-vous le régisseur de cet hôtel?
B. Non, monsieur; le régisseur est là, dans son bureau.
A. Avez-vous des chambres libres?
C. Oui, monsieur, j'en ai plusieurs. Combien de pièces désirez-vous?
A. Il me faudrait deux chambres à deux lits et un salon.
C. Bien, monsieur; je vais vous faire voir les chambres. Voici le salon.
A. Cette chambre ne me plaît pas, elle est un peu obscure; n'en avez-vous pas une autre à me donner?
C. En voici une autre, mais un peu plus chère.
A. Et quel est le prix de ces chambres par jour?
C. Celles-ci sont de 350 francs par jour et celles-là de 250 francs.
A. Bien, nous prendrons celles-ci. Faites monter les bagages.
C. Voici la clef.

TRENTE-DEUXIÈME LEÇON
LECCIÓN TRIGÉSIMA SEGUNDA

Nombres propios de personas, países, ciudades, etc.

1. Los nombres de personas, ciudades, meses y días de la semana se emplean generalmente *sin* artículo; los nombres de países, mares, ríos y montes, *con* el artículo; por ejemplo: Charles, Voltaire, Paris, janvier, dimanche; la France, le Portugal, la Seine, le Rhône, les Alpes, les Pyrénées.

2. Se *omite* el artículo antes de los nombres de continentes y países en los casos siguientes:

a) Después de «en» (en, a): en France, en Espagne. La preposición española «en», delante de un nombre de país, se traduce por «dans», con el artículo, cuando el nombre va acompañado de un calificativo; por ejemplo: dans la France méridionale, dans l'Amérique du Nord.

b) Después de un título: le roi d'Angleterre.

c) Cuando se emplean para indicar el lugar de procedencia de los productos:

les vins de France	los vinos de Francia
la toile de Hollande	el lienzo de Holanda
les fromages de Suisse	los quesos de Suiza

3. *Nombres geográficos:*

l'Europe *(f.)*	Europa	la Roumanie	Rumania
l'Asie *(f.)*	Asia	la Bavière	Baviera
l'Afrique *(f.)*	África	la Suisse	Suiza
l'Amérique *(f.)*	América	le Danube	el Danubio
l'Océanie *(f.)*	Oceanía	le Rhin	el Rin
le Belgique	Bélgica	l'Elbe *(f.)*	el Elba
l'Espagne *(f.)*	España	la Vistule	el Vístula
l'Italie *(f.)*	Italia	l'Oder	el Oder
la Hongrie	Hungría	la Seine	el Sena
l'Allemagne *(f.)*	Alemania	le Rhône	el Ródano
l'Angleterre *(f.)*	Inglaterra	la Tamise	el Támesis
la Bulgarie	Bulgaria	Le Havre	El Havre
l'Autriche *(f.)*	Austria	Le Caire	El Cairo

Nota. Las preposiciones españolas «en» y «a», seguidas de un nombre de ciudad, se traducen en francés por «à»: je suis *à* Paris (estoy *en* París), je vais *à* Paris (voy *a* París), *au* Havre (*en* y *a* El Havre).

4. Los nombres gentilicios derivados de nombres de países y de ciudades se escriben con mayúscula y van precedidos del artículo, por ejemplo:

l'Allemand	el alemán	un Espagnol	un español
l'Anglais	el inglés	une Italienne	una italiana
le Français	el francés	un Américain	un americano

5. Los adjetivos derivados de estos nombres se escriben con minúscula; por ejemplo:

européen, -ne	europeo, -a	espagnol, -e	español, -a
américain, -e	americano, -a	italien, -ne	italiano, -a
allemand, -e	alemán, -a	français, -e	francés, -a
anglais, -e	inglés, -a	hollandais, -e	holandés, -a

6. Estos mismos adjetivos, precedidos del artículo masculino, se emplean para indicar el idioma correspondiente; por ejemplo:

l'anglais	el inglés	l'espagnol	el español
le français	el francés	l'italien	el italiano

apprenez-vous l'italien?	¿aprende usted el italiano?
savez-vous l'allemand?	¿sabe usted el alemán?

Después del verbo «parler» (hablar) se puede omitir el artículo; por ejemplo: Parlez-vous français? (¿Habla usted francés?)

Vocabulaire

la surface	la superficie	répandre	extender
le globe	el globo	environ	aproximadamente
la majorité	la mayoría		
les pampas	las pampas	peupler	poblar
le rang	el lugar	argentine	argentino
la Forêt-Noire	la Selva Negra	hors de	fuera de
la source	el nacimiento	évaluer	evaluar
le bord	la orilla	traverser	atravesar
le détroit	el estrecho	communiquer	comunicarse
la Méditerranée	el Mediterráneo	arroser	bañar
Vienne	Viena	demeurer	residir
Londres	Londres	Marseille	Marsella
Lisbonne	Lisboa	je veux	quiero
le fleuve	el río	prochain	próximo
la frontière	la frontera	après	después de
le produit	el producto	arriver	llegar

Exercice

Les deux langues européennes les plus répandues à la surface du globe sont: l'anglais, parlé par 130 millions d'hommes environ, dont la moitié aux États-Unis, et l'espagnol, qui est parlé par plus de 100 millions d'hommes, dont la grande majorité peuple les républiques de l'Amérique, depuis le Mexique jusqu'aux pampas argentines. L'allemand, qui a beaucoup moins d'extension hors de l'Europe que l'anglais, est l'idiome de l'Allemagne, de l'Autriche et d'une partie de la Suisse. Le français ne vient qu'au cinquième rang des langues européennes. On peut évaluer à 46 millions le nombre des personnes qui le parlent. Le français est la langue officielle de la France, de la Belgique et de la partie occidentale de la Suisse. Le Danube est un des plus grands fleuves de l'Allemagne. Il prend sa source dans la Forêt-Noire. Après avoir traversé l'Allemagne, la Hongrie, la Yougoslavie, la Bulgarie et la Roumanie, ce fleuve se jette dans la mer Noire. Le Rhin prend sa source dans les Alpes, au St.-Gothard. Le plus grand fleuve de la France est la Loire, qui se jette dans l'Océan Atlantique.

Tema

El mar Mediterráneo y el océano Atlántico se comunican por el estrecho de Gibraltar. Madrid es la capital de España; Lisboa, la de Portugal, y París, la de Francia. Francia está bañada por cuatro grandes ríos: el Sena, el Loira, el Ródano y el Garona. He estado en Viena, Berlín, Londres y París. Las orillas del Sena son muy bonitas. América es más grande que Europa. Suiza es pequeña. Los Pirineos forman la frontera entre Francia y España, con una extensión de 450 kilómetros. Los habitantes de España se llaman españoles; los de Francia, franceses. Conozco los productos de España. Las montañas de Suiza son altas. Mi hermano está en Marsella. ¿Habla usted francés? No, señora; no hablo francés, pero hablo inglés. ¿Aprende usted el alemán? Sí, señor; aprendo el alemán y el italiano. Quiero ir el año próximo a Italia y a Alemania. Su amigo de usted ha *(est)* llegado de El Havre. ¿Dónde reside su tío de usted? Reside en Baviera.

Exercice de lecture

Une ville de province

Il se trouve dans certaine ville de province des maisons dont la vue inspire une mélancolie égale[1] à celle que provoquent[2] les cloîtres[3] les plus sombres[4], les landes les plus ternes[5] ou les ruines les plus tristes. Peut-être y a-t-il à la fois[6] dans ces maisons et le silence du cloître, et l'aridité[7] des landes, et les ossements des ruines; la vie et le mouvement y sont si tranquilles qu'un étranger les croirait[8] inhabitées[9], s'il ne rencontrait tout à coup[10] le regard pâle[11] et froid d'une personne immobile dont la figure à demi monastique dépasse l'appui[12] de la croisée, au bruit[13] d'un pas inconnu[14]. Ces principes de mélancolie, existent dans la physionomie d'un logis de Saumur, au but de la rue montueuse qui mène au château[15], par le haut[16] de la ville. Cette rue, maintenant peu frequentée, chaude[17] en été, froide en hiver, obscure en quelques endroits[18], est remarquable par la sonorité de son petit pavé caillouteux toujours propre[19] et sec, par l'étroitese[20] de sa voie tortueuse, par la paix de ses maisons, qui appartiennent à la vieille ville et que dominent les remparts.

H. DE BALZAC, *Eugénie Grandet*

[1]igual, parecida. [2]provocan. [3]claustro. [4]sombrío. [5]pálidas. [6]a la vez. [7]avidez. [8]creerían. [9]deshabitadas. [10]de repente. [11]pálida. [12]el apoyo. [13]el ruido. [14]desconocido. [15]castillo. [16]el alto de. [17]caliente. [18]sitios, lugares. [19]limpios. [20]estrechez.

TRENTE-TROISIÈME LEÇON
LECCIÓN TRIGÉSIMA TERCERA

Verbos irregulares (continuación)

Cuarto grupo

Pretérito indefinido débil y participio pasado fuerte

A. Pretérito en *is;* verbos en *ir* (que han tomado la conjugación en el presente, y el futuro en *irai)*, numerosos verbos en *re* (los en *uire, aindre, eindre, oindre)*.

Los verbos en *aindre, eindre, oindre* y *soudre* pierden la **d** final de la raíz en las tres personas del singular del presente de ind. y en la 1.ª sing. del imperativo: je crains (temo), tu teins (tiñes), il joint (junta), dissous! (¡disuelve!).

Couvrir (cubrir)

Ind. prés.: je couvre, etc.
Subj. prés.: que je couvre... nous couvrions, etc.
Futur: je couvrirai, etc.
Prét.: je couvris, etc.
Part. pas.: couvert.

Offrir (ofrecer)

Ind. prés.: j'offre, tu offres, il offre, nous offrons, vous offrez, ils offrent.
Subj. prés.: que j'offre... nous offrions, etc.
Imparf. ind.: j'offrais, etc.
Imparf. subj.: que j'offrisse... nous offrissions, etc.
Futur: j'offrirai, etc.
Cond.: j'offrirais, etc.
Part. prés.: offrant.
Part. pas.: offert.

Conduire (conducir)

Ind. prés.: je conduis... nous conduisons, etc.
Futur: je conduirai, etc.
Prét.: je conduisis, etc.
Subj. prés.: que je conduise, etc.
Part. pas.: conduit.

Del mismo modo se conjugan: déduire (deducir), enduire (untar), introduire (introducir), produire (producir), réduire (reducir), construire (construir), cuire (cocer), détruire (destruir), instruire (instruir); «luire» (lucir) y «nuire» (dañar, perjudicar) se conjugan de la misma manera, excepto en el part. pas., que es «lui, nui», y el pret., «nuisis» («luisis» no se emplea).

Craindre (temer)

Ind. prés.: je crains, tu crains, il craint, nous craignons, vous craignez, ils craignent.
Subj. prés.: que je craigne... nous craignions, etc.
Imparf.: je craignais, etc.
Prét.: je craignis, tu craignis, il craignit, etc.
Imparf. subj.: que je craignisse, etc.
Futur: je craindrai, etc.
Cond.: je craindrais, etc.
Part. prés.: craignant.
Part. pas.: craint.

Atteindre (alcanzar)

Ind. prés.: j'atteins, tu atteins, il atteint, nous atteignons, vous atteignez, ils atteignent.
Subj. prés.: que j'atteigne, que tu atteignes, etc.
Prét.: j'atteignis, etc.
Futur: j'atteindrai, etc.
Cond.: j'atteindrais, etc.
Part. prés.: atteignant.
Part. pas.: atteint.

Del mismo modo se conjugan todos los verbos terminados en *aindre, eindre, oindre*; por ejemplo: plaindre (quejar), contraindre (constreñir), feindre (fingir), peindre (pintar), teindre (teñir), éteindre (apagar), joindre (juntar), etc.

Joindre (juntar, unir)

Ind. prés.: je joins... nous joignons, etc.
Subj. prés.: que je joigne, etc.
Futur: je joindrai, etc.
Prét.: je joignis, etc.
Part. pas.: joint.

Lo mismo sus derivados y los verbos «oindre» (untar) y «poindre» (apuntar), defectivos.

Écrire (escribir)

Ind. prés.: j'écris, tu écris, il écrit, nous écrivons, vous écrivez, ils écrivent.
Subj. prés.: que j'écrive, etc.
Imparf.: j'écrivais, etc.
Futur: j'écrirai, etc.
Prét.: j'écrivis, etc.
Imparf. subj.: que j'écrivisse, etc.
Part. prés.: écrivant.
Part. pas.: écrit.

Lo mismo: décrire (describir), prescrire (prescribir), souscrire (suscribir), etc.

Naître (nacer)

Ind. prés.: je nais, tu nais, il naît, nous naissons, vous naissez, ils naissent.
Imparf.: je naissais, etc.
Futur: je naîtrai, etc.
Subj. prés.: que je naisse, etc.
Prét.: je naquis... nous naquîmes, etc.
Imparf. subj.: que je naquisse, etc.
Part. pas.: né.

B. Pretérito indefinido en *us;* un verbo en *ir*.

Mourir (morir)

Ind. prés.: je meurs, tu meurs, il meurt, nous mourons, vous mourez, ils meurent.
Subj. prés.: que je meure, que tu meures, qu'il meure, que nous mourions, que vous mouriez, qu'ils meurent.

Verbos irregulares 161

Imparf. ind.: je mourais, etc.
Prét.: je mour*us*... nous mour*ûmes*, etc.
Imparf. subj.: que je mourusse, etc.
Futur: je mourrai, etc.
Cond.: je mourrais, etc.
Part. prés.: mourant.
Part. pas.: mort.

Vocabulaire

le candidat	el candidato	reduire	reducir
l'électeur	el elector	l'auditeur	el auditor
la majorité	la mayoría	l'histoire	la historia, el
la preuve	la prueba		cuento
l'écrivain	el escritor		
la moitié	la mitad	l'ardeur	el ardor
l'égalité	la igualdad	la modération	la moderación
l'oisiveté	la ociosidad	le supérieur	el superior
le trépignement	el pataleo	de vue	de vista
porte dérobée	puerta falsa	la lettre de change	la letra de cambio
absolu	absoluto	la garnison	la guarnición
chaud	caluroso	l'ordre	la orden
d'autant plus que	tanto más cuanto que	le secours	la ayuda
		vertueux, -se	virtuoso, -a
à l'unanimité	con unanimidad	l'étoile	la estrella
oisif, -ve	ocioso, -a	le propriétaire	el dueño
dérobé, -e	secreto, -a	montrer	enseñar

Exercice

Le médecin prescrivit au malade un repos absolu. Les voleurs s'introduisirent dans la maison par une porte dérobée. Les accusés comparurent devant le juge. La nuit vient; les étoiles apparaissent déjà dans le ciel. Ne craignez-vous pas de partir si tard, d'autant plus que vous ne connaissez pas le chemin? Je ne crois pas que le blé croisse aussi bien dans cette terre que dans celle-là. Étienne est né en 1940. Ne nuisez jamais à votre prochain. J'ai connu peu votre père. Eteignez la lampe. Je l'éteindrai tout à l'heure. Il se sont astreint à une rude besogne. Ils combatirent avec ardeur. Je crains qu'il ne pleuve. Je crains que je ne vienne trop tard. Il faut boire avec modération. Que tu le veuilles ou que tu ne le veuilles pas, tu devras obéir à tes supérieures. Les jours croissent du vingt et un décembre au vingt et un juin. Il a considérablement accru son capital. Je connais ce monsieur de vue depuis longtemps. Je le sais par ouï-dire. Savez-vous le français? Pas si bien que je voudrais, monsieur. La lettre de change échoit aujourd'hui. Je suis né le 3 juillet. Voulez-vous rester à dîner avec nous? Je ne puis rester, j'ai bien des choses à faire. Ne voulez-vous pas vous asseoir? Merci beaucoup, il faut que je m'en aille. La garnison reçut l'ordre de tenir bon jusqu'à ce qu'on vînt à son secours.

Tema

Los discursos del candidato sedujeron tanto a los electores, que éstos le eligieron por unanimidad. Lo que nos daña se evita. Se admite que Cervantes y Calderón son los escritores más grandes de España. Napoleón i conquistó la mitad de Europa. Los ociosos reconocen, pero demasiado tarde, que la ociosidad es madre de todos los vicios. ¿Conoce usted a este señor? No conozco a este señor más que de nombre. No puedo escribir con esta pluma. Yo sé leer. Condúzcame usted a la estación. Las estrellas se mueven alrededor del sol. Molière nació en París el 15 de enero de 1622. ¿Querrás hacerme este trabajo? En algunas regiones de España no llueve casi en todo el año. ¿Conoce usted a algún médico alemán en París? Quisiera ver al dueño del hotel. Temo que tengamos un verano muy caluroso. Los días acortan ya mucho. ¿Conoces aquí a una persona que se llama B.? No conozco a nadie de este nombre. Le conocemos muy bien. ¿Puede usted decirme dónde vive? Vive muy cerca de aquí; voy a enseñarle a usted dónde vive.

Exercice de lecture

Offre de service d'un employé de commerce

Barcelone, le 20 avril 1959.

Mr. François Fabre
Paris

Monsieur:
J'ai lu votre annonce dans le «Journal» et m'empresse de vous offrir mes services. Agé de 25 ans à l'heure actuelle, je suis né à Lyon le 21 mai 1933 où mon père était bien connu dans notre ville comme commerçant honorable.

Je suis depuis neuf mois à Barcelone, dans un grand magasin de nouveautés, articles français et anglais. Ayant l'intention de me fixer pour longtemps à Paris, je désirerais beaucoup avoir une place sérieuse dans une bonne maison française. Vous pouvez avoir sur moi tous les renseignements désirables, soit de France, soit de Barcelone. Je dois ajouter que je possède à fond la sténo allemande et française et que je suis un dactylographe assez habile. Je suis sûr de me mettre vite au courant de vos articles.

Dans l'espérance que mes offres pourront vous être agréables, recevez, monsieur, l'assurance de ma parfaite considération.

Paul Lacroix.

TRENTE-QUATRIÈME LEÇON
LECCIÓN TRIGÉSIMA CUARTA

Quinto grupo

Pretérito indefinido fuerte y participio pasado débil

Participio pasado en *u* (no hay part. en *i* en este grupo); dos verbos en *ir*, uno en *oir*.

Tenir (tener)

Ind. prés.: je *tiens*, tu *tiens*, il *tient*, nous tenons, vous tenez, ils *tiennent*.
Imparf.: je tenais, etc.
Subj. prés.: que je *tienne*, que tu *tiennes*, qu'il *tienne*, que nous tenions, vous teniez, ils *tiennent*.
Prét.: je *tins*, tu *tins*, il *tint*, nous *tînmes*, vous *tîntes*, ils *tinrent*.
Imparf. subj.: que je *tinsse*, que tu *tinsses*, qu'il *tînt*, que nous *tinssions*, que vous *tinssiez*, qu'ils *tinssent*.
Futur: je tien*d*rai, etc.
Cond.: je tien*d*rais, etc.
Part. prés.: tenant.
Part. pas.: tenu.

Así se conjugan: venir, appartenir (pertenecer), contenir, entretenir, devenir, convenir, se souvenir (acordarse), prévenir, etc.

«Venir de» + inf. = «acabar de».

Voir (ver)

Ind. prés.: je vois, tu vois, il voit, nous voyons, vous voyez, il voient.
Subj. prés.: que je voie... que nous voyions... qu'ils voient.
Imparf.: je voyais, etc.
Prét.: je vis, etc.
Imparf. subj.: que je visse, etc.
Futur: je verrai, etc.
Cond.: je verrais, etc.
Part. prés.: voyant.
Part. pas.: vu.

Lo mismo: entrevoir (entrever), revoir (volver a ver), prévoir (prever), pourvoir (proveer). Los últimos hacen en el futuro y condicional: je prévoirai, je prévoirais, je pourvoirais. «Pourvoir» hace, además, en el pretérito: je pourvus, etc.

Sexto grupo

Pretérito y participio fuertes

Acquérir (adquirir)

Ind. prés.: j'acqu*i*ers, tu acqu*i*ers, il acqu*i*ert, nous acquérons, vous acquérez, ils acqu*iè*rent.
Subj. prés.: que j'acqu*iè*re, que tu acqu*iè*res, qu'il acqu*iè*re, que nous acquérions, que vous acquériez, qu'ils acqu*iè*rent.
Imparf. ind.: j'acquérais, etc.
Prét.: j'acquis... nous acquîmes, etc.
Imparf. subj.: que j'acquisse, etc.
Futur: j'acquerrai, etc.
Cond.: j'acquerrais, etc.
Part. prés.: acquérant.
Part. pas.: acquis.

Del mismo modo: requérir (requerir), s'enquérir (enterarse), conquérir (conquistar).

S'asseoir (sentarse)

1.º *Ind. prés.:* je m'assieds, tu t'assieds, il s'assied, nous nous asseyons, vous vous asseyez, ils s'asseyent.
Imparf.: je m'asseyais... nous nous asseyions, etc.
Prét.: je m'assis... nous nous assîmes, etc.
Subj. prés.: que je m'asseye... que nous nous asseyions, etc.
Impér.: assieds-toi!, asseyons-nous!, asseyez-vous!

Parf.: je me suis assis, etc.
Imparf. subj.: que je m'assisse, etc.
Futur: je m'assiérai *o* je m'asseyerai, etc.
Cond.: je m'assiérais *o* asseyerais, etc.
Part. prés.: asseyant.
Part. pas.: assis.

2.º *Ind. prés.:* je m'assois, tu t'assois, il s'assoit, nous nous assoyons, vous vous assoyez, ils s'assoient.
Subj. prés.: que je m'assoie... que nous nous assoyions, etc.
Imparf.: je m'assoyais... nous nous assoyions, etc.
Imparf. subj.: que je m'assisse, etc.
Futur: je m'assoirai, etc.
Cond.: je m'assoirais, etc.
Prét.: je m'assis, etc.
Part. prés.: assoyant.

Dire (decir)

Ind. prés.: je dis, tu dis, il dit, nous disons, vous *dites*, ils disent.
Subj. prés.: que je dise... que nous disions, etc.
Imparf.: je disais, etc.
Prét.: je dis... vous dîtes, etc.
Imparf. subj.: que je disse, etc.
Futur: je dirai, etc.
Cond.: je dirais, etc.
Part. prés.: disant.
Part. pas.: dit.

«Redire» se conjuga como «dire». Los otros derivados imitan «dire», pero en la 2.ª pers. plural del ind. pres. hacen *disez:* contredire (contradecir), médire (murmurar), prédire (predecir), interdire (prohibir) (vous prédisez, etc.). «Maudire» (maldecir) es regular, excepto en el part. pas.: maudit.

Rire (reir)

Ind. prés.: je ris... nous rions, etc.
Subj. prés.: que je rie... que nous riions, etc.
Imparf.: je riais... nous riions, vous riiez, etc.
Prét.: je ris... nous rîmes, etc.
Imparf. subj.: que je risse, etc.
Part. prés.: riant.
Part. pas.: ri.

Lo mismo: sourire (sonreir).

Faire (hacer)

Ind. prés.: je fais, tu fais, il fait, nous faisons, vous faités, ils *font.*
Subj. prés.: que je fasse... que nous fassions, etc.

Imparf.: je faisais, etc.
Prét.: je fis, tu fis... nous fîmes, etc.
Imparf. subj.: que je fisse, etc.
Futur: je ferai, etc.
Cond.: je ferais, etc.
Part. prés.: faisant.
Part. pas.: fait.

Derivados: contrefaire (contrahacer, remedar), surfaire (encarecer), satisfaire (satisfacer), défaire, refaire, etc.

«Mettre» (meter, poner) tiene, además de esta modificación, las irregularidades siguientes:

Prét.: je mis, tu mis, il mit, nous mîmes, etc.
Imparf. subj.: que je misse, etc.
Part. pas.: mis, mise.

Del mismo modo se conjugan: commettre (cometer), démettre (destituir, dislocar), compromettre (comprometer), promettre (prometer), remettre (reponer, entregar), permettre (permitir), admettre (admitir), soumettre (someter).

Prendre (tomar)

Ind. prés.: je prends, tu prends, il prend, nous prenons, vous prenez, ils prennent.
Subj. prés.: que je prenne... que nous prenions, que vous preniez, qu'ils prennent.
Imparf.: je prenais, etc.
Prét.: je pris, tu pris, il prit, nous prîmes, etc.
Impér.: prends, prenons, prenez.
Futur: je prendrai, etc.
Cond.: je prendrais, etc.
Part. prés.: prenant.
Part. pas.: pris.

Del mismo modo se conjugan: apprendre (aprender), comprendre (comprender), surprendre (sorprender), entreprendre (emprender).

Vocabulaire

la science	la ciencia	le mandataire	el apoderado
l'explication	la explicación	le délai	la demora
le marché	el trato, el mercado	conseiller	aconsejar
		le docteur	el doctor
avantageux	ventajoso	la force	la fuerza
la potion	la poción	la cuillérée	la cucharada
la foire	la feria	remercier	dar las gracias
allié	aliado	la justification	la justificación

le boulanger	el panadero	l'utilité	la utilidad
le four	el horno	confus, -e	confuso, -a
le commence- ment	el principio	apostolique professer	apostólico, -a profesar
le procès	el proceso	prier	orar
le témoin	el testigo	auparavant	antes
le spectacle	el espectáculo	catholique	católica

Exercice

Vos explications ne nous satisfont pas. Nous ne comprenons pas ce que vous dites. Le malade a-t-il pris la potion que le médecin lui a prescrite (recetar)? Il faut qu'il la prenne toutes les quatre heures; il en prendra une cuillérée dans une demi-heure. Nous conclûmes un marché avantageux à la dernière foire de cette ville. Que disiez-vous à votre professeur? Je lui disais que je ne résoudrai jamais ce problème. On dit que la chambre des députés sera dissoute. Nous ne croyons pas que le ministre la dissolve en ce moment. Je le ferai comme je le dis. César dit: Je suis venu, j'ai vu, j'ai vaincu. De retour de l'île d'Elbe, Napoléon reprit les armes, mais les alliés le vainquirent de nouveau à Waterloo. En 1871, Adolphe Thiers fut élu président de la République française. Après quelques paroles données à sa justification, il se mit à prier. Les boulangers cuisent le pain dans des fours. Cette armée, auparavant si florissante, était réduite à vingt-quatre mille hommes prêts à mourir de faim. Hélas! la pauvre enfant, je n'ose pas lui écrire, elle ne recevrait pas ma lettre; je ne sais même pas si cette lettre vous parviendra (Dumas). J'aurais voulu leur écrire dès le commencement du procès, mais, outre qu'on ne me laissait pas écrire, la marche en a été si rapide, que je n'en aurais pas réellement eu le temps (Dumas). Je meurs dans la religion catholique, apostolique et romaine, dans celle de mes frères, dans celle ou j'ai été élevée et que j'ai toujours professée (Dumas). Alors nous fûmes témoins du spectacle le plus extraordinaire qu'on puisse imaginer. Quoi que vous disiez, je vous prouverai que vous avez tort. Cela ne fait rien.

Tema

Cada uno toma el placer donde lo encuentra. El problema no está resuelto todavía. Mi apoderado se despidió de mí y prosiguió su camino. Haga usted lo que le guste. Quisiera que el molinero moliese mi trigo sin demora. Le aconsejo a usted que diga la plena verdad. Bebed agua en abundancia, decía el doctor Sangredo, y viviréis mucho tiempo. Deseo que venzas a tus enemigos no con la fuerza, sino persuadiéndolos. España produce toda clase de frutos. Estoy sorprendido de que no hayáis hecho vuestro trabajo. Hace quince días que no te he visto. No le he visto en mi vida. ¿Por qué quiere usted que aprendamos esto? Porque eso les será de mucha utilidad. Puesto que usted lo desea, lo haré. Habla tan confusamente, que nadie comprende lo que dice. Usted escribe tan bien como su hermano. Usted no sabe lo que dice. ¿Quién de vosotros ha hecho esto? ¿Qué (es lo que) hacéis ahí? No hacemos nada. ¿Conoce usted esta ciudad? No, no la conozco todavía. Hago mi deber. Eso no se dice. He vivido muchos años en París; ahora vivo en Madrid.

Exercice de lecture

Cathédrales et églises de France

La France n'a pas de plus éblouissante parure[1] que sa «blanche robe[2] d'églises», robe noircie[3] par les fumées[4] des villes, partout moirée par les pluies[5] et le soleil, d'une richesse inconcevable[6] malgré[7] les destructions inévitables des guerres et du temps. Et rien n'est, certes, moins étonnant qu'une pareille abondance: l'église est un corps qui n'a pas déserté son âme. La foi[8] qui fît[9] naître les sévères ou gracieux édifices que nous admirons, veille[10] encore sur eux, alors que les châteaux sont vides[11] et les vieux logis dans la misère. Et si la pérennité[12] de l'église installée dans la vie contemporaine est facilement explicable, sa beauté[13], résultant de l'effort[14] commun, n'est pas moins naturelle. S'il devait y avoir une maison belle et vénérable, n'était-ce pas la maison consacrée à Dieu? Aussi, pour chanter ce cantique de pierre, vit-on[15] pendant les siècles religieux l'élite créatrice et le peuple entier, s'unir dans «l'œuvre» à

Dieu ou à Notre-Dame. Non seulement l'église était le fruit de toutes les classes de la société, mais aussi le goût[16] de l'effort continu des générations successives. Son édification était si longue, onéreuse et laborieuse qu'on peut lire souvent du chevet à la façade plusieurs siècles d'histoire inscrits dans les styles. Ainsi l'église, maison de tous et maison de Dieu, était le cœur[17] même de la cité. C'est pourquoi la moindre église de campagne, si humble[18] et fruste soit-elle, témoin[19] des peines et des ferveurs[20], parachève la silhouette du hameau.

[1]adorno. [2]vestido. [3]ennegrecida. [4]humo. [5]la lluvia. [6]inconcebible. [7]a pesar de. [8]la fe. [9]hizo. [10]vela. [11]vacíos. [12]eternidad. [13]hermosura. [14]esfuerzo. [15]se vio. [16]el gusto. [17]el corazón. [18]humilde. [19]testigo. [20]el fervor.

TRENTE-CINQUIÈME LEÇON
LECCIÓN TRIGÉSIMA QUINTA

La voz pasiva

La voz pasiva se forma con el verbo auxiliar «être» y el participio pasivo de los verbos activos.

Conjugación

Être loué (ser alabado)

Tiempos simples

Indicatif	
Présent	
je *suis* loué (o louée)	soy alabado, -a
tu *es* loué (o louée)	eres alabado, -a
il *est* loué	él es alabado
elle *est* louée	ella es alabada
nous *sommes* loués (o louées)	somos alabados, -as
vous *êtes* loués (o louées)	sois alabados, -as / (ustedes) son alabados, -as
vous *êtes* loué (o louée)	(usted) es alabado, -a
ils *sont* loués	ellos son alabados
elles *sont* louées	ellas son alabadas

Imparfait	
j'*étais* loué, -e	era alabado, -a
tu *étais* loué, -e	
il *était* loué	
elle *était* louée, etc.	

Préterit	
je *fus* loué, -e	fui alabado, -a

Futur	
je *serai* loué, -e	seré alabado, -a

Conditionnel présent	
je *serais* loué, -e	sería alabado, -a

Impératif	
sois loué, -e	sé alabado, -a
soyons loués, -es	seamos alabados, -as

Subjonctif	
Présent	
que je *sois* loué, -e	que yo sea alabado, -a

Imparfait	
que je *fusse* loué, -e	que yo fuese alabado, -a

Participe	
étant loué(s) o louée(s)	siendo alabado, -a, -os, -as

Tiempos compuestos

Indicatif	
Parfait	
j'*ai* été loué, -e	he sido alabado, -a

La voz pasiva

	Plus-que-parfait
j'*avais été* loué, -e	había sido alabado, -a

	Passé antérieur
j'*eus été* loué, -e	hube sido alabado, -a

	Futur antérieur
j'*aurai été* loué, -e	habré sido alabado, -a

	Conditionnel passé
j'*aurais été* loué, -e	habría sido alabado, -a

Subjonctif	
	Parfait
que j'*aie été* loué, -e	que yo haya sido alabado, -a

	Plus-que-parfait
que j'*eusse été* loué, -e	si yo hubiese sido alabado, -a

Infinitif passé	
avoir été loué(s), -e(s)	haber sido alabado, -a, -os, as

Participe passé	
ayant été loué(s), -e(s)	habiendo sido alabado, a, -os, -as

Observaciones

1.ª El participio pasivo concuerda con el sujeto en género y número. En la 2.ª pers. del plural, cuando el «vous» corresponde a la forma española «usted» y se refiere a una sola persona, entonces el participio se pone en singular y concuerda con el sujeto sólo en género; por ejemplo:

Avez-vous été invité, monsieur?	¿Estuvo usted convidado, caballero?
Etes-vous invitée, mademoiselle?	¿Está usted convidada, señorita?

2.ª En la forma negativa y en la interrogativa se observarán las reglas dadas en las lecciones 9 y 10; por ejemplo: je ne suis pas loué, -e; avais-tu été loué, -e?

3.ª «De» y «por», después del verbo pasivo, se traducen en francés por «de» y «par», siguiendo la construcción española; por ejemplo: Il est aimé *de* tout le monde. (Es amado de todos.) Ce livre a été écrit *par* une femme. (Este libro ha sido escrito por una mujer.) La ville de Troie fut prise *par* les Grecs. (La ciudad de Troya fue tomada por los griegos.)

4.ª La forma reflexiva española «se» debe traducirse a menudo por la voz pasiva; por ejemplo: ce qui vient d'être dit (lo que se acaba de decir). Ils ont été priés de répondre. (Se les rogó que contestasen.)

Vocabulaire

la Gaule	la Galia	l'explosion	la explosión
le mouvement	el movimiento	la lampe	la lámpara
le roulement	el redoble	le pétrole	el petróleo
le tambour	el tambor	les dégâts	las pérdidas
le paysan	el campesino / el payés	la ligne	la línea
		le métropolitain	el metropolitano
le vent	el viento		
le régiment	el regimiento	attentif, -ve	atento
le colonel	el coronel	la clef	la llave
la voiture	el coche	le travailleur	el trabajador
le fermier	el colono	les États-Unis	los Estados Unidos
le feu	el fuego		
conquérir	conquistar	éclairer	alumbrar
conquis, -e	conquistado, -a	commander	mandar
transmettre	transmitir	traîner	arrastrar, tirar
passer	pasar	bâtir	construir
s'épanouir	abrirse	gronder	gruñir, reñir
flétrir	marchitar	inaugurer	inaugurar
fouler	aplastar	corriger	corregir
labourer	trabajar, labrar	détruire	destruir
emporter	llevar	découvert, -e	descubierto, -a

Exercice

La Gaule fut conquise par les Romains. Les sciences nous ont été transmises par les Grecs et les Romains. Les hommes passent comme les fleurs qui s'épanouissent le matin, et qui le soir sont flétries et foulées aux pieds.

Elle est aimée de tout le monde. Tous les mouvements des soldats sont annoncés par un roulement de tambour. Les champs sont labourés par le paysan. Les feuilles sont emportées par le vent. La terre est éclairée par le soleil. Les élèves sont punis par le professeur. Le régiment est commandé par le colonel. La voiture est traînée par les chevaux. La maison de notre fermier a été bâtie. Les fleurs furent cueillies par les jeunes filles. Le fils a été grondé par la mère. Mon ami est très estimé de tout le monde. Le feu a été causé par l'explosion d'une lampe à pétrole. Les dégâts sont évalués a 30 000 francs. La ligne du métropolitain de Berlin fut inaugurée le 7 février 1882.

Tema

Enrique es alabado siempre por su maestro, porque es muy atento y muy aplicado. En nuestra ciudad será construida una nueva escuela. La lengua francesa se habla (= es hablada) en casi todas las cortes de Europa. Los hijos son amados de sus padres. La llave ha sido hallada por un amigo mío. Los alumnos perezosos fueron castigados. Si fueseis más aplicados, seríais alabados. Mi tema ha sido corregido por mi maestro. La ciudad ha sido destruida completamente por el enemigo. Los trabajadores han sido pagados bien, pues han trabajado mucho. Las flores han sido cogidas por las niñas. Los campos serán siempre trabajados por los campesinos. La carta está escrita por mi madre. América fue descubierta por Colón en 1492. Ha sido nombrado presidente de los Estados Unidos. Estas cartas me han sido entregadas por el cartero.

Exercice de lecture

Village de Provence

Notre pays, mon bon monsieur, n'a pas toujours été un endroit[1] mort et sans refrains comme il est aujourd'hui. Auparavant[2], il s'y faisait un grand commerce de meunerie[3], et, dix lieues à la ronde[4], les gens des *mas*[5] nous apportaient leur blé à moudre[6]... Tout autour[7] du village les collines étaient couvertes de moulins à vent[8]. De droite et de gauche, on ne voyait que des ailes[9] qui viraient au mistral pardessus les pins, des ribambelles de petits ânes chargés de sacs, montant et dévalant le long des chemins, et toute la semaine c'était plaisir d'entendre sur la hauteur le bruit des fouets[10], le craquement de la toile et le *Dia hue!*[11] des aides-meuniers[12]... Le dimanche nous allions aux moulins par bandes. Là-haut, les meuniers payaient le muscat. Les meunières étaient belles comme des reines, avec leurs fichus de dentelles[13] et leurs croix d'or. Moi j'apportais mon fifre, et jusqu'à la noire nuit on dansait des farandoles[14]. Ces moulins-là, voyez-vous, faisaient la joie et la richesse de notre pays.

ALPHONSE DAUDET, *Lettres de mon moulin* («Le secret de maître Corneille»).

[1]lugar. [2]antes. [3]molinería. [4]a la redonda. [5]finca. [6]moler. [7]alrededor. [8]molino de viento. [9]aspas. [10]látigo. [11]palabra provenzal. [12]molinero. [13]la puntilla. [14]danza provenzal.

TRENTE-SIXIÈME LEÇON
LECCIÓN TRIGÉSIMA SEXTA

Verbos intransitivos o neutros

1. Los verbos intransitivos se conjugan como los transitivos. En los tiempos compuestos, unos se conjugan con el auxiliar «être», otros con «avoir».

El participio pasivo de los verbos conjugados con «être» debe concordar con el sujeto; por ejemplo: je *suis* arrivé *o* arrivée (yo he llegado), je serais arrivé *o* arrivée (yo habría llegado).

2. La mayor parte de ellos toman «avoir»; por ejemplo: j'ai couru (he corrido), j'ai voyagé (he viajado), il a régné (ha reinado).

3. Los verbos siguientes se conjugan con «être»:

aller	ir	venir	venir	tomber	caer(se)
arriver	llegar	revenir	volver	sortir	salir
entrer	entrar	devenir	hacerse, llegar a ser	mourir	morir
rentrer	volver			décéder	fallecer
partir	partir	parvenir	lograr	naître	nacer
retourner	volver	rester	quedarse		

je suis allé he ido
il était mort quand tu había muerto cuando
   es arrivé   tu llegaste

4. Algunos pueden conjugarse con «avoir» o con «être». Se conjugan con «avoir» cuando se quiere expresar principalmente la acción; con «être», en cambio, para indicar el estado. Los principales son:

accourir	acudir	vieillir	envejecer
disparaître	desaparecer	empirer	empeorar
descendre	descender	passer	pasar
monter	subir	changer	cambiar
grandir	crecer		

La fièvre *a* disparu.   La fiebre ha desaparecido.
Elle *est* disparue.   Ella ha desaparecido.
Il *a* monté trois fois dans sa chambre.   Ha subido tres veces a su cuarto.
Il *est* monté dans sa chambre.   Ha subido a su cuarto.
Ces enfants *ont* bien grandi en peu de temps.   Estos niños han crecido mucho en poco tiempo.
L'enfant *est* bien grandi.   El niño está muy crecido.

Vocabulaire

le peintre	el pintor	voyager	viajar
la malle	el baúl	d'abord	primeramente
le garçon	el mozo	suivre	seguir
le secours	el socorro	rencontrer	encontrar
le voyage	el viaje	revenir	volver
être de retour	estar de vuelta	demeurer	vivir, quedarse
le champ de bataille	el campo de batalla	voir	ver
l'escalier	la escalera	pas encore	no — todavía
la tempête	la tempestad	accourir	acudir
la cousine	la prima	se promener	pasearse

Exercice

Quand êtes-vous partis? Nous sommes partis le vingt mai. Où êtes-vous allés? Nous sommes allés en France. Quand êtes-vous arrivés? Nous sommes arrivés le vingt-deux mai à sept heures du soir. Combien de temps êtes-vous restés dans ce pays? Nous y sommes restés trois mois. Avez-vous voyagé en France? Oui, monsieur, nous avons beaucoup voyagé; nous avons fait beaucoup de voyages à pied. Qui vous a accompagnés? D'abord nous avons voyagé seuls; nos amis Henri et Charles nous ont suivis; nous les avons rencontrés à Paris. Quand êtes-vous revenus? Nous étions de retour le trente août. Nos amis sont restés avec nous. Mon ami Louis a demeuré trois ans en Angleterre. Qu'est devenu votre frère? Louis est devenu peintre.

Tema

Mi amigo llegará mañana a París; su hermana ha llegado allí hoy. Cuando nosotros salgamos de aquí, ustedes habrán llegado ya a París. ¿A qué hora ha salido su hermana (de usted)? Ha salido a las ocho de la mañana. He ido a verla, pero no he llegado a tiempo. ¿No ha llegado todavía el tren? No, señor, no ha llegado todavía, pero se le espera de un momento a otro. ¿Está su padre (de usted) todavía aquí? No, señor, se marchó ayer para Suiza. Me he caído en la escalera; mi madre ha acudido en socorro mío. ¿Se ha quedado usted mucho tiempo en Francia? Sí, señor, me he quedado allí (y) dos años. ¿Dónde han nacido estas niñas? Han nacido en Madrid. El mozo ha subido mi baúl. La tempestad ha pasado. Hemos subido la escalera y hemos entrado en su cuarto. Mis niños se han ido a pasear con su prima. Más de cien soldados han quedado en el campo de batalla.

De la vie de tous les jours

A. Allons, sommes-nous prêts encore?
B. Oui, oui, nous y sommes.
A. Cherchons un taxi!
B. En voici un, prenons-le.
A. Chauffeur! Conduisez-nous à la gare de l'Est.
B. Dans combien de temps serons-nous à la gare?
C. Nous y serons dans un quart d'heure.
A. Il me semble qu'il est bien tard.
C. Nous voici à la gare.
A. A quelle heure part le train pour Nancy?
C. Le train partira dans dix minutes; prenez vite votre billet.
B. Quelle classe prenons-nous?
A. Nous voyagerons en deuxième classe.
D. Messieurs les voyageurs en voiture, s'il vous plaît; en voiture, en voiture.

TRENTE-SEPTIÈME LEÇON
LECCIÓN TRIGÉSIMA SÉPTIMA

Verbos reflexivos o pronominales

Verbo reflexivo es aquel cuya acción recae en la misma persona o cosa que lo rige, representada o suplida por una de las formas del pronombre personal (me, te, se, nous, vous). Forman los tiempos compuestos con el auxiliar «être»; por ejemplo: je me suis lavé (me he lavado). El participio pasivo de los verbos reflexivos concuerda en género y número con el sujeto cuando «se» y, respectivamente, «nous» son complementos directos, pero quedan invariables cuando «se» y, respectivamente, «nous» son complementos indirectos; por ejemplo:

Nous *nous (acus.)* sommes bless*és*. Nos hemos herido.

Pero:

Nous *nous (dat.)* sommes procuré des billets. Nos hemos procurado billetes.

Elle *s*'est *(acus.)* lavée, nous *nous (acus.)* sommes lavé*(e)s*.

Pero:

Elle *s*'est *(dat.)* lavé les mains; nous *nous (dat.)* sommes lavé les mains.

Conjugación

Se défendre (defenderse)

Tiempos simples

Indicatif
Présent

je *me* défends	*me* defiendo	nous *nous* defendons	*nos* defendemos
tu *te* défends	*te* defiendes	vous *vous* défendez	*os* defendéis
il *se* défend	*se* defiende	ils *se* défendent	*se* defienden
elle *se* défend	(ella) *se* defiende		

Imparfait	Prétérit
je me défendais me defendía	je me défendis me defendí

Futur	Conditionnel
je me défendrai me defenderé	je me défendrais me defendería

Subjonctif

Présent

que je me défende	que yo me defienda

Imparfait

que je me défendisse	que yo me defendiese

Impératif

Défends-*toi*!	¡defiéndete!
défendons-*nous*!	¡defendámonos!
défendez-*vous*!	¡defendeos!

Tiempos compuestos

Indicatif

Parfait

je me suis défendu, -e	me he defendido

Plus-que-parfait

je m'étais défendu, -e	me había defendido

Passé antérieur

je me fus défendu, -e	me hube defendido

Futur antérieur

je me serai défendu, -e	me habré defendido

Conditionnel antérieur

je me serais défendu, -e	me habría defendido

Subjonctif	
Parfait	
que je me sois défendu, -e	que yo me haya defendido
Plus-que-parfait	
que je me fusse défendu, -e	si yo me hubiese defendido

Infinitif	
Présent	*Passé*
se défendre defenderse	s'être défendu, haberse defen- -e, -s, -es dido

Participe	
Présent	*Passé*
se défendant defendiéndose	s'étant défendu habiéndose defendido

Forma interrogativa

Présent	
est-ce que *je me* défends?	¿me defiendo?
te défends-*tu*? (*o* est-ce que *tu te* défends?)	
se défend-*il*? (*o* est-ce que'*il se* défend?)	

Parfait
me suis-je défendu, -e? (*o* est-ce que *je me* suis défendu?)
t'es-tu défendu, -e?
s'est-il défendu?
s'est-elle défendue?
nous sommes-nous défendu*s*, -es?
vous êtes-vous défendus, -es?
se sont-ils défendus?
se sont-elles défendues?

Forma negativa

Présent

je *ne me* défends *pas*   no me defiendo
tu *ne te* défends *pas*
il *ne se* défend *pas*

Parfait

je *ne me* suis *pas* défendu, -e
tu *ne t'*es *pas* défendu, -e
il *ne s'*est *pas* défendu
elle *ne s'*est *pas* défendu*e*
nous *ne nous* sommes *pas* défendu*s*, -es

Impératif

ne te défends *pas!*
ne nous défendons *pas!*
ne vous défendez *pas!*

Forma negativo-interrogativa

Présent

est-ce que je *ne me* défends *pas?*
ne te défends-tu *pas?* (*o* est-ce que tu *ne te* défends pas?)
ne se défend-il *pas?*

Parfait

ne me suis-je *pas* défendu, -e? (*o* est-ce que je *ne me* suis *pas* défendu, -e?)
*ne t'*es-tu *pas* défendu, -e?
*ne s'*est-il *pas* défendu?
*ne s'*est-elle *pas* défendue?

He aquí algunos verbos reflexivos:

se promener	pasearse	s'appeler	llamarse
se lever	levantarse, salir	se moquer	burlarse
		se baigner	bañarse
se coucher	acostarse, ponerse	se noyer	ahogarse
		se repentir	arrepentirse
s'endormir	dormirse	se taire	callarse
s'éveiller	despertarse	se trouver	hallarse
s'échapper	escaparse	se mettre (à)	ponerse a

Vocabulaire

s'égarer	extraviarse	de bonne heure	muy temprano
le poêle	la estufa	se porter bien	estar bueno
imbécile	tonto	s'éloigner	alejarse
se plaindre	quejarse	se tromper	engañarse
se fâcher	enojarse	peut-être	quizás, tal vez
au revoir	hasta la vista	prendre garde	cuidar
peigner	peinar	tôt	temprano
souper	cenar	tard	tarde

Exercice

Nous nous sommes bien promenés hier. Tu te trompes toujours. Marguerite et Marie-Louise s'éloignaient de nous pour cueillir des violettes. Taisez-vous, mes enfants, ou vous vous en repentirez. Ces demoiselles s'étaient égarées dans les allées du parc. Vous moquez-vous de moi? Nous ne nous moquons jamais de personne. Bonjour, monsieur, comment vous portez-vous? Je ne me porte pas très bien. Au revoir, mesdames, portez-vous bien. T'es-tu levé de bonne heure ce matin? Je me suis levé aussitôt que le soleil s'est levé. Lève-toi, il est temps de partir. Je m'en suis repenti sincèrement. Promène-toi un peu, cela te fera du bien. Le pauvre enfant se noya. Elles se sont saluées. Ils se sont salués. Ne se coucheront-ils pas tard ce soir? Promenons-nous dans les bois! Éloigne-toi et tais-toi.

Tema

¿A qué hora se han levantado ustedes hoy? Esta mañana nos hemos levantado muy temprano. Estamos acostumbrados a levantarnos temprano. ¿Por qué se levanta usted tan tarde, Carlos? Me he despertado a las cinco y me he vuelto a dormir. ¿Qué han hecho ustedes después? Nos hemos lavado, nos hemos vestido y peinado, en seguida nos hemos desayunado y nos hemos ido a la escuela. Por la tarde hemos hecho primero nuestros deberes y luego nos hemos paseado por los bosques. Por la noche nos hemos bañado en el río. A las ocho hemos cenado y a las diez nos hemos acostado. ¿Ha dormido usted bien? No he podido dormir. Me acuesto tarde y me levanto temprano. ¿Por qué no os habéis levantado hoy temprano? El sol sale a las cuatro de la mañana y se pone a las ocho de la tarde. ¿Cómo se encuentra usted hoy? Me encuentro muy bien, gracias.

Exercice de lecture

La joie de la maison

Lorsque l'enfant paraît le cercle[1] de famille
Applaudit à grands cris: son doux regard qui brille
    Fait briller tous les yeux,
Et les plus tristes fronts[2], les plus souillés[3] peut être,
Se dérident[4] soudain[5] à voir l'enfant paraître,
    Innocent et joyeux.
Il est si beau, l'enfant, avec son doux sourire[6],
Sa douce bonne foi[7], sa voix qui veut tout dire,
    Ses pleurs vite apaisés[8],
Laissant errer[9] sa vue[10] étonnée et ravie[11],
Offrant[12] de toutes parts sa jeune âme à la vie
    Et sa bouche aux baisers[13]!
Seigneur! préservez-moi, préservez ceux que j'aime,
Frères, parents, amis, et mes ennemis même
    Dans le mal triomphants,
De jamais voir, Seigneur! l'été sans fleurs vermeilles[14],
La cage[15] sans oiseaux, la ruche sans abeilles,
    La maison sans enfants.

                                          VICTOR HUGO, 1802-1885

[1]círculo, reunión. [2]frente (cara). [3]marchar. [4]sonreírse. [5]súbito. [6]sonrisa. [7]fe. [8]apaciguar, calmar. [9]vagar. [10]vista. [11]admirado, encantado. [12]ofrecer. [13]besos. [14]bermejo. [15]jaula.

TRENTE-HUITIÈME LEÇON
LECCIÓN TRIGÉSIMA OCTAVA

Verbos impersonales

1. Llámanse verbos impersonales los que sólo se emplean en el infinitivo y en la tercera persona del singular de todos los tiempos. El sujeto se expresa por el pronombre neutro «il». Se conjugan en los tiempos compuestos con el auxiliar «avoir». Los más usados son los siguientes:

il neige	nieva	il tonne	truena
il pleut	llueve	il gêle	hiela
il grêle	graniza	il fait des éclairs	relampaguea

2. Algunos otros verbos (neutros o reflexivos) pueden usarse impersonalmente en algunas formas; por ejemplo:

il semble	parece	il convient	conviene
il manque	falta	il arrive	sucede
il paraît	parece	il suffit	basta

3. *Conjugación:*

Ind. prés.:	il neige nieva	*Parfait :*	il a neigé
Imparf.:	il neigeait nevaba	*Plus-que-p.:*	il avait neigé
Prét.	il neigea nevó	*Pas. ant.:*	il eut neigé
Futur:	il neigera nevará	*Fut. ant.:*	il aura neigé
Cond.:	il neigerait nevaría	*Cond. ant.:*	il aurait neigé
Subj. prés.:	qu'il neige que nieve	*Subj. pas.:*	qu'il ait neigé
Imparf. subj.:	qu'il neigeât que nevara	*Subj.plus-que-p.:*	qu'il eût neigé

4. El verbo «faire» (hacer) se usa a menudo como impersonal, especialmente cuando va unido a un sustantivo o adjetivo para expresar las variaciones del tiempo; por ejemplo: il fait froid (hace frío), il faisait chaud (hacía calor), il fit froid (hizo frío), il fera du vent (hará aire), il a fait du brouillard (ha hecho niebla). Quel temps *fait*-il? (¿Qué tiempo hace?) Il fait beau (mauvais) temps. (Hace buen [mal] tiempo.)

5. También «avoir» puede emplearse impersonalmente, como ya se ha visto en la lección 7; en este caso va precedido de «y»; por ejemplo: il y a (hay), il y avait (había), il y a eu (ha habido), etc.; il y a trois ans (hace tres años).

6. El verbo «être» se usa impersonalmente en frases como: il est vrai (es verdad), il est certain (es cierto), il est nécessaire (es necesario), il est possible (es posible), il est impossible (es imposible); por ejemplo: Il est vrai que le temps passe rapidement. (Es verdad que el tiempo pasa rápidamente.) Il est certain qu'il viendra. (Es cierto que vendrá.)

7. El verbo «falloir» es impersonal, y significa «es necesario, es preciso, hay que». Se conjuga del modo siguiente:

Indicatif

Présent:	il *faut*	es preciso, hay que
Imparfait:	il fallait	era preciso, había que
Prétérit:	il fallut	fue preciso, hubo que
Futur:	il faudra	será preciso, habrá que
Cond. présent:	il faudrait	sería preciso, habría que

Subjonctif

Présent:	qu'il faille	que sea preciso, haya que
Imparfait:	qu'il fallût	que fuese preciso, hubiese que

Tiempos compuestos

il a (avait, eut, aura, etc.) fallu

Observaciones

1.ª Después de estas formas de «falloir» hay que emplear «que» con el subjuntivo, especialmente cuando el sujeto es un sustantivo; por ejemplo: Il faut *que* tu lui donnes, *que* vous lui donniez. Il faut *que* la porte soit ouverte. (Es preciso que la puerta esté abierta.)

2.ª En lugar del subjuntivo, se puede emplear después de «il faut» el infinitivo sin preposición, especialmente en el sentido de «hay que»; por ejemplo:

Il faut battre le fer pendant qu'il est chaud.	Hay que machacar el hierro mientras esté caliente.
Il faut partir.	Hay que partir.

3.ª «Il *me* (te, lui, nous, vous, leur) faut» se traducen por «necesito, necesitas», etc.; por ejemplo:

Il *me* faut trois francs.	Necesito tres francos.
Il *lui* faut de l'argent.	Necesita dinero.

4.ª Cuando el sujeto es un pronombre personal, se pueden emplear ambas formas; por ejemplo:

Il *me* faut partir (= il faut que je parte).	Tengo que partir, etcétera.
Il *te* faut partir (= il faut que tu partes).	
Il *lui* faut partir (= il faut qu'il parte).	
Il *leur* faut partir (= il faut qu'ils partent).	

Pero hay que decir:

Il faut que les élèves travaillent.	Es preciso que los alumnos trabajen (v. obs. 1.ª)

8. Nótense los modismos siguientes:

il se peut que	puede ser que	il ne tient qu'à moi	está en mi mano
il s'agit de	se trata de		
il me souvient que	me acuerdo de que	il s'en suit que	de esto se sigue que
il ne sert à rien de	no sirve para nada	il me plait de	me gusta
		il vaut mieux	más vale

Vocabulaire

le tour	la vuelta	faire nuit	anochecer
faire jour	amanecer	chaleur étouffante	bochorno
Pâques	Pascuas	avoir besoin	necesitar
l'importance	la importancia	se souvenir	acordarse
la pluie	la lluvia	la saison	la estación
le baromètre	el barómetro	détester	detestar
merveilleux	maravilloso	baisser	bajar
superbe	soberbio	allumer	encender
humide	húmedo	prêt	pronto
il pourra	podrá	déménager	mudarse
se remettre	cambiar	je me souvienne (*subj.*)	me acuerdo
le degré	el grado		
le zéro	el cero	je crains	temo
le parapluie	el paraguas	je vais	voy
habiter	habitar, vivir en	nous allons	vamos
l'entreprise	la empresa	nous irons	iremos
il fera	hará	mécontent, -e	descontento, -a

tomber	caer	sortir	salir
affreux, -se	espantoso	je sors	salgo
au-dessous de	bajo	je crois	creo
voir	ver	la gelée	la helada

Exercice

Quel temps fait-il? Fait-il beau (temps)? Il ne fait pas beau. Il fait mauvais. Hier il a fait une belle journée. Pleuvait-il quand vous êtes sorti? Oui, et il pleut encore très fort. Voilà qu'il tombe de la neige à présent. Il fait un temps affreux. Il fait un froid terrible; il faut faire du feu. Il a neigé tout le mois passé. Il gela très fort la nuit dernière; il gèlera encore cette nuit. Il fait trop chaud dans cette chambre, il faut ouvrir les fenêtres. Il ne fait pas jour dans tous les pays en même temps. Il fera nuit bientôt. Il vaut mieux se taire que [de] mal parler. Il ne vous sert à rien de vous plaindre. Il fit une chaleur étouffante le jour de Pâques. Il me faut déménager; il n'est plus possible d'habiter cette maison. Il me faut écrire aujourd'hui même à ma tante.

Tema

¿Qué tiempo hace hoy, Pablo? Creo que llueve. No, no llueve ahora, pero ha llovido toda la noche. Ayer nevó todo el día, hubo tres grados bajo cero. Hoy no hace tanto frío como ayer. Si está lloviendo (= llueve) no salgo, pues he perdido mi paraguas. Ahora hace buen tiempo; tendremos un día hermoso. Desde hace (depuis) ocho días no hemos visto el sol. Si mañana hace buen tiempo daremos (nois allons faire) un bonito paseo. ¿Qué hay en esta botella? Hay vino blanco en ella. ¿Qué hay de nuevo? Nada de importancia. Tanto mejor. Tendremos que salir con ellos. Hay hombres que siempre están descontentos. ¿Había mucha gente en el teatro? Sí, señor, había mucha gente (allí). Es preciso decir siempre la verdad. Usted debe trabajar un poco. Tenemos que salir hoy para París.

De la vie de tous les jours

Quel temps fait-il aujourd'hui? Il fait un temps superbe, et je crois que nous aurons une journée magnifique.

Ah! tant mieux; que je suis content!	Moi aussi; je déteste, comme vous, le temps humide et froid.
Je ne suis pas encore sorti depuis la pluie.	Ni moi non plus.
Ne trouvez-vous pas qu'il fait bien chaud pour la saison?	Oui; ce printemps est le plus chaud dont je me souvienne.
Le temps pourra se remettre.	Je le crains aussi, le baromètre baisse beaucoup.
Irons-nous faire un petit tour?	Très volontiers.
Bon, je vais chercher mon auto, et nous allons faire une partie d'auto, s'il vous plaît.	Je suis prêt à vous accompagner.
Eh bien! nous partirons quand vous voudrez.	Je suis à vos ordres.
Allons, partons tout de suite!	

TRENTE-NEUVIÈME LEÇON
LECCIÓN TRIGÉSIMA NOVENA

Empleo de los modos

1. El empleo de los modos en francés es poco más o menos el mismo que en español.

El indicativo

2. El *indicativo* es el modo de la *afirmación absoluta* y *positiva;* denota *certeza, evidencia;* por ejemplo:

Je crois qu'il *a* raison.	Creo que *tiene* razón.
Il me semble que vous *êtes* fâché.	Me parece que usted *está* enfadado.
Il se conduit de façon qu'il *est* aimé de tous.	Se comporta de tal modo que *es* amado de todos.

El subjuntivo

3. El *subjuntivo*, que expresa la acción de un modo indeterminado e incierto y denota *duda, incertidumbre*, se utiliza como sigue:

I. En la proposición principal

Sirve para expresar un *deseo*, un *mandato;* por ejemplo:

Qu'il vienne!	¡Que venga!
Vive le roi!	¡Viva el rey!
Plût à Dieu!	¡Dios lo quiera!
Sauve qui peut!	¡Sálvese el que pueda!

II. En proposiciones subordinadas

Se halla, por lo general, en las proposiciones subordinadas que empiezan con *que*. Se emplea:

a) Después de los verbos (y locuciones) que denotan *voluntad, ruego, mandato, deseo, permiso.* Tales son:

vouloir	querer	empêcher	impedir
ordonner	ordenar	défendre	prohibir
commander	mandar	permettre	permitir
exiger	exigir	souffrir	sufrir
demander	exigir	supporter	soportar
prier	rogar	approuver	aprobar
supplier	suplicar	attendre	aguardar
désirer	desear	souhaiter	desear

il faut	es preciso	il convient	conviene
il est nécessaire	es necesario	il est temps	es tiempo que
il est indispensable	es indispensable	il vaut mieux	más vale

Que voulez-vous que je *fasse?*	¿Qué quiere usted que *haga?*
Je veux qu'on m'*obéisse.*	Quiero que me *obedezcan.*
Désirez-vous que je vous *attende?*	¿Desea usted que le *espere?*
Permettez-vous que je *prenne* votre livre?	¿Permite usted que *coja* su libro?
Je demande que tous mes ordres *soient* executés.	Exijo que todas mis órdenes *sean* ejecutadas.
Il faut qu'il *parte*[1].	Es preciso que *parta*.

b) Después de los verbos que expresan un pensamiento o facultades mentales, como *creer, pensar, decir,*

---

[1] Cuando el sujeto de la proposición subordinada es un pronombre personal se puede emplear el infinitivo en lugar del subjuntivo; p. ej.: Il me faut partir = il faut que je parte. Il faut écrire lisiblement = il faut qu'on écrive lisiblement. (Es preciso escribir legiblemente.)

cuando éstos se hallan en la forma negativa o interrogativa y la proposición subordinada no denota una afirmación absoluta. Tales son:

croire	creer	dire	decir
penser	pensar	déclarer	declarar
s'imaginer	imaginarse	répondre	responder
voir	ver	se souvenir	acordarse
sentir	notar	espérer	esperar
trouver	hallar	prétendre	afirmar
savoir	saber	soutenir	sostener

Je ne dis pas que cela *soit* correct.	No digo que eso *sea* correcto.
Je ne crois qu'il *vienne*.	No creo que él *venga*.
Je ne vois pas que cela *soit* faux.	No veo que eso *sea* falso.
Espérez-vous qu'il *soit* élu?	¿Espera usted que él *sea* elegido?
Soutiendrez-vous qu'il *ait* raison?	¿Sostendrá usted que él *tiene* razón?

Pero se dice:

Je crois que vous *avez* raison.	Creo que usted *tiene* razón.
Il ne sait pas que son père *est* malade.	No sabe que su padre *está* enfermo.

c) Después de los verbos que expresan un afecto del ánimo, como *alegría, tristeza, dolor, temor,* etc. Tales son:

se réjouir	alegrarse	être triste	estar triste
être heureux	ser feliz	déplorer	deplorar
être enchanté	} estar encantado	regretter	sentir
être ravi		c'est dommage	es lástima
être fâché	estar enfadado, sentir	s'étonner	admirarse
		être surpris	estar sorprendido
se plaindre	quejarse		
voir honte	avergonzarse	craindre	temer
être content	estar contento	avoir peur	tener miedo

Je me réjouis qu'il *soit* parfaitement rétabli.	Me alegro de que *esté* perfectamente restablecido.
Je suis fâché que vous ne *soyez* pas venu hier.	Estoy enfadado de que usted no *haya* venido ayer.
C'est dommage qu'il *pleuve* aujourd'hui.	Es lástima que *llueva* hoy.

Nota. Si la proposición principal en que se halla «craindre» o «avoir peur» es afirmativa, entonces la subordinada afirmativa toma «ne» antes del verbo; este «ne» no se traduce en español. Pero si la principal es negativa o interrogativa, la subordinada afirmativa no toma «ne». Si la subordinada es negativa, toma «ne — pas».

Craignez-vous qu'il vienne?	¿Teme usted que venga?
Je crains qu'il *ne* vienne.	Temo que venga.
Je crains qu'il ne vienne pas.	Temo que no venga.
Je ne crains pas qu'il vienne.	No temo que venga.
Je ne crains pas qu'il ne vienne pas.	No temo que no venga.

d) Después de los verbos (y locuciones) que expresan *duda, ignorancia;* por ejemplo:

douter	dudar	il est impossible	es imposible
mettre en doute	poner en duda	il est probable	es probable
nier	negar	il est rare	es raro
supposer	suponer	il est vraisembla-ble	es posible
ignorer	ignorar		
il est possible	es posible		

Il est possible qu'il *soit* déjà parti.	Es posible que se *haya* marchado ya.
Je doute fort que cela *soit* vrai.	Dudo mucho de que eso sea verdad.
J'ignorais qu'il fût arrivé.	Ignoraba que hubiese llegado.

Observaciones

1.ª Después de «ne pas douter, ne pas nier», el verbo de la proposición subordinada se pone en subjuntivo, precedido de «ne»; por ejemplo:

Je ne doute pas qu'il *ne* vienne.	No dudo de que viene.
Je ne nie pas que je *ne* l'aie dit.	No niego que lo haya dicho.

2.ª Después de «ne pas ignorer», el verbo de la subordinada se pone en indicativo; por ejemplo:

Vous n'ignorez pas que vous l'avez dit vous même.	Usted sabe muy bien que usted mismo lo ha dicho.

3.ª Después de «il est certain» (es cierto), «il me semble (= je crois)» (me parece), «il paraît» (parece), se usa «que» con el indicativo.

4.ª Después de algunos verbos que denotan un afecto del ánimo, puede emplearse el *indicativo*, con «de ce que», en vez del subjuntivo; por ejemplo: Je suis étonné que vous ne soyez pas (*o* de ce que vous n'êtes pas) plus attentif. (Estoy sorprendido de que usted ya no sea atento.)

Vocabulaire

l'accident	el accidente	la parole	la palabra
l'entrée	la entrada	la distraction	la diversión
l'enquête	la indagatoria	faire ses adieux	despedirse
le malheur	la desgracia	rétablir	restablecer
nous sortirons	saldremos	pareil	semejante
je dis	digo	prenez garde	tenga cuidado
correct	correcto	j'irai	iré
tu te souviens	te acuerdas	qu'il tienne	que tenga
offert	ofrecido	prêt, -e	dispuesto, -a
mort	muerto	qu'il fasse	que haga
obéir	obedecer	je vois	veo
je crois	creo	attentif, -ve	atento, -a
hier soir	anoche	je me réjouis	me alegro
proposer	proponer	tu sais	sabes
disposer	disponer	je crains	temo
clos, -e	cerrado, -a	je veux	quiero
produire	producir	qu'il vienne	que venga
ouvert, -e	abierto, -a		

Exercice

L'homme propose et Dieu dispose. S'il venait, il trouverait porte close. Si cela était vrai, j'en serais très fâché. Un terrible accident s'est produit, hier soir, à l'entrée de la gare de Pau. Une enquête est ouverte sur les causes de cet accident. Que le ciel vous préserve d'un pareil malheur! Prenez garde qu'il ne parte sans vous avoir payé. Je ne pense pas que ce soit chose facile. J'irai le voir avant qu'il parte. Il convient que tu lui parles, je veux qu'il tienne sa parole. Faut-il que j'attende? Oui, monsieur, il faut que vous attendiez encore un peu. Je suis fâché que vous ne soyez pas venu hier. Que voulez-vous que je fasse? Je désire que vous soyez prêt à cinq heures. Il est dommage qu'il fasse mauvais temps aujourd'hui. Cela ne m'empêche pas que je ne parte aujourd'hui même. Soutiendrez-vous qu'il ait raison? Je ne vois pas que cela soit faux. Vous n'ignorez pas que vous l'avez dit vous-même. Je doute fort que cela soit vrai. Je doute que vous aimiez les distractions que nous avons à la campagne. Je lui répondis qu'il me laissât tranquille. Je regrette beaucoup qu'il ne l'ait pas fait. Il se plaint de ce que vous n'êtes pas attentif.

Tema

Me alegro de que hayas venido, pero siento que tu hermano no te haya acompañado. Deploro que no me haya encontrado usted ayer en casa. Me admiro de que se haya marchado sin despedirse. Siento que su hermana haya estado enferma, y me alegro de que ya esté restablecida del todo. Yo no ignoraba que Carlos estaba en su habitación. No creo que mi amigo haya recibido mi carta a tiempo. ¿Es necesario que esperemos? No, no es necesario que esperéis. Cuando hayamos acabado nuestros deberes, saldremos. No digo que eso sea correcto. El maestro desea que los alumnos sean atentos. ¿No te acuerdas de que me ha ofrecido veinte francos? Me alegro de que hayas recibido tu dinero. ¿No sabes todavía que su padre ha muerto? ¿Duda usted de que yo sea su amigo? Temo que ellos no lleguen a tiempo. Dudo de que usted haya estudiado ayer su lección. Quiero que se me obedezca. ¿Espera usted que él venga? Conviene que le hables. No es probable que él lo haga. Es probable que venga. Creo que tiene razón.

Exercice de lecture

Lettre d'une mère à sa fille

Ma bien chère enfant:

Il faut que je vous *conte* une petite historiette, qui est très vraie et qui vous divertira:

Le roi se mêle[1] depuis peu[2] de faire des vers. M.M. de Saint-Aignan et Dangeau lui apprennent[3] comment il faut s'y *prendre*[4]. Il fit[5] l'autre jour un petit madrigal que lui-même[6] ne trouva pas trop joli. Un matin, il dit au maréchal de Grammont: «Monsieur le maréchal, lisez[7], je vous prie, ce petit madrigal, et voyez[8] si vous en avez vu un si impertinent; parce qu'on sait[9] que depuis peu j'*aime* les vers, on m'en apporte de toutes les façons»[10]. Le maréchal, après avoir lu[11], dit au roi: «Sire, Votre Majesté juge divinement bien de toutes choses: il est vrai que voilà le plus sot[12] et le plus ridicule madrigal que j'*aie* jamais lu.» Le roi se mit à rire[13], et lui dit: «N'est-il pas vrai que celui qui l'*a* fait *est* bien fat?» «Sire, il n'y a pas moyen[14] de lui donner un autre nom.» «Oh bien! — dit le roi —, je suis ravi que vos m'*ayez* parlé si bonnement; c'est moi qui l'ai fait.» «Ah! Sire, quelle trahison! Que Votre Majesté me le *rende;* je l'ai lu brusquement.» «Non, monsieur le maréchal; les premiers sentiments sont toujours les plus naturels.»

Le roi a fort ri[15] de cette folie[16], et tout le monde trouve que voilà la plus cruelle petite chose que l'on *puisse*[17] faire à un vieux courtisan.

Pour moi[18], qui aime toujours à faire des réflexions, je voudrais que le roi en *fît*[19] là-dessus, et qu'il *jugeât* par là combien il est loin de connaître[20] la vérité.

MME. DE SEVIGNÉ

[1]se mete a. [2]desde hace poco. [3]le enseñan. [4]emprenderla. [5]él hizo. [6]él mismo. [7]lea usted. [8]vea usted. [9]se sabe. [10]de todas clases. [11]después de haber leído. [12]tonto. [13]se echó a reír. [14]el medio. [15]reído. [16]locura. [17]pres. de subj. de «pouvoir» (poder). [18]en cuanto a mí. [19]imperf. de subj. de «faire» (hacer). [20]conocer.

QUARANTIÈME LEÇON
LECCIÓN CUADRAGÉSIMA

Empleo de los modos (continuación)

El subjuntivo (continuación)

III. Después de las locuciones conjuntivas

avant que	antes de que	pourvu que	con tal que / supuesto que
afin que	a fin de que		
pour que	porque	quoique	aunque
a moins que...ne	a menos que	sans que	sin que
bien que	bien que	soit que	sea que
en cas que	en caso de que	de crainte que	por miedo a que
jusqu'à ce que	hasta que	de peur que	

Restez chez vous *jusqu'à ce que* je *vienne* vous prendre.   Quédese usted en casa hasta que venga a buscarle.

J'irai le voir *avant qu'il parte*. — Iré a verle antes de que se marche.
Je viendrai vous voir demain, *pourvu que* cela vous *soit* agréable. — Vendré a verle a usted mañana, supuesto que le sea agradable.

Nota. Cuando dos o más verbos dependen de una locución conjuntiva, ésta no se repite, sino que se sustituye por «que» seguido del modo que exija la locución conjuntiva primitiva. Forma excepción el «que» empleado en sustitución de la conjunción «si», el cual exige siempre el subjuntivo, si bien después de «si» se emplea generalmente el indicativo.

Quoique je *sois* fatigué et *que j'aie* mal aux dents, j'irai avec toi. — Aunque *estoy* (¡realidad!) cansado y *tengo* dolor de dientes, iré contigo.

Quoique tu *sois* riche et que tu *aies* des amis... — Aunque *seas* (¡posibilidad!) rico y *tengas* amigos...

Si tu *as* des amis et *que* tu *veuilles* les conserver, prouve-leur ton estime. — Si tienes amigos y quieres conservarlos, demuéstrales tu estima.

IV. En oraciones de relativo

a) Cuando en la proposición principal hay un superlativo o una de las palabras «le seul, l'unique, le premier, le dernier», a que hace referencia el relativo; por ejemplo:

Il est le *premier* qui *ait* osé me le dire. — Es el primero que se ha atrevido a decírmelo.

L'Espagne est le plus beau pays que nous *ayons vu*. — España es el país más hermoso que hemos visto.

Pero:

Edison est le premier qui *a* fait cette découverte (¡evidencia!). — Edison es el primero que ha hecho este descubrimiento.

b) Cuando se quiere expresar un *deseo*, una *intención*, un *mandato:*

Donnez-moi un livre qui *soit* instructif. — Déme usted un libro que sea instructivo.

Je demande un jeune homme qui *sache* la comptabilité. — Deseo un joven que sepa la contabilidad.

c) Para expresar la *duda*, después de oraciones negativas o interrogativas, y especialmente después de «rien, personne, aucun, pas un», etc.

| Il n'y a personne qui m'attende. | No hay nadie que me espere. |
| Y a-t-il quelqu'un qui ait perdu un portefeuille? | ¿Hay alguien que haya perdido una cartera? |

Correspondencia de los tiempos

1. Si el verbo de la proposición principal está en presente de ind., futuro o imperativo, entonces el verbo de la subordinada se pone en presente de subjuntivo si se quiere expresar una acción presente o futura, y en pretérito perfecto si se expresa una acción terminada; por ejemplo:

> Je désire } que tu *donnes*.
> Je désirerai } que tu *aies* donné.

2. Si el verbo de la proposición principal está en un tiempo pasado de indicativo o en condicional, el de la subordinada se pone en imperfecto o pluscuamperfecto de subjuntivo; por ejemplo:

> Je désirai
> Je désirais
> Je désirerais } que tu *donnasses*, que tu *eusses* donné.
> J'ai désiré

Pero hablando se evitan el imperfecto y el pluscuamperfecto de subjuntivo, que se sustituyen por el presente y el pretérito perfecto de subjuntivo; por ejemplo:

| Je n'ai pas cru qu'il vienne aujourd'hui. | No he creído que viniera hoy. |

Vocabulaire

le poète	el poeta	à merveille	divinamente
le mérite	el mérito	n'est-ce pas?	¿no es verdad?
le conseil	el consejo	il me suffisait	me bastaba
la crainte	el miedo	à bon marché	barato
le dictionnaire	el diccionario	il est défendu	está prohibido
modeste	modesto	sortir	apearse
versé	versado	arrêter	parar
distinctement	distintamente	en règle	en orden

sinon	si no	il craignait	él temía
que je connaisse	que yo conozca	tuer	matar
retomber	volver a caer	je viendrai	vendré
se refroidir	enfriarse	que vous con-	que le convenga
vous comprenez	usted comprende	vienne	a usted

Exercice

Vous désirez vous en aller? Soit, vous partirez, pourvu que vos livres soient en règle, sinon, non. Ce poète est le meilleur que je connaisse. Cet officier n'est pas le seul qui ait du mérite. Quand on est riche et qu'on est généreux on ne manque pas d'amis. Voilà, ce me semble, le meilleur conseil que je puisse vous donner. Madame partira la semaine prochaine, a moins que sa mère ne retombe malade. Écrivez de manière que je puisse le lire. Il a écrit de manière qu'on ne peut pas le lire. Quoiqu'il fût très riche, il était toujours modeste. Je ne doute pas qu'il ne soit bientôt rétabli. Je ne suis pas sorti de crainte que je ne me refroidisse. Je veux travailler pour que mon maître soit content. Je ne connais personne qui soit plus versé dans cette langue que lui. En cas que vous ne puissiez venir, envoyez-moi un petit mot. Je doute que vous ayez étudié hier votre leçon. Je ne nie pas que cela ne soit. Il ne fera rien, à moins que vous ne lui parliez. J'ai regretté que vous fussiez obligé d'attendre.

Tema

Tienes que darle alguna cosa. Era necesario que usted hablase francés. Si usted hablara todos los días francés, lo hablaría divinamente. No hace más que un año que he empezado. ¿No comprende usted lo que digo? No puedo comprenderle, a menos que hable usted más distintamente. Tenemos que hablar francés, ¿no es verdad? Tienes que terminar tu tema antes de salir. Tenéis que concluir vuestra carta. No creo que no seas convidado. Ella temía que su hermano hubiera sido matado. Vendré a verle a usted mañana a las 7 de la tarde, supuesto que le convenga la hora. He comprado este diccionario porque me bastaba y era muy barato. Siento muchísimo que su padre de usted no esté en casa. No niego que tengas razón. No ignoro que eso es un asunto muy grave. En caso de que no pudieses venir, avísamelo. Me quedaré en casa hasta que vengas. No me marcharé sin que le haya visto. Antes de que usted se marche, vaya a ver a mis padres. Está prohibido apearse del tren antes de que se haya (ne soit) parado.

QUARANTE ET UNIÈME LEÇON
LECCIÓN CUADRAGÉSIMA PRIMERA

Empleo de los modos (continuación)

El infinitivo

I. El infinitivo simple

1. El infinitivo se emplea a veces como sustantivo, ya con el artículo, ya sin él; por ejemplo: le savoir (el saber), le manger (el comer), le boire (el beber): Boire et manger démesurément est un vice. (El beber y el comer desmesuradamente es un vicio.)

2. El infinitivo ejerce los oficios del sustantivo, pudiendo ser: *a)* sujeto, *b)* complemento.

a) Boire et manger démesurément est un vice.	El beber y el comer desmesuradamente es un vicio.
Il faut parler poliment à tout le monde.	Hay que hablar cortésmente a todo el mundo.
Promettre n'est pas donner.	Prometer no es dar.
b) Je désire parler à monsieur votre père.	Deseo hablar a su señor padre.
Il croit avoir tout compris.	Cree haberlo comprendido todo.
Allez chercher le médecin.	Vaya usted a buscar al médico.
Je veux sortir.	Quiero salir.

3. Cuando un infinitivo depende de un verbo que indica *movimiento*, como «aller, venir, courir, envoyer», se suprime en francés la preposición «a» que, en español, acompaña al verbo; por ejemplo:

J'irai te voir.	Iré *a* verte.
Venez me voir.	Venga usted *a* verme.

Nous allons lire quelques lignes.	Vamos *a* leer algunas líneas.
Je l'enverrai chercher.	Enviaré *a* buscarle.

4. Los infinitivos que en español van precedidos de la preposición «de» y una negación, enunciando condición, se traducen en francés por «si» y el presente o el pluscuamperfecto de indicativo; por ejemplo:

Si elle ne vient pas demain, nous irons la chercher.	*De no* venir mañana, iremos *a* buscarla.

II. El infinitivo con «de»

Se emplea:

a) Como sujeto lógico después de expresiones *impersonales* (excepto «il faut, il me semble, il vaut»); por ejemplo:

Il n'est pas facile *de parler* correctement français.	No es fácil *hablar* correctamente el francés.
Il est dangereux *de sortir* par un temps pareil.	Es peligroso *salir* con un tiempo semejante.

b) Cuando depende de un sustantivo o un adjetivo que le precede; por ejemplo:

Voilà la manière la plus simple *de résoudre* ce problème.	He aquí la manera más sencilla *de resolver* este problema.
C'est une ville digne *d'être* vue.	Es una ciudad digna *de ser* vista.
Je suis curieux *de savoir* ce qui est arrivé.	Estoy curioso *de saber* lo que ha pasado.

c) Después de aquellos verbos que exigen «de», como «s'abstenir de, se contenter de, se plaindre de, se souvenir de, se vanter de», etc.; por ejemplo:

Je ne me souviens pas *de* l'avoir jamais vu.	No me acuerdo de haberle visto jamás.

d) Como complemento después de los verbos que expresan un *afecto del ánimo;* por ejemplo:

Je me réjouis *de vous avoir* trouvé chez vous.	Me alegro de haber encontrado a usted en casa.

| Je suis fâché *d'avoir* si longtemps tardé à répondre à votre lettre. | Siento haber tardado tanto tiempo en contestar a su carta. |

e) Como complemento después de los verbos que denotan *ruego, permiso, mandato*, como «prier, ordonner, permettre, défendre (prohibir), proposer, essayer», etc.; por ejemplo:

| Je vous prie *de venir* me voir le plus tôt possible. | Le ruego que venga a verme lo más pronto posible. |
| Il est défendu *de* fumer. | Está prohibido (el) fumar. |

III. El infinitivo con «à»

Se emplea:

a) Después de algunos verbos que exigen la preposición «à», como «aspirer, chercher, s'obstiner, avoir, s'appliquer, aimer (à faire), se mettre, servir, apprendre, réussir (lograr), s'accoutumer (acostumbrarse)»; por ejemplo:

Vous aimez *à* vous lever de bonne heure.	A usted le gusta levantarse temprano.
J'ai appris *à* lire et *à* écrire.	He aprendido a leer y a escribir.
Ne cherchez pas *à* m'en convaincre.	No busque usted convencerme de ello.

b) Después de algunos sustantivos y adjetivos que exigen dicha preposición, como «prêt (dispuesto a), prompt (pronto a), propre (propio a), facile[1] (fácil), *difficile*[1] (difícil), dangereux[1] (peligroso)»; por ejemplo:

une machine à coudre	una máquina de coser
une salle à manger	un comedor
un appartement à louer	un cuarto para alquilar

| Je suis prêt (*o* disposé) à vous servir. | Estoy dispuesto a servirle. |
| Ce problème est facile à résoudre. | Este problema es fácil de resolver. |

IV. El infinitivo con otras preposiciones

Después de las preposiciones siguientes se usa el infinitivo, en vez del subjuntivo o del indicativo, siempre que

---

[1] Compárense las expresiones impersonales en II, *a;* pág. 198.

la proposición principal y la subordinada tengan el mismo sujeto:

pour	en vez de	pour que	con subj.
sans	» » »	sans que	» »
afin de	» » »	afin que	» »
avant de	» » »	avant que	» »
de manière à	» » »	de manière que	con subj. o ind.
de façon à	» » »	de façon que	» » »
après	» » »	après que	con ind.

Avant de mourir elle sera vengée.
Après avoir cherché longtemps, il finit par trouver sa bourse.
Vivez de façon à vous faire aimer de tout le monde.
Il partit sans prendre congé.

Vocabulaire

le patron	el patrono	le passage	el pasaje
l'avocat	el abogado	je me souviens	me acuerdo
le départ	la salida	de retour	de vuelta
cela va sans dire	ni que decir tiene	tout à fait	completamente
		innocent	inocente
la charité	la caridad	se placer	colocarse
la dette	la deuda	observer	observar
venir de faire q. ch.	acabar de hacer algo	à force de	a fuerza de
		qu'il revienne	que vuelva
le problème	el problema	promptement	pronto
venir à bout	lograr	différer	retardar
poliment	cortésmente	résoudre	resolver
simple	sencillo	je lis	yo leo
vous voulez	usted quiere	il consente	él consiente
vous pouvez	usted puede	compris	comprendido
remarquer	notar		

Exercice

Il a parlé de manière à nous faire croire qu'il était tout à fait innocent. Je me plaçai de manière à pouvoir tout observer. À force de travailler tu en viendras à bout. J'espère être de retour dans huit jours. Il fait parler poliment à tout le monde. Il croit tout savoir, mais je trouve qu'il ne sait pas même les choses les plus simples. Comme il fait beau, vous pouvez sortir. Moi, je sais ce que j'ai à faire. Je désire parler au patron. Restons ici en attendant qu'il vienne. Il me semble l'entendre venir. Je ne crois pas être le premier qui l'ait remarqué. Je ne sais vraiment pas où il est, à moins qu'il ne soit allé chez l'avocat. Il est à désirer qu'il revienne promptement. Je crois devoir différer de quelques jours mon départ. Je compte partir d'aujourd'hui en huit jours. Avant de partir, j'irai te voir. Cela va sans dire. Il faut payer ses dettes avant de faire la charité. Vous aimez à vous lever de bonne heure. Je me suis habitué à me lever à 6 heures. Il m'a proposé de faire un voyage avec lui. Il va sans dire que je suis prêt à l'accompagner. Nous sommes convenus de faire un petit tour. Je venais de terminer ma lettre, quand il entra dans ma chambre.

Tema

No sabe ni leer ni escribir. No sé lo que usted quiere. No hace más que jugar. Me alegro mucho de volver a ver (revoir) a usted. No tengo miedo de que lo olvide. Quiero leer esta carta. El niño acostumbra dormir durante el día. Tenga usted cuidado de que el niño no se caiga. Este problema no es fácil de resolver. No aspiro sino a vivir tranquilamente. Me puse a trabajar. Le leo a usted este pasaje con el fin de darle una idea de su manera de pensar. Tengo una máquina de escribir muy buena. Dudo de que mi amigo llegue hoy todavía. No viene porque está enfermo. Si su padre de usted lo (y) consiente, podrá usted pasar la tarde en casa de su amigo. He aprendido a bailar. Ire a verte mañana. Tu hermano ha venido a decirnos adiós. No me acuerdo de haberle visto nunca. Siento mucho no haber contestado antes a su estimada carta. Está prohibido fumar en el interior del departamento. Tengo curiosidad (je suis curieux) de saber lo que ha pasado. He enviado a buscar al médico. Él cree haberlo comprendido todo. El montar a caballo es un ejercicio saludable. Espero estar mañana de vuelta. Me alegro de haberle encontrado a usted en casa.

Exercice de lecture

La voiture sans chevaux

Nous ouvrîmes donc la remise. On y voyait près du boguet avec lequel mon paire faisait d'ordinaire ses courses, une mécanique extraordinaire que nous considérâmes aussitôt avec respect et curiosité. La dernière fantaisie, la dernière folie de mon père.

«Jeunes-gens, aidez-moi», dit-il en ôtant sa jaquette.

Tirée, poussée, la voiture «sans chevaux» vint au grand jour. C'était une sorte de phaéton à deux places dont les hautes roues portaient un galon de caoutchouc noir. Devant la place du conducteur s'offrait, à extrémité d'une tige verticale, une manette de direction qui tournait sur un secteur en forme de cadran solaire. Le moteur était à l'arrière entre les roues majeures, dans un gros coffre de bois peint en rouge vif avec filets noirs. Ce coffre s'ouvrait par deux volets obliques, semblables à la porte des caves dans certains pays vignobles. Deux belles petites lanternes, avec bougeoirs à ressort et réflecteurs étamés, donnaient à croire qu'une sortie nocturne ne serait pas impossible.

«Ne vous installez pas tout de suite», fit mon père; «il faut soigner la mécanique.»

Il prit une burette, une loque, un bidon de benzine et commença de tourner autour de la voiture en nous donnant maintes explications.

GEORGES DUHAMEL, *Chronique des Pasquier*

QUARANTE-DEUXIÈME LEÇON
LECCIÓN CUADRAGÉSIMA SEGUNDA

Concordancia de los participios

Hay en francés, como en español, dos participios, a saber: el participio presente (le participe présent) y el participio perfecto (le participe passé).

1. *El participio presente*

1. El participio presente se puede emplear como adjetivo verbal (adjectif verbal) o como participio; ambos terminan en *ant*. El primero denota *cualidad* o *estado* y concuerda, por lo tanto, con el sustantivo a que se refiere en

género y número; el segundo denota *acción* y queda invariable; por ejemplo:

a) des paroles consolant*es* — palabras consoladoras
les étoiles étincelant*es* — las estrellas brillantes
Les étoiles sont étincelant*es* — Las estrellas son brillantes
La chaleur était étouffante — El calor era sofocante
b) un homme obligeant tout le monde — un hombre que obliga a todos
des livres traitant de l'artillerie — libros que tratan de la artillería
J'ai vu des personnes souffrant cruellement — He visto algunas personas que sufrían atrozmente

2. El participio presente precedido de «en» (= gérondif) se emplea para expresar simultaneidad de dos acciones, o para indicar que ambas se siguen inmediatamente, lo cual se expresa en español con el gerundio o con el infinitivo precedido de «al, de, en, con»; por ejemplo:

En finiss*ant* mon travail je m'aperçus que je m'étais trompé. — Al concluir mi trabajo noté que me había equivocado.
En enseign*ant* on apprend. — Enseñando se aprende.
La fortune lui vient *en* chant*ant*. — La fortuna se le viene cantando.

3. Cuando el participio presente se emplea en lugar de una proposición de relativo, entonces no admite «en»; por ejemplo:

Les soldats, prévo*yant* le danger, se mirent sur leurs gardes. — Los soldados, previendo el peligro, estuvieron alerta.

Nótese:

J'ai rencontré Paul *en allant* à Paris. — Encontré a Pablo al ir *(yo)* a París
J'ai rencontré Paul *allant* à Paris. — Encontré a Pablo al ir *(él)* a París.

4. Algunos participios presentes se diferencian de los adjetivos verbales por su ortografía; por ejemplo:

Part. pres.		*Adj. verb.*	
fabriquant	fabricando	fabricant	fabricante
négligeant	descuidando	négligent	negligente
excellant	sobresaliendo	excellent	excelente
précédant	precediendo	précédent	precedente

sachant	sabiendo	savant	sabio
pouvant	pudiendo	puissant	poderoso

On demande deux jeunes gens sachant le français et l'anglais.
Se desean dos jóvenes que sepan el francés y el inglés.

Les «Femmes savantes» par Molière.
Las «Mujeres sabias» de Molière.

Les élèves excell*ant* dans le français.
Los alumnos que sobresalen en francés.

Ce sont d'excell*ents* élèves.
Son excelentes alumnos.

2. *El participio pasado*

1. El participio pasado empleado sin verbo auxiliar es considerado como adjetivo y concuerda en género y número con su sustantivo; por ejemplo: l'armée désorganisée.

2. El participio pasado de los verbos transitivos e intransitivos conjugados con «être» concuerda con el sujeto en género y número; por ejemplo: Ils ont été déçu*s* dans leurs espérances. (Han sido esgañados en sus esperanzas.) Ma mère est parti*e*. (Mi madre ha partido.) Les élèves seront puni*s*. (Los alumnos serán castigados.)

3. El participio pasado de los verbos intransitivos conjugados con «avoir» queda invariable; por ejemplo: les quinze jours qu'il *a* véc*u* ici (los quince días que ha vivido aquí), les trois heures que cet avocat *a* parl*é* (las tres horas que habló aquel abogado).

4. El participio pasado de los verbos transitivos conjugados con «avoir» y el de los verbos reflexivos concuerdan con el complemento directo cuando éste *precede* al verbo, pero queda invariable cuando el complemento directo *sigue* al verbo.

El complemento directo *precede* al verbo:

a) Cuando aquél es un pronombre personal o reflexivo; por ejemplo:

On nous *a* chaleureusement accueilli*s*.
Nos han acogido calurosamente.

On les *a* condamné*s* à mort.
Los condenaron a muerte.

Ils *se sont* caché*s* derrière la porte.
Se escondieron detrás de la puerta.

Nous *nous sommes* souvent vu*s*.
Nos hemos visto a menudo.

Concordancia de los participios

Pero:

| Nous nous sommes envoyé des présents. | Nos hemos enviado regalos (complemento indirecto). |

b) Cuando media un relativo; por ejemplo:

Les richesses *qu'*il a devoré*es*.	Las riquezas que consumió.
Voilà la question *qu'*on m'a posé*e*.	Ésta es la cuestión que me han puesto.
Pourquoi n'avez-vous pas appris les mots *que* je vous ai dicté*s*?	¿Por qué no ha aprendido usted las palabras que le dicté?

c) En oraciones interrogativas o exclamativas; por ejemplo:

| Combien de pages as-tu écrit*es*? | ¿Cuántas páginas tienes escritas? |
| Quelle question vous ai-je posé*e*? | ¿Qué pregunta le he puesto a usted? |

5. El participio «fait», seguido de un infinitivo, es siempre invariable; por ejemplo:

| Je les ai fait travailler. | Les he hecho trabajar. |

6. El participio pasado de los verbos impersonales queda siempre invariable; por ejemplo:

| Les orages qu'il y a *eu*. | Las tempestades que hubo. |
| Il m'a prêté la somme qu'il m'a fall*u*. | Me ha prestado la cantidad que necesitaba. |

7. El participio pasado, precedido del partitivo «en», queda invariable; por ejemplo:

| Nous *en* avons acheté une douzaine. | Hemos comprado (de ello) una docena. |

Pero:

| Combien *en* ai-je lu! | ¡Cuántos he leído! |
| Combien de livres *ai*-je lu*s*! | ¡Cuántos libros he leído (= tengo leídos)! |

8. Cuando los participios «vu, entendu, laissé, senti» acompañados de un infinitivo y de un complemento di-

recto, hay que observar si dicho complemento se refiere al participio o al infinitivo; en el primer caso, el participio es variable; en el segundo, es invariable; por ejemplo:

La dame que j'ai entendue chanter.	La señora a quien he oído cantar.
La chanson que j'ai entendu chanter.	La canción que he oído cantar.
Les artistes que j'ai vus peindre.	Los artistas a quienes vi pintando.
Les tableaux que j'ai vu peindre.	Los cuadros que vi pintar.

Nota. Esto es fácil de conocer observando que en el primer caso el infinitivo es activo (la señora canta — yo he oído a la señora); en el segundo, en cambio, es pasivo (= la canción es cantada — yo he oído cantar la canción). El «que» relativo de «dame» es el complemento directo de «entendu»; en cambio, el «que» relativo de «chanson» es el complemento directo del infinitivo (chanter la chanson), el cual, a su vez, lo es del participio pasivo (entendu chanter).

9. El participio pasado se emplea a veces, como en español, para reemplazar proposiciones subordinadas, especialmente adverbiales. En estas oraciones elípticas, el participio sigue al sujeto, al contrario de lo que sucede en español, donde se coloca delante del mismo; por ejemplo: Le repas terminé, il se retira dans sa chambre. (Concluida la comida, se retiró a su habitación.) La prière finie, elle se releva. (Terminada la oración, se levantó.) La chose faite, il revint à sa table de travail. (Concluida la cosa, volvió a su mesa de trabajo.)

Vocabulaire

la maladie	la enfermedad	l'averse	el chaparrón
l'avarice	la avaricia	obligeant	servicial
le grain	el grano	le débat	el debate
la vendange	la vendimia	la Chambre	la Cámara
l'olive	la aceituna	le député	el diputado
l'abstraction	la abstracción	se chauffer	calentarse
l'erreur (f.)	el error	accueilli	acogido
l'apprentissage	el aprendizaje	soutenir	sostener
le couloir	el pasillo	contracter	contraer
ajouter	añadir	sanglant, -e	sangriento, -a
agir	obrar	saluer	saludar
ensemencer	sembrar	vagabond	vagabundo
satisfaisant	satisfactorio	blesser	herir
affranchir	franquear	l'été	el estío
chaleureusement	calurosamente	voulant	queriendo

Exercice

Avez-vous appris votre leçon? Oui, je l'ai apprise hier soir. En faisant mal les choses, on ne gagne rien. Les olives que nous avons achetées sont excellentes. Les champs que nous avons ensemencés ont produit beaucoup de grain. La vendange n'a pas été aussi bonne qu'on l'avait espéré. Cette fleur est charmante. Je déteste les gens négligeant leur devoir. Il mange en travaillant. Cette lettre est insuffisamment affranchie. Les guerres que les Espagnols ont eues à soutenir étaient très sanglantes. On m'a fait attendre. Elle s'en est allée, sans qu'elle ait vu personne. C'est une fille bien obéissante. L'avarice perd tout en voulant tout gagner. La dame que j'ai vue peindre au Louvre, est Italienne. La leçon terminée, il se retira dans sa chambre. Abstraction faite de quelques petites erreurs, le livre est excellemment écrit. Nous rencontrâmes des vagabonds errant dans les bois. Les nomades sont des gens qui vivent errants avec leurs troupeaux. On aime les personnes obligeantes. Il se blessa en coupant son pain. En entendant une réponse aussi satisfaisante, je fus rempli de joie. Ces dames sont parties hier. Les livres que vous nous avez laissé lire sont très intéressants. Les tableaux que j'ai vu peindre ont été acquis pour le musée de notre ville. Les pluies qu'il a fait nous ont empêché d'aller (ir) à la campagne.

Tema

Los calores excesivos que ha hecho han causado muchas enfermedades. Las grandes lluvias que ha habido nos han impedido cazar. ¿Conoce usted a la señora que hemos oído hablar en el pasillo? Es la misma que hemos visto pintar en el jardín. Se excusó con decir que estaba enfermo. Quédese usted aquí hasta que haya pasado el chaparrón. En diciendo esto, no tienes nada que añadir. Pasada esta hora, no estaré en casa. He leído los debates que ha habido en la Cámara de diputados. Mi madre ha partido. La han acogido calurosamente. La conversación que tuve ha sido corta. De no llegar mi hermano el domingo, tengo que ir a buscarle el lunes. Después de haberse calentado, se fueron al jardín. ¿Cuántas cartas han escrito? ¿Qué edición de las «Mujeres sabias» se ha comprado usted? Terminado mi aprendizaje, entré (je suis entré) en una casa de comercio. Concluida la comida, fuimos al jardín.

Exercice de lecture

La physionomie économique de la France

En latitude, les zones de la France se marquent aisément[1] par leurs produits. Au nord, les grasses[2] et basses plaines de Belgique et de Flandre avec leurs champs de lin[3] et de colza[4], et le houblon[5], la vigne amère[6] du nord. De Reims à la Moselle commence la vraie vigne et le vin; tout esprit en Champagne, bon et chaud en Bourgogne, il se charge, s'alourdit[7] en Languedoc, pour se réveiller à Bordeaux. Le mûrier[8], l'olivier paraissent[9] à Montauban; mais ces enfants délicats du Midi risquent[10] toujours sous le ciel inégal[11] de la France.

C'est un grand et merveilleux spectacle de promener ses regards du centre aux extrémités, et d'embrasser de l'œil[12] ce vaste et puissant[13] organisme, où les parties diverses sont si habilement rapprochées[14], opposées, associées, le faible au fort, le négatif au positif; de voir l'éloquente et vineuse[15] Bourgogne entre l'ironique naïveté[16] de la Champagne et l'âpreté[17] critique polémique, guerrière de la Franche-Comté et de la Lorraine; de voir le fanatisme languedocien entre la légèreté[18] provençale et l'indifférence gasconne; de voir la convoitise[19], l'esprit conquérant de la Normandie, contenus entre la résistante Bretagne et l'épaisse et massive Flandre.

Considérée en longitude, la France ondule en deux longs systèmes organiques. D'une part, les provinces de Normandie, Bretagne et Poitou, Auvergne et Guyenne; de l'autre, celles de Languedoc et de Provence, Bourgogne et Champagne, enfin celles de Picardie et de Flandre, où les deux systèmes se rattachent[20]. Paris est le sensorium.

La force et la beauté de l'ensemble consistent dans la réciprocité des secours[21], dans la solidarité des parties, dans la distribution des fonctions, dans la division du travail social. La force résistante et guerrière, la vertu d'action est aux extrémités, l'intelligence au centre. Les provinces frontières[22], coopérant[23] plus directement à la défense, gardent[24] les traditions militaires, continuent l'héroïsme barbare, et renouvellent[25] sans cesse d'une population énergique le centre énervé[26] par le froissement rapide de la rotation[27] sociale. Le centre, abrité[28] de la guerre, pense, innove dans l'industrie, dans la science, dans la politique; il transforme tout ce qu'il reçoit. Il boit[29] la vie brute, et elle se transfigure. Les provinces se regardent[30] en lui; en lui elles s'aiment et s'admirent sous une forme supérieure.

MICHELET, *Histoire de France*

[1]fácilmente. [2]grueso verde. [3]lino. [4]colza. [5]lúpulo. [6]amargo. [7]se hace pesado. [8]la morera. [9]aparecen. [10]corren peligro. [11]desigual. [12]con la vista. [13]poderoso. [14]aproximado. [15]vinoso. [16]candidez. [17]aspereza, inflexibilidad. [18]ligereza. [19]avidez. [20]se relacionan. [21]ayuda. [22]fronteriza. [23]cooperar. [24]conservar. [25]renuevan. [26]desgastado. [27]roce. [28]resguardado. [29]bebe, absorbe. [30]se contemplan.

QUARANTE-TROISIÈME LEÇON
LECCIÓN CUADRAGÉSIMA TERCERA

Del adverbio

Los adverbios son palabras indeclinables que sirven para modificar el significado de los verbos, de los adjetivos y aun de otros adverbios. Los adverbios indican principalmente lugar, tiempo, manera o modo, cantidad, cualidad, orden, etc.

1. Formación mediante adjetivos

1. Cuando el adjetivo masculino acaba en vocal, se le añade simplemente la terminación *ment:*

poli	cortés	*adv.* poli*ment*
facile	fácil	» facile*ment*
vrai	verdadero	» vrai*ment*
aisé	fácil	» ais*ément*
sincère	sincero	» sincère*ment*

2. Cuando el adjetivo masculino acaba en consonante, se añade *ment* a la forma femenina del adjetivo:

heureux, *(f.)* heureuse	feliz	*adv.*	heureuse*ment*
doux, *(f.)* douce	suave, dulce	»	douce*ment*
léger, *(f.)* légère	ligero	»	légère*ment*

3. Los adjetivos terminados en *ant* o *ent* suprimen la *t* final y cambian *n* en *m*:

constant	constante	*adv.*	consta*mment*
prudent	prudente	»	prude*mment*

Se exceptúan:

lent	lento	*adv.*	lent*ement*
présent	presente	»	présent*ement*

4. Algunos adverbios toman el acento agudo sobre la *e* que precede a la terminación *ment:*

profond	profundo	*adv.*	profond*ément*
commode	cómodo	»	commod*ément*
commun	común	»	commun*ément*
précis	preciso	»	précis*ément*

5. Del adjetivo «gentil» (lindo) se forma el adverbio «gentim*ent*»; de «impun*i*» (impune), «impun*ément*».

6. Algunos adjetivos pueden usarse como adverbios en locuciones como:

parler bas	hablar bajo	voir clair	ver claro
» haut	» alto	vendre cher	vender caro
» clair	» claro	sentir bon	oler bien
» fort	» fuerte	sentir mauvais	oler mal

Nótese:

«Vite» se usa sólo como *adverbio:* Ne parlez pas si vite!

2. *Grados de comparación*

1. El comparativo y el superlativo de la mayoría de los adverbios se forman como los de los adjetivos:

facilement	fácilmente	*plus* facilement	*le plus* facilement
souvent	a menudo	*plus* souvent	*le plus* souvent
tard	tarde	*plus* tard	*le plus* tard
tôt	temprano	*plus* tôt	*le plus* tôt

2. Los siguientes tienen forma irregular:

bien	bien	*mieux*	mejor	*le mieux*	lo mejor
mal	mal	*pis*	peor	*le pis*	lo peor
peu	poco	*moins*	menos	*le moins*	lo menos
beaucoup	mucho	*plus*	más	*le plus*	lo más

Nota. No se deben confundir los adjetivos «pire, meilleur, moindre» con los adverbios «pis, mieux, moins».

3. *Colocación de los adverbios*

1. Los adverbios que modifican a un adjetivo, participio o adverbio se colocan *delante* de éstos; por ejemplo:

> Je suis très occupé.   Estoy muy ocupado.
> Il est énormément riche.   Es enormemente rico.

2. Los adverbios que modifican a un verbo suelen colocarse *después* del mismo cuando se halla en un tiempo simple, o después del auxiliar en los tiempos compuestos. Sólo los adverbios de tiempo y los de lugar (hier, aujourd'hui, demain, tôt, tard, ici, là), así como las locuciones adverbiales (tout de suite, etc.), se colocan después del participio o al principio de la frase; por ejemplo:

> Je le vois *souvent*.   Le veo a menudo.
> Il travaille *beaucoup*.   Trabaja mucho.
> Il m'a *souvent* parlé.   Me ha hablado a menudo.
> Je l'ai vu *hier*.   Le vi ayer.
> Il le veut *aujourd'hui*.   Lo quiere hoy.

4. *Adverbios de lugar*

où	(a) donde	autour	alrededor
ici	aquí, acá	devant	delante
là	allí, ahí	derrière	detrás
dessus	encima	loin	lejos
dessous	debajo	en haut	arriba
dedans	dentro	en bas	abajo

5. *Adverbios de tiempo*

aujourd'hui	hoy	bientôt	pronto
demain	mañana	souvent	a menudo
hier	ayer	encore	aún
autrefois	en otro tiempo	tôt	pronto
alors	entonces	vite	de prisa
après	después	tard	tarde
auparavant	antes	jamais	nunca, jamás
déjà	ya	toujours	siempre
maintenant	ahora		

6. *Adverbios de cantidad, orden y modo*

combien	cuanto	trop	demasiado
beaucoup	mucho	à peine	apenas
peu	poco	ensuite	en seguida
ainsi	así	tout au plus	todo lo más
comment	cómo	à la fois	a la vez
assez	bastante	ensemble	juntamente
plus	más, ya	soudain	de repente
davantage	más	plutôt	antes bien
moins	menos	ne—guère	poco, apenas

Observaciones

1.ª El adverbio de afirmación «sí» se traduce en francés por «oui» después de proposiciones afirmativas y por «si» después de proposiciones negativas; por ejemplo:

Partirez-vous demain? *Oui*, monsieur.
Ne comprenez-vous donc pas ce que je dis? *Si*, monsieur.

2.ª El adverbio español «más» se traduce generalmente por «plus»; se traduce por «davantage» después de un verbo final; por ejemplo:

Il est *plus* riche que moi.	Es más rico que yo.
J'achète *davantage* au comptant.	Compro más al contado.
Celui-là est *plus* joli, mais celui-ci durera *davantage*.	Aquello es más bonito, pero esto durará más.

Vocabulaire

le beau-père	el suegro	se promener	pasearse
le colis	el bulto	suffisamment	suficientemente
l'échantillon	la muestra	défaire	deshacer
la réception	la recepción	immédiat	inmediato
la remise	la remesa	surtout	sobre todo
la satisfaction	la satisfacción	presque	casi
le port	el puerto	déjeuner	almorzar
le bateau	el barco	tomber	caer
le porte-monnaie	el portamonedas	garantir	garantizar
		venez	venga usted
tout à coup	de repente	approchez-vous	acérquese usted
l'obstacle	el obstáculo	laborieux	laborioso
faire savoir	hacer saber	fréquemment	con frecuencia
ils sentent	huelen	brûler	quemar(se)
oublié	olvidado	entier	entero
promettre	prometer	à la tombée de	al caer
gagner	ganar	apercevoir	columbrar
en retard	tarde	dépendre	depender

Exercice

Avez-vous suffisamment étudié votre leçon? Je crois l'avoir assez étudiée. Votre beau-père me fit aimablement savoir que vous étiez arrivé à bon port. Les colis seront défaits demain et nous vous enverrons immédiatement les échantillons. Accusez-moi réception au plus tôt de la remise de ces marchandises. Ne parlez pas si fort. Chantez plus haut. Travaillez lentement, vous comprendrez mieux ce que vous ferez. Y a-t-il longtemps que vous n'avez joué du violon? Je n'en joue que rarement. J'ai été profondément ému du malheur qui vous est arrivé. Il parle peu, mais il parle bien et il agit toujours prudemment. Partons vite, je crains d'arriver en retard. Il ne savait plus que dire. Venez déjeuner avec moi demain matin. À peine était-il arrivé (qu')il tomba malade. Venez ici, approchez-vous davantage. Où étiez-vous? Je vous l'ai dit trois fois déjà. Il marche assez vite. Il ne pleut guère. Cela n'arrive plus. Promettez beaucoup et donnez encore davantage.

Tema

Cuando yo era joven cantaba muy alto. Vuestro trabajo es verdaderamente muy fácil. El alumno fue castigado severamente. Tenemos la satisfacción de hacerle saber a usted que el barco ha llegado felizmente a nuestro puerto. No hable usted tan de prisa. Si usted habla tan de prisa, no comprendo nada. Él ha escrito mal. Marcha muy de prisa. Estas flores huelen bien. Gano más que mi hermano. Nos hemos hablado a menudo en la calle. Él ha llegado tarde. Los vi ayer en la calle. Mi madre se ha marchado hoy. Hoy es (c'est) lunes. ¿Cómo está usted? Hoy estoy mejor. No estoy peor. ¿No ha almorzado usted todavía? Sí, señor. ¿Cree usted que eso es verdad? Sí, lo creo. Desgraciadamente, había olvidado mi portamonedas. ¿Dónde vives? Vivo en la calle de Alcalá, número 92. Hace mucho tiempo que no le he visto. Pedro es laborioso, pero su hermano Pablo lo es aún más. Hable usted poco y lentamente. Usted anda muy despacio, ande usted un poco más de prisa. Vamos a menudo de paseo. Este alumno saluda muy cortésmente. ¿Cuánto ha costado esto? La vida de los hombres está menos garantizada hoy que (lo estaba) en otro tiempo.

Exercice de lecture

La joie du paysan

En entrant à la maison, l'homme a eu un regard heureux pour chaque chose. Il y avait un beau jour gris, doux comme un pelage de chat. Il coulait par la fenêtre et par la porte et il baignait tout dans sa douceur. Le feu dans l'âtre soufflait et usait ses griffes rouges contre le chaudron de la soupe, et la soupe mitonnait en gémissant et c'était une épaisse odeur de poireaux, de carottes et de pommes de terre bouillies qui emplissait la cuisine. On mange déjà les légumes dans cet air-là. Il y avait sur la table de la cuisine trois beaux oignons tout pelés qui luisaient, violets et blancs, dans une assiette. Il y avait un pot à eau, un pot d'eau claire et le blond soleil tout pâle qui y jouait. Les dalles étaient propres et lavées et, près de l'évier, dans une grosse raie qui avait fendu les pierres et d'où on avait jour sur la terre noire, une herbe verdette avait montée qui portait sa grosse tête de graine. L'homme a tout regardé en prenant son temps, un temps pour chaque chose, tout posé. Il se fait une idée. Et, quand il se l'est faite, il dit: «Vous êtes bien là.»

Jean Giono, Regain

APÉNDICE

1. Particularidades de algunos sustantivos:

«Témoin» (testigo, prueba), en principio de proposición, no varía; tampoco en la locución «à témoin»; por ejemplo: Il a passé ici; témoin les traces de ses pas. (Ha pasado por aquí; prueba de ello son las huellas de sus pasos.) Messieurs, je vous prends à témoin de son effronterie. (Caballeros, tomo a ustedes por testigos de su descaro.)

«Aigle» (águila) es masculino; pero femenino en sentido de bandera: l'aigle impériale.

«Couple» es femenino en el sentido de «dos», «par»; masculino, en el de «pareja».

«Enfant» masculino = «niño»; femenino = «niña».

«Foudre» (rayo), fem.: la foudre tomba (cayó el rayo); masculino, en sentido figurado.

«Gens» es masculino, pero el femenino se usa con los epítetos empleados delante de este nombre cuando tienen una forma femenina distinta. Se dirá: toutes les vieilles gens, tous les honnêtes gens, toutes les méchantes gens sont partis.

2. Palabras que difieren de sentido según el género que adoptan (sólo damos las más frecuentes):

	Masc.	*Fem.*
enseigne	abanderado, alférez	muestra
livre	libro	libra
mémoire	cuenta	memoria
mode	modo	moda
moule	molde	almeja
mousse	grumete	musgo
page	paje	página
poêle	estufa	sartén
poste	puesto, empleo	correos
solde	saldo	sueldo
vase	vaso, vasija	cieno
voile	velo	vela

Otros nombres, como «aide, garde, guide, manœuvre, trompette», etc., son masculinos cuando designan personas que ayudan, guardan, etc., y femeninos cuando se trata de la acción de ayudar, maniobrar, etc.

3. Locuciones usadas muy frecuentemente en la conversación: Il y a des gens qui disent (no falta quien dice), tant y a que (tanto es que), avoir pour soi (tener en su favor), il a beau dire et beau faire (diga y haga lo que quiera), l'avoir belle (tener la ocasión favorable), avoir sur le cœur (estar resentido de), avoir le front de (tener el descaro de), avoir une dent contre quelqu'un (guardar rencor a uno), avoir le dessus (le dessous) (llevar ventaja [desventaja]), avoir l'œil sur (no perder de vista), quand il n'y en a plus, il y en a encore (esto no se acaba nunca).

4. Locuciones muy usuales formadas con «être»: être à faire (estar por hacer), il est à croire (es de creer), si j'étais que de vous (si yo estuviera en su lugar), toujours est-il que (lo cierto es que), c'est à moi (a mí me toca), j'y suis (ya caigo), je n'y suis pour rien (no tengo parte [culpa] en eso), en être pour sa peine (perder su trabajo), en êtes-vous là? (¿cree usted eso?), être à même de (estar en disposición de), etc.; il en est de ... comme de (sucede lo mismo con ... que con), il est toujours après nous (no nos deja de la mano), ils sont toujours à se quereller (están siempre con disputas), être ailleurs (estar distraído), vous n'y êtes pas (no acierta usted), être tenté de faire (estar por hacer), tant soit peu (por poco que sea), être sur le point de (estar para), c'est-à-dire (esto es), c'est drôle! (¡cosa rara!), être bien portant (estar bueno), être en voyage, à la chasse, en deuil (estar de viaje, de caza, de luto), rester debout (estarse de pie), le béret lui va bien (la boina le está bien), être en pays de connaissance (estar entre conocidos).

5. Adjetivos de uso muy frecuente. Constrúyense con «à»: Prêt (pronto), *fem.* prête, agréable, accessible, accoutumé (acostumbrado), âpre (ávido), adroit (diestro), attentif (atento), ardent (ardiente), aisé (fácil), dernier, premier, contraire, ingénieux, exact, importun, etc. Constrúyense con «de»: content, capable, coupable, fatigué, honteux, plein, jaloux, reconnaissant (agradecido), fier (altivo), fou, ivre, chéri (querido), désireux (deseoso), soigneux (cuidadoso). Con «en» se construyen adjetivos que indican abundancia, falta, ciencia, ignorancia.

6. Verbos que requieren «à» antes del infinitivo regido: s'abaisser (bajarse), s'abuser (engañarse), s'acharner (encarnizarse), aider (ayudar), aimer (gustar de), apprendre, autoriser, balancer (vacilar), borner (limitar), chercher (tratar), concourir, consister, contribuer, dresser (adiestrar), exceller (sobresalir), exercer (ejercitar), gagner, hésiter (dudar), obliger (obligar), persister, suffire (bastar), etc. Requieren «de»: accepter (aceptar), avertir, se contenter, défendre (prohibir), entreprendre (emprender), éviter, feindre (fingir), jouir (gozar), mériter (merecer), promettre, recommander, refuser (rehusar), souhaiter (desear), etc.

7. Expresiones adverbiales:

à quatre pattes	a gatas	à tort et à travers	a tontas y locas
à tâtons	a tientas	en moins de rien	en un nada
à l'aveuglette	a ciegas	tout-à-l'heure	luego, poco ha
à contre-cœur	de mala gana	par dessous main	por debajo de cuerda
à la longue	con el tiempo		
à brûle-pourpoint	a quema ropa	bon gré mal gré	quiera o no quiera
à coup sûr	de seguro		
tout-à-coup	de repente	tête-à-tête	
tout d'un coup	de una vez	entre quatre yeux	cara a cara
coup sur coup	uno tras otro		
à ce compte-là	según eso	sur-le-champ	al instante
à l'antique	a la antigua	à perpétuité	para siempre
à souhait	a pedir de boca	tout de suite	en seguida, al instante
à plus forte raison	cuanto más		
		au plus tôt	cuanto antes
dans ce temps là	a la sazón	par ouï-dire	de oídas
à jeun	en ayunas	d'avance	de antemano
le plus souvent	las más veces	à l'écart	a solas
en gros	al por mayor	de fond en comble	de arriba abajo
en détail	al por menor		
à la dérobée	a hurtadillas	de mieux en mieux	cada vez mejor
à la belle étoile	a plena luna		
sur la pointe du pied	de puntillas	en passant	de paso
		chemin faisant	de camino
à qui mieux mieux	a cual mejor	de temps en temps	de vez en cuando
à l'envi	a porfía		
à bien le prendre	mirado bien	coûte que coûte	a toda costa
en un clin d'œil	en un santiamén	en attendant	entre tanto
à vrai dire	de verdad	en vain	de balde, en vano
à la hâte	de prisa	par hasard	por acaso, casualmente
à découvert	a las claras		

tant soit peu	un poquito	en l'air	en vilo
malgré moi (lui)	a pesar mío (suyo)	aussitôt dit, aussitôt fait	dicho y hecho
par jour	por día, diariamente	tout au moins (plus)	cuando menos (más)
abstraction faite de	prescindiendo de	tant bien que mal	medianamente
à vue d'œil	a ojos vistas	à gorge déployée	a carcajadas
au dépourvu	de improviso	au revoir	hasta la vista
		à bride abattue	a rienda suelta

Modismos de construcción

Estoy *de* caza, *de* luto.
Je suis à la chasse, en deuil.

Va en ello la vida.
Il *y* va de la vie.

Vaya usted *por* fósforos.
Allez *chercher* des allumettes.

Está en su mano hacerlo.
Il dépend de lui de le faire.

Me está en tres francos.
Il me revient à trois francs.

¿Qué es *de* usted?
Que *devenez*-vous?

¿Qué ha *sido de* ellos?
Que sont-ils *devenus*?

En viéndole, echó a correr.
*Dès qu'*il le vit, il *se mit* à courir.

Los franceses gustamos de chancear.
Nous autres français, nous aimons à plaisanter.

La del gracioso reir.
La dame *au* rire gracieux.

Ves lo lejos que está.
Tu vois *combien* il est loin.

Usted tiene frutas; déme unas cuantas.
Vous avez des fruits, donnez-m'*en* quelques uns.

Los hay que no hacen nada.
Il y *en* a qui ne font rien.

Hay *quien* dice.
Il y a *des gens* qui disent; il y *en* a qui...

Se aburre *uno* aquí.
On s'ennuie ici.

Tengo *otra* opinión.
J'ai une *tout autre* opinion.

Por más que diga usted.
Quoi que vous disiez.

Por (más) sabio que sea.
Tout sage qu'il est; *quelque* sage qu'il soit.

Habrá unas tres leguas.
Il *peut* y avoir environ trois lieues.

Tengo cincuenta *y tantos* años.
J'ai plus de cinquante ans.

Tantas veces *cuantas* quiso.
Autant de fois *qu'*il voulut.

Es tan feliz *como cualquiera*.
Il est aussi heureux *que qui que ce soit*.

El tiempo parece *tanto más* corto *cuanto más* dichoso es.
Le temps paraît *d'autant plus* court *qu'*il est *plus* heureux; *plus* le temps est heureux, *plus* il paraît court.

Cuanto más laborioso es uno, *tanto más* querido es.
Plus on est laborieux, *plus* on est aimé.

Tanto más me empeño en acabar *cuanto que* tengo que salir mañana.	Je me hâte *d'autant plus* de finir *que* je dois sortir demain.
El bueno *de* Rocinante.	Le brave Rocinante.
El pobre *de* mi amo.	Mon pauvre maître.
El ladrón *del* ventero.	Le fripon *d'*aubergiste.
Mientras estábamos *comiendo*.	Pendant que nous étions *à dîner*.
Lo hizo *a pesar mío*.	Il le fit *malgré moi*.
Fue con él *de* secretario.	Il partit avec lui *comme* secrétaire.
A pobre, pocos le ganan.	*En pauvreté* peu le dépassent.
Él es quien lo hizo.	*C'est lui* qui le fit.
En mi campo *es donde* vivo tranquilo.	*C'est* dans ma campagne *que* je vis tranquille.
A mí *me toca* hablar.	*C'est* à moi *de* parler.
Cuando el enfermo *llega a tal estado*.	Quand le malade *en est là*.
Por mucho que digas.	*Tu auras beau* dire.
Tomó *a pecho* el asunto.	Il prit l'affaire *à cœur*.
Está para llover.	Il *va* pleuvoir.
Acaba de tronar.	*Il vient de* tonner.
He de ser yo quien lo haga.	*Faut-il que* ce soit moi qui le fasse.
Por poco se cae.	Il *a manqué* de tomber.
No habría *dejado* de llevarlo.	Je n'aurais pas *manqué* de le porter.
No te obedeceré, *ni con mucho*.	Je ne t'obéirai pas, *tant s'en faut*.
Estuvo en poco que se matara.	Il *s'en fallut de peu* qu'il ne se tuât.
No pudo menos de hablar.	Il *ne put s'empêcher* de parler.
Si *llega a* saber eso.	S'il *vient à* savoir cela.
Mi cuarto *cae* al norte.	Ma chambre *donne* au nord.
Está al *caer*.	Il est *sur le point* de tomber.
¿*Cae* usted *en* lo que digo?	*Comprenez-vous* ce que je dis?
Dar una vuelta.	*Faire* un tour.
Dar pena, saltos, gana, gusto.	*Faire* peine, des sauts, envie, plaisir.
Esto no *dice* bien con aquello.	Ceci ne *va* pas avec cela.
No *eché de ver* esa falta.	Je *ne remarquai pas* (m'aperçus pas de) cette faute.

Modismos de expresión

Ni que decir tiene.	Cela va de soi.
Tener siete vidas como los gatos.	Avoir l'âme chevillée au corps.
Hacer fuego de toda astilla.	Faire argent de tout.

Tener la sartén por el mango.	Avoir l'assiette au beurre.
Hacerle ascos al trabajo.	Bouder à la besogne.
Entrar como Pedro por su casa.	Entrer comme dans du beurre.
Ya verá cómo las gasto.	Il verra de quel bois je me chauffe.
Soy muy tonto en escucharle.	Je suis bien bon de vous écouter.
Ha dicho cuatro frescas.	Il en a dit de bonnes.
No se sabe cómo tratarle.	On ne sait par quel bout le prendre.
Toda falta merece perdón.	A tout péché miséricorde.
Eran cuatro pelagatos.	Il y avait quatre pelés et un tondu.
No le llega la camisa al cuerpo.	Il ne peut durer dans sa peau.
¿Pagaré en especies o en metálico?	Dois-je payer en nature ou en espèces?
La necesidad carece de ley.	Nécessité n'a pas de loi.
Apuntar y no dar.	Promettre et ne pas tenir.
De noche, todos los gatos son pardos.	La nuit, tous les chats sont gris.
Ser fruta del tiempo.	Être à l'ordre du jour.
No tengo por qué avergonzarme de ello.	Je ne m'en cache pas.
¡Bueno soy yo para hacer eso!	Il fera chaud, quand je le ferai!
Andar con rodeos.	Aller par quatre chemins.
Principio quieren las cosas.	Il y a commencement à tout.
Pescar en río revuelto.	Pécher en eau trouble.
Pegárselas a uno.	Monter le coup à quelqu'un.
No saber por qué lado echar.	Ne savoir de quel côté se tourner.
Soslayar la dificultad.	Passer à côté de la difficulté.
Devanarse los sesos.	Se creuser la tête.
Ya pasa de castaño oscuro.	Pour le coup, c'est trop fort.
Bien pasaría yo sin eso.	Je me passerais bien de cela.
Pararse en lo mejor.	S'arrêter en beau chemin.
Tirar la soga tras el caldero.	Jeter le manche après la cognée.
Tendrá que habérselas conmigo.	Il aura affaire à moi.
Es cosa de un cuarto de hora.	C'est l'affaire d'un quart d'heure.
Tirar la casa por la ventana.	Brûler la chandelle par les deux bouts.
Una golondrina no hace el verano.	Une fois n'est pas coutume.
Salir fiador por uno.	Se porter fort pour quelqu'un.
Es hombre de pelo en pecho.	Il n'a pas froid aux yeux.
Tenderse a la bartola.	Faire le veau.
Ganar por la mano.	Couper l'herbe sous le pied.
Contar sin la huéspeda.	Compter sans son hôte.
Hasta tener más noticias.	Jusqu'à plus ample informé.
Tomar las de Villadiego	**Prendre** ses jambes à son cou.

La cosa no vale la pena.	Le jeu n'en vaut pas la chandelle.
No cabe en sí de gozo.	Il ne se sent pas de joie.
Jugarlo todo.	Jouer son va-tout.
Tener mucha labia.	Avoir la langue bien pendue.
Barrer para adentro.	Laver son linge sale en famille.
Como cebas, así pescas.	Comme on fait son lit, on se couche.
Más conocido que la ruda.	Connu comme le loup blanc.
Es el rigor de las desdichas.	Il est malheureux comme les pierres.
Pegársele a uno las sábanas.	Faire la grasse matinée.
Hacer buenas migas.	Faire bon ménage.
No es obra de romanos.	Ce n'est pas la mer à boire.
No dice esta boca es mía.	Il est muet comme une carpe.
Echar por la calle de en medio.	Aller droit au but.
Echar a cara o cruz.	Jouer à pile ou face.
Enhoramala vino.	Il arriva bien mal à propos.
No es cosa del otro jueves.	Ce n'est pas une grande affaire.
No le voy en zaga.	Je ne lui cède en rien.
Dormir a pierna suelta.	Dormir à poings fermés.
Nada se me da a mí.	Cela m'est tout-à-fait égal.
Estamos bien aviados.	Nous voilà dans de beaux draps.
Hacer de tripas corazón.	Faire contre fortune bon cœur.
Más es el ruido que las nueces.	Plus de bruit que de besogne.
Ir por...	Aller chercher.
Pararse en pelillos.	Se formaliser pour rien.
Hacer novillos.	Faire l'école buissonnière.
Gastar la pólvora en salvas.	Tirer sa poudre aux moineaux.
No caber en el pellejo.	N'avoir que les os et la peau.
Estar de manga con uno.	Être d'accord *(pop.:* de mèche) avec quelqu'un.
Caer de la gracia de alguno.	Perdre les bonnes grâces de quelqu'un.
Quedarse fresco.	Être déçu dans ses espérances.
No se mama el dedo.	Ce n'est pas une bête.
Pintarse solo para una cosa.	Être passé maître dans quelque chose.
Tanto se me da como la carabina de Ambrosio.	Je m'en fiche comme de Colin-Tampon.
Tener la cabeza a las once.	N'avoir pas pour deux liards de cervelle.
Quedarse para vestir imágenes.	Coiffer Sainte-Catherine.
Le he tomado el pelo.	Je me suis payé sa tête.
Ponerse de veinticinco alfileres.	Être tiré à quatre épingles.

VOCABULARIO

1. FRANCÉS - ESPAÑOL

A

abandon *abãdõ* abandono
abandonner *abãdɔne* abandonar
abattre *abatr* derribar, abatir
abeille *f. abɛːj* abeja
aboi *abwa* ladrido; **aux** — **s** apurado
abonnement *abɔnmã* abono, subscripción
abord *abɔːr*, **d'** — primeramente
aboyer *abwaje* ladrar
abréger *abreʒe* acortar
abricot *m. abriko* albaricoque
absent *apsã*, **-e** ausente
absolu *apsɔly* absoluto
accepter *aksɛpte* aceptar
accompagner *akõpaɲe* acompañar
accomplir *akõplir* cumplir (con)
accord *akɔr* acuerdo; **être d'** — estar de acuerdo
accorder *akɔrde* acordar
accueillir *akœjiːr* acoger
accoutumer *akutyme* acostumbrar
achat *m. aʃa* compra
acheter *aʃte* comprar; — **comptant** al contado
acheteur *aʃtœːr* comprador
acier *m. asje* acero
acquérir *akerir* adquirir, conseguir
admettre *admɛtr* admitir
admirable *admirabl* admirable
admirer *admire* admirar
adoucir *adusir* endulzar, suavizar
adresse *f. adrɛs* destreza, dirección; **tour d'** — suerte
adresser *adrɛse*, **s'** — dirigirse a
adversaire *advɛrsɛːr* contrario
affaire *f. afɛːr* negocio, asunto, disputa, lance
affamé *afame* hambriento
affectueux *afektyø* **(pour)** afectuoso, cariñoso (con)
affliger *afliʒe* afligir
affranchir *afrãʃiːr* libertar, franquear
affreux, -se *afrø*, *-øz* espantoso, -a
âge *aːʒ* edad; **être d'** — tener edad para
agir *aʒiːr* obrar; **s'** — tratarse
agréable *agreabl* **(à)** agradable (para)
aider *ɛde* ayudar
aigre *ɛːgr* agrio
aigu *ɛgy* agudo
aiguille *f. ɛgɥiːj* aguja
ail *aːj* ajo
aimable *ɛmaːbl* **(envers)** amable (con)
aimer *ɛme* amar, querer, gustar
aîné *ɛne* primogénito, mayor
ainsi *ɛ̃si* así; — **que** — como
air *m. ɛːr* aire, traza; **en l'** — en vilo
aise *ɛːz* contento, comodidad; **à votre** — como usted guste
ajouter *aʒute* añadir
aliment *alimã* alimento, manjar
aller *ale* ir, andar; sentar (una prenda)

allié *alje* aliado
allumer *alyme* encender
ambassadeur *ãbasadœːr* embajador
âme *aːm* alma
améliorer *ameljɔre* mejorar
amende *f. amãːd* multa
amener *amne* llevar, traer
ami *ami* amigo
amonceler *amõsəle* amontonar
amusant *amyzã* divertido
an *m.*, **année** *f. ã, ane* año
ancien *ãsjẽ* antiguo, anciano
anglais *ãglɛ* inglés
annonce *f. anõːs* anuncio
annoncer *anõːse* anunciar
août *m. u* agosto
apaiser *apɛze* apaciguar
apercevoir *apɛrsəvwar* percibir, distinguir; **s'** — advertir
apparaître *aparɛːtr* aparecer
appartenir *apartəniːr* pertenecer
appeler *aple* llamar, apelar
apporter *apɔrte* traer
apprendre *aprãːdr* aprender
apprentissage *m. aprãtisaːʒ* aprendizaje
approcher *aprɔʃe* **(de)** acercar (a)
arbre *m. arbr* árbol
arc *m. ark* arco; **— en ciel** — iris
archet *arʃɛ* arco
are *aːr* área
arête *arɛt* arista
argent *m. arʒã* dinero, plata
arme *f. arm* arma
armée *arme* ejército
armoire *f. armwaːr* armario; **— à glace** — de luna
arrêt *m. arɛ* parada
arrêter *arɛte* parar
arrière *arjɛːr* atrás
arriver *arive* llegar, acontecer, suceder
arroser *aroːze* regar
art *m. aːr* arte
artichaut *m. artiʃo* alcachofa
asperge *f. aspɛrʒ* espárrago

assassin *asasẽ* asesino
assaut *m. asoː* asalto
asseoir *aswar* sentar, asentar
assiette *f. asjɛt* plato
assister *asiste* asistir, presenciar
associé *asɔsje* asociado, socio
astreindre *astrẽːdr* astringir, obligar
attacher *ataʃe* atar, sujetar
attaquer *atake* atacar
atteindre *atẽːdr* alcanzar
atteler *at(ə)le* enganchar, uncir
attendre *atãːdr* aguardar, esperar
attentif *atãtif*, **-ve** atento, -a
attention *f. atãsjõ* atención
attraper *atrape* coger, engañar
attribuer *atribye* atribuir
auberge *f. obɛrʒ* posada, venta, mesón
aubergine *f. obɛrʒin* berenjena
au dehors *o dəɔr* fuera
au-dessous *odəsu* debajo
au-dessus *odəsy* encima
au-devant *odəvã* delante, al encuentro
augmenter *ɔgmãte* aumentar
aujourd'hui *oʒurdɥi* hoy
aumônier *omonje* capellán
automne *m. otɔn* otoño
autour de *otuːr də* alrededor de
autruche *otryʃ* avestruz
aval *aval* río abajo
avancer *avãse* adelantar
avantageux *avãtaʒø* ventajoso, provechoso
avarice *f. avaris* avaricia
avenir *avniːr* porvenir, venidero
avenue *f. avny* avenida, alameda
averse *avɛrs* aguacero, chaparrón
avertir *avɛrtiːr* advertir, avisar
aveu *avø* confesión
aveugle *avœgl* ciego
aveugler *avøgle* cegar, obcecar
avocat *m. avɔka* abogado
avouer *avue* confesar
avril *m. avril* abril

B

baie *f.* *bɛ* bahía, baya
bain *m.* *bẽ* baño
bal *m.* *bal* baile; — **masqué** — de máscaras
balancer *balãse* balancear, mecer; **se** — columpiarse
balayer *balɛje* barrer
ballon *balõ* globo, balón
banc *m.* *bã* banco, escaño
banlieue *f.* *bãljø* arrabal
banquier *bãkje* banquero
barbier *barbje* barbero
barrique *barik* barrica
bas *ba* bajo; *subs. m.* media; en — abajo
bassin *basẽ* fuente, estanque, cuenca
bataille *f.* *bata:j* batalla
bateau *m.* *bato* barco, vapor
bâtir *bati:r* edificar
bâton *m.* *batõ* palo, bastón
bavard *bavar* charlatán
bavarder *bavarde* charlar
beau *bo* hermoso; — **père** suegro; — **frère** cuñado
bec *m.* *bɛk* pico, boquilla, mechero
belle-mère suegra; **belle-sœur** cuñada
bénin, -gne *benẽ, beniɲə* benigno
berger *bɛrʒe* pastor; **l'étoile du** — el lucero del alba
besogne *f.* *bəzɔɲ* faena, trabajo
besoin *m.* *bəzwẽ* necesidad; **avoir** — necesitar
beurre *m.* *bœ:r* manteca
bicyclette *f.* *bisiklɛt* bicicleta
bière *f.* *bjɛ:r* cerveza, ataúd
bijou *m.* *biʒu* joya
bijoutier *biʒutje* joyero
billet *m.* *bijɛ* billete, esquela, pagaré, boleta
blé *m.* *ble* trigo
blesser *blese* herir, ofender

bleu, -e *blø* azul
blond *blø* rubio
bocal *m.* *bɔkal* tarro
bœuf *m.* *bœf* buey, vaca; — **à la mode** estofado de vaca
bois *m.* *bwa* bosque, madera, leña
boisson *f.* *bwasõ* bebida
boîte *f.* *bwat* caja
boiter *bwate* cojear
bon *bõ* bueno; **de bonne** *bɔn* **heure** temprano
bonheur *m.* *bɔnœ:r* felicidad, dicha; **au petit** — a la ventura
bonjour *m.* *bõʒu:r* ¡buenos días!
bonne *f.* *bɔn* criada
bonsoir *m.* *bõswa:r* ¡buenas tardes!
bord *m.* *bɔ:r* borde, orilla, margen
botte *f.* *bɔt* bota, manojo
bouche *f.* *buʃ* boca
boucher *buʃe* carnicero
bouillir *buji:r* hervir
boulanger *m.* *bulãʒe* panadero
bouquet *m.* *bukɛ* ramillete
bourgeois *burʒwa* burgués
bourse *f.* *burs* bolsa
bout *m.* *bu* cabo, punta
bouteille *f.* *butɛ:j* botella
boutique *f.* *butik* tienda
bouton *m.* *butõ* botón
bracelet *m.* *braslɛ* pulsera, brazalete
branche *f.* *brã:ʃ* rama, ramo
bras *m.* *bra* braso; **à** — **tendus** a pulso
brebis *f.* *brəbi* oveja
bretelle *f.* *brətɛl* tirante
briller *brije* brillar
brise *bri:z* brisa
briser *brize* romper, destrozar, quebrantar
brosse *f.* *brɔs* cepillo, brocha
bruit *m.* *brɥi* ruido
brûler *bry:le* quemar, arder
brun, -e *brœ̃, bryn* moreno, pardo

bruyant *bryjã* ruidoso, bullicioso
bruyère *f. bryjɛːr* brezo, brezal
bûcheron *m. byʃrõ* leñador
buffet *m. byfɛ* aparador, fonda
bureau *byro* oficina, escritorio;
— **de tabac** estanco

C

cabane *kaban* cabaña, choza
cabinet *m. kabinɛ* gabinete; —
d'aisance retrete
cacher *kaʃe* esconder, ocultar
cadeau *m. kado* regalo, obsequio
cahier *m. kaje* cuaderno
caillou *m. kaju* guijarro, china
caleçon *m. kalsõ* calzoncillos
camp *m. kã* campo
campagne *f. kãpaɲ* campo, campaña
canal *m. kanal* canal, acequia
canard *m. kanaːr* pato, ánade
candidat *m. kãdida* candidato
canif *m. kanif* cortaplumas
canne *f. kan* bastón
cap *m. kap* cabo
captivité *f. kaptivite* cautiverio
cardinal *kardinal* cardinal
carnet *m. karne* librito de apuntes
carotte *f. karɔt* zanahoria
carré *kare* cuadrado
carrefour *m. karfur* encrucijada
carte *f. kart* carta, naipe, tarjeta, mapa
caserne *f. kazɛrn* cuartel
casquette *f. kaskɛt* gorra
casser *kase* romper, quebrar
cause *f. koːz* causa
causer *koːze* causar, hablar
cave *f. kaːv* bodega, sótano, cueva
céder *sede* ceder
censeur *sãsœːr* censor
centime *m. sãtim* céntimo, centavo
cependant *s(ə)pãdã* sin embargo
cérémonie *seremɔni* ceremonia;
sans — sin cumplimientos

cerise *f. s(ə)riːz* cereza
cerveau *sɛrvo* cerebro; — **brûlé** exaltado
cesser *sɛse* cesar
chagrin *m. ʃagrẽ* pesar *m.*
chaîne *f. ʃɛːn* cadena
chair *f. ʃɛːr* carne
chaire *f. ʃɛːr* cátedra, púlpito
chaise *f. ʃɛːz* silla
chaleur *f. ʃalœːr* calor
chambre *f. ʃãːbr* cámara, cuarto
champ *m. ʃã* campo; **sur-le-** — en seguida
champignon *ʃãpiɲõ* seta, hongo
changer *ʃãʒe* cambiar
chanson *f. ʃãːsõ* canción
chant *m. ʃã* canto
chanter *ʃãte* cantar
chanvre *m. ʃãvr* cáñamo
chapeau *m. ʃapo* sombrero
chapelier *ʃapəlje* sombrerero
charbon *m. ʃarbõ* carbón
charcutier *ʃarkytje* salchichero
charger *ʃarʒe* cargar, encargar
charitable *ʃaritabl* caritativo
charme *m. ʃarm* encanto
charmer *ʃarme* encantar
chasse *f. ʃas* caza
chasser *ʃase* cazar, echar
chasseur *ʃasœːr* cazador
chat *m. ʃa* gato
château *m. ʃaːto* castillo, palacio
châtier *ʃaːtje* castigar
chaud *ʃoː* caliente
chauffer *ʃoːfe* calentar, caldear
chaussette *f. ʃosɛt* calcetín
chaussure *f. ʃosyːr* calzado
chef *m. ʃɛf* jefe; — **d'œuvre** obra maestra
chemin *m. ʃ(ə)mẽ* camino; — **de fer** ferrocarril
cheminée *f. ʃ(ə)mine* chimenea
chemise *f. ʃ(ə)miːz* camisa
chêne *m. ʃɛːn* encina, roble
cher, chère *ʃɛːr* caro, querido

chercher ʃɛrʃe buscar; — **à** procurar
chérir ʃeriːr querer
cherté f. ʃɛrte carestía
cheval m. ʃ(ə)val caballo
chevelure ʃ(ə)vlyːr cabellera
cheveu m. ʃ(ə)vø cabello
chèvre f. ʃɛːvr cabra
chien m. ʃjẽ perro
chiffre m. ʃifr cifra
chose f. ʃoːz cosa
chou m. ʃu col, repollo
ciel m. sjɛl cielo
cirer sire encerar, embetunar
ciseau m. sizo cincel, pl. tijeras
clair klɛːr claro
classe f. klas clase, aula
clé f. kle llave, clave
clerc m. klɛːr pasante, clérigo
client m. kliã cliente
clocher m. klɔʃe campanario
clou m. klu clavo
clouer klue clavar
cocher m. kɔʃe cochero
cœur m. kœːr corazón; **par — de** memoria
coin m. kwẽ rincón, esquina
colis m. kɔli bulto, lío
combattre kõbatr pelear, combatir
commander kɔmãde mandar
commissionnaire kɔmisjɔnɛr mozo de cuerda
communiquer kɔmynike comunicar
compagnie f. kõpaɲi compañía
comparaître kõparɛːtr comparecer
complet kõplɛ completo; *subs. m.* terno
complot m. kõplot complot
compte m. kõːt cuenta
compter kõte contar; — **sur** — con
concevoir kõsəvwaːr concebir
concitoyen m. kõsitwajẽ conciudadano
condition f. kõdisjõ condición

conduire kõdɥiːr conducir; **se —** portarse
conduite f. kõdɥit conducta
confiture f. kõfityːr confitura
congé m. kõʒe permiso, despido, vacaciones, despedida
connaissance f. kɔnɛsãːs conocimiento, conocido
connaître kõnɛːtr conocer
conseil m. kõsɛːj consejo
conseiller kõsɛje aconsejar
considération f. kõsiderasjõ consideración
considérer kõsidere considerar
construire kõstrɥiːr construir
content, -e kõtã contento
contracter kõtrakte contraer
contrée f. kõtre comarca
convive kõviːv convidado
coquette kɔkɛt lindo, coqueta
corde f. kɔrd cuerda, soga
cordonnier m. kɔrdɔɲe zapatero
cornichon m. kɔrniʃõ pepinillo
corps m. kɔːr cuerpo
corrompre kɔrõːpr corromper
côte f. koːt cuesta, costa, costilla
côté m. kote lado
côtelette f. kotlɛt chuleta
cou m. ku cuello
coucher kuʃe acostar, tender
couleur f. kulœːr color
couloir m. kulwaːr corredor, pasillo
coup m. ku golpe; **manquer son —** errar el —
coupable m. kupabl culpable, reo
couper kupe cortar
coupon m. kupõ retal
cour f. kuːr patio, corte; **basse —** corral
courage m. kuraʒ valor, ánimo
courant kurã corriente
courir kuriːr correr
courrier m. kurje correo
course f. kurs carrera, paseo, corrida

court *ku:r* corto
cousin *m. kuzẽ* primo
couteau *m. kuto* cuchillo, navaja
coutellerie *f. kutɛlri* cuchillería
coûter *kute* costar
coutume *f. kutym* costumbre
couturière *f. kutyrjɛ:r* costurera
couvert *m. kuvɛ:r* cubierto
couverture *f. kuvɛrtyr* cubierta, manta
craie *f. krɛ* tiza
craindre *krẽ:dr* temer
cravate *f. kravat* corbata
crayon *m. krɛjõ* lápiz
crédit *m. kredi* crédito; **faire — fiar**
crêpe *m. krɛp* crespón, *f.* hojuela
cresson *m. krɛsõ* berro
creuser *krøze* cavar
cri *m. kri* grito, pregón
criminel *kriminɛl* criminal
croire *krwa:r* creer
croisade *krwazad* cruzada
croître *krwa:tr* crecer
croix *f. krwa* cruz
cube *m. kyb* cubo; **cubique** cúbico
cueillir *kœji:r* coger
cuiller *f. kɥijɛ:r* cuchara
cuillerée *f. kɥijəre* cucharada
cuir *m. kɥi:r* cuero
cuire *kɥi:r* cocer
cuisine *f. kɥizin* cocina
cuivre *m. kɥi:vr* cobre
culture *f. kylty:r* cultura
cuvette *f. kyvɛt* jofaina, palangana

D

dame *f. dam* dama, señora
danger *m. dãʒe* peligro
date *f. dat* fecha; **en—de** con—de
décembre *m. desã:br* diciembre
décevoir *des(ə)vwa:r* engañar, burlar

déchirer *deʃire* desgarrar, rasgar
décombres *dekõ:br* escombros
découverte *f. dekuvɛrt* descubrimiento
décret *m. dekrɛ* decreto
défaire *defɛ:r* deshacer
défaut *m. defo* defecto; **à — de** a falta de
déjeuner *deʒœne* almorzar; *subs. m.* almuerzo, desayuno
délai *m. delɛ* demora, plazo
demander *d(ə)mãde* pedir, preguntar
démarche *f. demarʃ* diligencia, paso
déménager *demenaʒe* mudarse
demeurer *dəmœre* vivir, permanecer, quedar
dent *f. dã* diente
dentelle *f. dãtɛl* encaje
départ *m. depa:r* salida
dépêche *f. depɛ:ʃ* despacho, parte
dépêcher, se *s(ə)depɛʃe* apresurarse
dépendre *depã:dr* depender, estar en mano de
dépense *f. depã:s* gasto
déployer *deplwaje* desplegar
député *m. depyte* diputado
déraillement *m. derajmã* descarrilamiento
descendre *desã:dr* bajar, descender
désir *m. dezi:r* deseo
désirer *dezire* desear
désobéir *dezɔbei:r* desobedecer
désormais *dezɔrmɛ* desde ahora
dessert *m. desɛ:r* postres
dessiné *desine* dibujado
détacher *detaʃe* desatar, desgajar
détail *m. detaj* pormenor, detalle
dételer *det(ə)le* desenganchar
détroit *m. detrwa* estrecho
dette *f. dɛt* deuda
développement *m. devlɔpmã* desarrollo

devenir *dəvniːr* hacerse, volverse, ponerse
devoir *m. dəvwaːr* deber
diable *djaːbl* diablo
diamant *m. djama* diamante
digérer *diʒere* digerir
diligence *f. diliʒãːs* diligencia
dîner *dine* comer; *subs. m.* comida
discorde *f. diskɔrd* discordia
discours *m. diskuːr* discurso
distance *f. distãːs* distancia
distraire *distrɛːr* distraer
distribuer *distribɥe* distribuir, repartir
docteur *m. dɔktœːr* doctor
domestique *m. dɔmɛstik* criado
dominer *dɔmine* dominar, descollar
dommage *m. dɔmaːʒ* daño, lástima
donner *dɔne* dar
doute *m. dut* duda; **douteux** dudoso
douter *dute* dudar, vacilar
doux, *du*, **-ce** dulce, suave
douzaine *f. duzɛn* docena

E

eau *f. o* agua
eau-de-vie *odvi* aguardiente
écarter *ekarte* apartar, descartar
échantillon *m. eʃãtijõ* muestra
échapper *eʃape* escapar
échouer *eʃwe* varar, fracasar
éclater *eklate* estallar
école *f. ekɔl* escuela
écorcher *ekɔrʃe* desollar
écouler, **s'** *sekule* derramarse, correr
écouter *ekute* escuchar
écrit *ekri* escrito
écrivain *m. ekrivɛ̃* escritor
écrouler, **s'** *sekrule* derrumbarse, hundirse
écu *m. eky* escudo
écurie *f. ekyri* cuadra

effacer *ɛfase* borrar
effet *ɛfɛ* efecto
effort *m. ɛfɔːr* esfuerzo
égal *egal* igual
égalité *egalite* igualdad
égarer *egare* extraviar
église *f. egliːz* iglesia
égoïste *egoist* egoísta
électeur *m. elɛktœːr* elector
électricité *f. elɛktrisite* electricidad
élève *elɛːv m., f.* alumno, discípulo, -a
éloigner *elwaɲe* alejar
émail *m. emaːj* esmalte
embarrasser *ãbarase* embarazar, estorbar
embouchure *f. ãbuʃyːr* embocadura
empereur *m. ãprœːr* emperador
empire *m. ãpiːr* imperio
emplette *f. ãplɛt* compra
employé *m. ãplwaje* empleado, dependiente
employer *ãplwaje* emplear
emprunt *m.* empréstito
encre *f. ãːkr* tinta
encrier *m. ãkrie* tintero
enfant *m., f. ãfã* niño, -a
ennemi *m. ɛnmi* enemigo
ennui *m. ãnɥi* fastidio
ennuyeux *ãnɥijø* fastidioso, enojoso
enrichir *ãriʃiːr* enriquecer
ensemencer *ãs(ə)mãse* sembrar
entasser *ãtase* amontonar
entendre *ãtãːdr* oir
enterrer *ãtɛre* enterrar
entier *ãtje* entero
entrailles *ãtraːj* entrañas
entrepreneur *ãtrəprənœːr* asentista, empresario
entreprise *f. ãtrəpriːz* empresa
envahir *ãvaiːr* invadir
enveloppe *f. ãv(ə)lɔp* sobre, envoltura
envoyer *ãvwaje* enviar, mandar

épais *epɛ*, -se espeso, -a
épargner *eparɲe* ahorrar, perdonar
épée *f. epe* espada
épices *f. epis* especias
épicier *m. episje* tendero de ultramarinos
épouvanter *epuvãte* espantar
épreuve *f. eprœːv* prueba
ériger *eriʒe* erigir
escalier *m. ɛskalje* escalera; — **dérobé** — falsa
escargot *m. ɛskargo* caracol
espèce *f. ɛspɛs* especie
espérance *f. ɛsperãːs* esperanza
espiègle *ɛspiɛːgl* travieso
esprit *m. ɛspri* ingenio, agudeza
essayer *esɛje* intentar, probar
essuyer *esɥije* secar
estrade *f. ɛstrad* estrado
estropier *ɛstrɔpje* estropear
étage *m. etaːʒ* piso
étain *m. etɛ̃* estaño
étaler *etale* exponer
été *m. ete* verano
éteindre *etɛ̃ːdr* apagar
étendard *m. etãdaːr* estandarte
étendre *etãːdr* extender; **s'** — extenderse
étendue *f. etãdy* extensión
étoffe *f. etɔf* tela
étoile *f. etwal* estrella
étourdi *eturdi* atolondrado
étroit *etrwa* estrecho
évanoui *evanwi* desvanecido, desmayado
éveiller *evɛje* despertar
événement *m. evenmã* acontecimiento
éviter *evite* evitar
excellent *ɛksɛlã* excelente
exception *f. ɛksɛpsjõ* excepción
excuse *f. ɛkskyːz* excusa, disculpa, dispensa
excuser *ɛkskyze* excusar, disculpar
exemple *m. ɛgzãːpl* ejemplo

exercer *ɛgzɛrse* ejercitar
exercice *m. ɛgzɛrsis* ejercicio
exiger *ɛgziʒe* exigir
expédier *ɛkspedje* expedir, despachar

F

fâcher, se *s(ə)fɑːʃe* enojarse, enfadarse
façon *f. fasõ* hechura, modo
facteur *m. faktœːr* cartero
facture *f. faktyːr* factura
faim *f. fɛ̃* hambre
faire *fɛːr* hacer
faner *fane* marchitar
fardeau *m. fardo* carga
farine *f. farin* harina
fat *fa* presumido, fatuo
fatigue *f. fatiːg* cansancio
faubourg *m. fobuːr* arrabal
faucheur *m. foʃœːr* guadañero
faute *f. foːt* culpa, falta
fauteuil *m. fotœj* sillón
femme *f. fam* mujer
fenêtre *f. fənɛːtr* ventana
fer *m. fɛːr* hierro; — **à cheval** herradura
ferme *f. fɛrm* alquería, granja
fermer *fɛrme* cerrar, tapar
fermier *m. fɛrmje* colono, arrendatario
fête *f. fɛːt* fiesta, festejo
feu *m. fø* fuego, lumbre
feuille *f. fœːj* hoja, pliego
fiacre *m. fjakr* simón
fiançailles *fjãsaːj* esponsales
ficeler *fisle* encordelar
fier *fje* fiar
fier *fjɛːr* ufano, soberbio
fièvre *f. fjɛːvr* fiebre, calentura
figure *f. figyːr* cara, rostro, figura
fil *m. fil* hilo, filo
filet *m. file* red, chorro, hililllo
fille *f. fiːj* hija
filou *filu* ratero, fullero

fils *m. fis* hijo
flétrir *fletri:r* marchitar, ajar
fleur *f. flœ:r* flor; **la fine —** la flor y nata
fleuve *m. flœ:v* río
flûte *f. fly:t* flauta
foin *m. fwẽ* heno
foire *f. fwa:r* feria
fois *f. fwa* vez
fond *m. fõ* fondo
forain *m. fɔrẽ* forastero
force *f. fɔrs* fuerza
forcer *fɔrse* forzar
forêt *f. fɔrɛ* bosque; **Forêt-Noire** *f.* Selva Negra
forger *fɔrʒe* forjar, fraguar
forgeron *m. fɔrʒərõ* herrero
fort *fɔr* fuerte
fossé *fɔse* zanja, cuneta
foudre *f. fu:dr* rayo
fourche *f. furʃ* horca
fourchette *f. furʃɛt* tenedor
frais *frɛ* fresco; *subs.* gastos
frein *m. frɛ* freno
fréquent *frekã* frecuente
frisson *m. frisõ* escalofrío
froid *m. frwa* frío
fromage *m. frɔma:ʒ* queso
froncer *frõse* fruncir, arrugar
front *m. frõ* frente
fruit *m. frɥi* fruto, fruta
fruitier *m. frɥitje* frutero
fuir *fɥi:r* huir
fuite *f. fɥit* huida; **mettre en —** ahuyentar
fumée *f. fyme* humo
fumer *fyme* fumar, humear, estercolar
fusil *m. fyzi* fusil, escopeta

G

gagner *gaɲe* ganar
gant *m. gã* guante
garçon *m. garsõ* muchacho, mozo; **vieux —** solterón

garde *gard* guardia, guarda
garder *garde* guardar
gare *f. ga:r* estación
gâteau *m. gato* pastel
gauche *f. go:ʃ* izquierda
gaz *m. ga:z* gas
gelée *f. ʒəle* hielo, jalea
gendarme *ʒãdarm* guardia civil
gêner *ʒɛne* molestar, incomodar
genou *m. ʒ(ə)nu* rodilla
gens *m. pl. ʒã* gente
gentil *ʒãti* lindo, bonito
gigantesque *ʒigãtɛsk* gigantesco
gilet *m. ʒilɛ* chaleco
glace *f. glas* hielo, helado; **armoire à —** armario de luna
glacer *glase* helar, escarchar
golfe *m. gɔlf* golfo
gonflé *gõfle* hinchado
goût *m. gu* gusto, sabor
gouvernement *m. guvɛrnəmã* gobierno
grain *m. grẽ* grano
grammaire *f. gramɛ:r* gramática
gramme *m. gram* gramo
gras *gra* gordo
gratis *gratis* de balde, gratis
gravure *f. gravy:r* grabado
gré *m. gre* grado; **bon —, mal —** de grado o por fuerza
grenier *m. grənje* granero, desván
grille *f. gri:j* reja
grincer *grẽse* rechinar
grognon *grɔɲõ* gruñón
gros *gro* grueso; **en —** al por mayor
grosse *gro:s* gruesa
grossier *grosje* grosero, tosco
guère *gɛ:r* poco
guérir *geri:r* sanar, curar
guidon *m. gidõ* guión, guía

H

habile *abil* hábil, diestro
habiller *abije* **(en)** vestir **(de)**
habit *m. abi* vestido, traje

habitant m. *abitã* habitante
habiter *abite* habitar, vivir
habitude f. *abityd* costumbre
haillon m. *(h)ajõ* harapo, andrajo
haleine f. *alɛ:n* aliento
hanche f. *(h)ã:ʃ* cadera
harceler *(h)arsle* hostigar
haricot m. *(h)ariko* judía, alubia
harpe f. *(h)arp* harpa
haut *(h)o* alto; **là-haut** arriba
hauteur f. *(h)otœ:r* altura, altivez
herbe f. *ɛrb* hierba
heure f. *œ:r* hora; **à la bonne —** ¡muy bien!
hibou m. *(h)ibu* búho, mochuelo
homme m. *ɔm* hombre
honnête *ɔnɛ:t* honrado
horloge f. *ɔrlɔʒ* reloj
hors-d'œuvre m. *ɔrdœ:vr* entremeses
hôte m. *o:t* huésped *(f.* **hôtesse***)*
hôtel m. *otɛl* hotel, fonda
huile f. *ɥil* aceite, óleo
hypocrite *ipokrit* hipócrita

I

idée f. *ide* idea
ile f. *i:l* isla
imagination f. *imaʒinasjõ* imaginación, fantasía
imbécile *ẽbesil* imbécil
imiter *imite* imitar
immédiat *imedja* inmediato
inaugurer *inogyre* inaugurar
incendie m. *ẽsãdi* incendio
informer *ẽfɔrme* informar, enterar
injure f. *ẽʒy:r* injuria
inquiétude f. *ẽkjetyd* inquietud, ansiedad
insensé *ẽsãse* insensato
instituer *ẽstitye* instituir
instruction f. *ẽstryksjõ* instrucción
instruire *ẽstryi:r* instruir

instrument *ẽstrymã* instrumento
intérêt m. *ẽterɛ* interés
inviter *ẽvite* convidar, invitar

J

jaloux *ʒalu* celoso
jamais *ʒamɛ* jamás
jambe f. *ʒã:b* pierna
jardin m. *ʒardẽ* jardín, huerto
jardinier m. *ʒardinje* jardinero, hortelano
jet m. *ʒɛ* tiro; — **d'eau** surtidor
jeter *ʒəte* echar, tirar, arrojar
jeu m. *ʒø* juego
jeun, à *ʒẽ* en ayunas
jeune *ʒœn* joven
joie f. *ʒwa* gozo, alegría
joue f. *ʒu* mejilla; **mettre en —** apuntar
jouer *ʒwe* jugar, representar, tocar
joueur *ʒwœ:r* jugador
journée f. *ʒurne* jornada, día
joyeux *ʒwajø* alegre
juge m. *ʒy:ʒ* juez
jument *ʒymã* yegua
jupon m. *ʒupõ* enaguas, refajo

K

kilomètre *kilomɛ:tr* kilómetro

L

laid *lɛ* feo
laine f. *lɛ:n* lana
laisser *lɛ(ə)se* dejar
lait m. *lɛ* leche; **boire du —** *(fig.)* disfrutar
laitue f. *lɛty* lechuga
lame f. *lam* hoja
lampe f. *lã:p* lámpara
lancer *lãse* lanzar, tirar
langue f. *lã:g* lengua, idioma
lapin m. *lapẽ* conejo
lard m. *la:r* tocino

large *larʒ* ancho; **au —** a sus anchas
leçon *f. l(ə)sõ* lección; **faire la —** aleccionar
léger/ *eʒe,* -**ère** ligero, liviano
légume *m. legym* legumbre, hortaliza
lettre *f. lɛtr* carta, letra
lever *l(ə)ve* levantar, alzar
lieu *m. ljø* lugar; **tenir —** hacer las veces
lieue *f. ljø* legua
ligne *f. liɲ* línea, fila
lin *m. lɛ̃* lino
linge *m. lɛ̃:ʒ* ropa blanca
lingerie *lɛ̃ʒri* lencería
lion *m. ljõ* león
lit *m. li* cama, lecho
litre *m. li:tr* litro
littérature *f. literaty:r* literatura
livre *m. li:vr* libro, *f.* libra
livrer *livre* entregar
loge *f. lɔ:ʒ* portería, palco
loi *f. lwa* ley
long *lõ* largo
lorgnon *m. lɔrɲõ* lentes
lot *m. lo* lote, premio; **le gros —** el gordo
louange *f. lwã:ʒ* alabanza
louer *lwɛ* alabar, alquilar
loup *m. lu* lobo
lourd *lu:r* pesado
lune *f. lyn* luna
lunette *f. lynɛt* anteojo

M

maçon *m. masõ* albañil
magasin *m. magazɛ̃* almacén
maintenant *mɛ̃tnã* ahora
mairie *f. mɛri* ayuntamiento, alcaldía
maison *f. mɛzõ* casa
majorité *f. maʒɔrite* mayoría
malade *malad* enfermo; **faire le — fingirse —**

maladie *f. maladi* enfermedad
malfaiteur *malfɛtœ:r* malhechor
malheur *m. malœ:r* desgracia
malheureux *malœrø* desgraciado
malle *f. mal* baúl
malléable *malea:bl* maleable
manche *m. mã:ʃ* mango, *f.* manga
mandataire *mãdatɛ:r* apoderado
manger *mãʒe* comer
manière *f. manjɛ:r* manera, modo, *pl.* modales
manipuler *manipyle* manipular
mansarde *f. mãsard* buhardilla
manteau *m. mãto* capa, manto
marchand *m. marʃã* mercader, comerciante
marchander *marʃãde* regatear
marchandise *f. marʃãdi:z* mercancía
marché *m. marʃe* mercado, trato
marmite *f. marmit* olla
matelas *m. matla* colchón
matériaux *m. pl. materjo* materiales
matin *m. matɛ̃* mañana
matinée *f. matine* mañana
mauvais *movɛ* malo
mécanicien *mekanisjɛ̃* mecánico
méchant *meʃã* malo
médecin *m. mɛtsɛ̃* médico
menacer *m(ə)nase* amenazar
ménage *m. menaʒ* menaje, matrimonio
mendiant *m. mãdjã* mendigo
mensonge *m. mãsõ:ʒ* mentira
mer *f. mɛ:r* mar
mère *f. mɛ:r* madre; **belle —** suegra
mériter *merite* merecer
merle *m. mɛrl* mirlo
merveille *f. mɛrvɛ:j* maravilla
mesure *f. məzy:r* medida
métier *m. metje* oficio
meuble *m. mœbl* mueble
meunier *m. mønje* molinero
midi *m.* mediodía

mince *mɛːs* delgado
mine *f. min* mina, cara; **grise — mala —**
mineur *minœːr* minero, menor
minute *f. minyt* minuto, minuta
miroir *m. mirwaːr* espejo
mitoyen *mitwajẽ* medianero
modérer *modere* moderar
modifier *modifje* modificar
mois *m. mwa* mes
moisson *f. mwasõ* cosecha
moitié *f. mwatje* mitad; **être de — estar a medias**
monnaie *f. monɛ* moneda, cambio, vuelta
montagne *f. mõtaŋ,* **mont** *m.* montaña, monte
montant *mõtã adj.* que sube, *m.* importe
monter *mõte* subir, montar
montrer *mõtre* enseñar, mostrar
morceau *m. morso* pedazo, trozo
montier *m. mortje* mortero
mot *m. mo* palabra; **gros — palabrota, dicterio**
mouchoir *m. muʃwaːr* pañuelo
moudre *muːdr* moler
mourir *muriːr* morir
moutarde *f. mutard* mostaza
mouton *m. mutõ* carnero
mouvement *m. muvmã* movimiento
mur *m. myːr* pared, muro
mûr *myːr* maduro
mûrir *myriːr* madurar
musée *m. myze* museo
musique *f. myzik* música

N

naïf *naif* sencillo, cándido
nappe *f. nap* mantel
nation *f. nasjõ* nación
natte *f. nat* estera, pleita, trenza
nature *f. natyːr* naturaleza
nécessaire *nesesɛːr* necesario; *subs.* recado

négliger *negliʒe* descuidar
neuf *nœf* nuevo, nueve
neveu *m. n(ə)vø* sobrino
nez *m. ne* nariz
noce *f. nɔs* boda
nocturne *nɔktyrn* nocturno
noir *nwaːr* negro
noix *f. nwa* nuez
nom *m. nõ* nombre
nomade *nɔmad* nómada
nombre *m. nõːbr* número
notaire *nɔtɛːr* notario, escribano
note *f. nɔt* nota, apunte, cuenta
nouveau *nuvo* nuevo
nouveauté *f. nuvote* novedad
nouvelle *f. nuvɛl* noticia
noyer *nwaje* ahogar; *subs.* nogal
nuage *m. nɥaːʒ* nube
nuance *f. nɥãːs* matiz
nuit *f. nɥi* noche; **minuit** medianoche

O

obéir *ɔbeiːr* obedecer
obéissance *f. ɔbeisãːs* obediencia
obligeant *ɔbliʒã* servicial
obliger *ɔbliʒe* obligar
obstacle *m. ɔpstakl* obstáculo
obstiner, s' *sɔpstine* obstinarse, empeñarse
obtenir *ɔptəniːr* obtener, conseguir, lograr
occasion *f. ɔkazjõ* ocasión
occuper *ɔkype* ocupar
octroi *ɔktrwa* otorgamiento, consumos
odeur *f. odœːr* olor
odorant *odɔrã* oloroso
œil *m. œːj* ojo
œillet *m. œjɛ* clavel
œuf *m. œf* huevo
officier *ɔfisje* oficial
oignon *m. ɔɲõ* cebolla
oindre *wẽːdr* untar, ungir
oiseau *m. wazo* ave, pájaro
oisif *wazif* ocioso

oisiveté *f. wazivte* ociosidad
olive *f. ɔliːv* aceituna
ombrager *ōbraʒe* sombrear
ombre *f. ōːbr* sombra
ombreux *ōbrø* umbroso
omelette *f. ɔmlɛt* tortilla
once *f. ōs* onza
oncle *ōkl* tío
ongle *m. ōgl* uña
orage *m. ɔraːʒ* tormenta, tempestad, borrasca
orateur *ɔratœːr* orador
ordonner *ɔrdɔne* ordenar
ordre *m. ɔrdr* orden
oreille *f. ɔrɛːj* oreja, oído
oreiller *m. ɔrɛje* almohada
orgue *m. ɔrg* órgano; — de Barbarie organillo
orgueilleux *ɔrgœjø* orgulloso
orme *m. ɔrm* olmo
oser *oze* atreverse, osar
outil *m. uti* herramienta
ouvrage *m. uvraːʒ* obra
ouvrier *uvri(j)e* obrero
ouvrir *uvriːr* abrir

P

paille *f. paːj* paja
pain *m. pẽ* pan
paire *f. pɛːr* par, pareja
paître *pɛːtr* pastar, apacentar
paix *f. pɛ* paz
palais *m. palɛ* palacio
palefrenier *palfrənje* palafrenero
panache *panaʃ* penacho
pantalon *m. pãtalō* pantalón
papier *m. papje* papel; — brouillard secante
paquet *m. pakɛ* paquete, lío
paraître *parɛːtr* parecer
parapluie *m. paraplɥi* paraguas
parc *m. park* parque
parcourir *parkuriːr* recorrer
pardessus *m. pardəsy* sobretodo, gabán

parents *parã* padres, parientes
paresseux *parɛsø* perezoso
parfumer *parfyme* perfumar
parler *parle* hablar
parquet *parkɛ* entarimado
partager *partaʒe* partir, dividir.
partie *f. parti* parte, partida
partir *partiːr* partir, salir, marcharse
partition *partisjō* partitura
parvenir *parvənir* llegar
pas *m. pa* paso
passage *m. pasaːʒ* paso, pasaje
passer *pase* pasar
patience *f. pasjãːs* paciencia
pauvre *poːvr* pobre
pavé *m. pave* pavimento, empedrado
payer *pe(ɛ)je* pagar
pays *m. pei* país
peau *f. po* piel, cutis
pêcheur *pɛʃœːr* pescador
peigne *m. pɛɲ* peine, peineta
peindre *pẽːdr* pintar
peine *f. pɛːn* pena, trabajo
peintre *pẽːtr* pintor
peler *p(ə)le* pelar
pencher *pãʃe* inclinar
pendant *pãdã* colgante; — que mientras
pénible *peniːbl* penoso
pensée *f. pãse* pensamiento
penser *pãse* à pensar en
percer *pɛrse* horadar, agujerear
percevoir *pɛrsəvwaːr* percibir, cobrar, recaudar
perdre *pɛrdr* perder
père *m. pɛːr* padre
périr *perir* perecer
perpétuité *f. pɛrpetɥite* perpetuidad
perroquet *m. pɛrokɛ* loro, papagayo
perruquier *pɛrykje* peluquero
personne *f. pɛrsɔn* persona, nadie
persuader *pɛrsyade* persuadir

peser *pəze* pesar
petit *p(ə)ti* pequeño, chico
petit-fils *p(ə)tifis* nieto
peuple *m. pœpl* pueblo
peur *f. pœːr* miedo
peut-être *pøtɛːtr* acaso, tal vez, quizás
pharmacien *farmasjẽ* farmacéutico
pièce *f. pjɛs* pieza
pied *m. pje* pie
piège *m. pjɛːʒ* trampa; **dresser un —** armar una —
pierre *f. pjɛːr* piedra
pis *pi* peor; **de — en —**, cada vez —
place *f. plas* plaza, sitio
placer *plase* colocar
plaindre *plẽːdr* compadecer, quejar
plaisant *plɛzã* placentero, gracioso
plaisanter *plɛzãte* bromear, chancearse
plaisanterie *f. plɛzãtri* broma, chanza
plaisir *m. pleziːr* placer, gusto
planche *f. plãːʃ* tabla
plat *m. pla* llano; *subs.* plato, fuente
plateau *m. plato* bandeja, meseta
plein *plẽ* lleno
pleurer *plœre* llorar
pleurs *plœːr* lágrimas
pli *m. pli* pliegue
plomb *m. plõ* plomo
plonger *plõʒe* sumergir, zambullir
ployer *plwaje* doblar, plegar
pluie *f. plɥi* lluvia
plume *f. plym* pluma
plusieurs *plyzjœːr* varios, muchos
poche *f. pɔʃ* bolsillo, faltriquera
poêle *pwaːl m.* estufa, *f.* sartén
poète *pɔɛːt* poeta
poids *m. pwa* peso, pesa
poignard *m. pwaɲaːr* puñal

poignée *f. pwaɲe* puñado ; **— de mains** apretón de manos
poignet *m. pwaɲɛ* muñeca
poil *m. pwal* pelo
point *m. pwẽ* punto
pointe *f. pwẽt* punta, cabo
pointu *pwẽty* puntiagudo
poison *m. pwazõ* veneno
poisson *m. pwasõ* pez, pescado
poivre *m. pwaːvr* pimienta
poli *pɔli* cortés, pulido
politique *pɔlitik* político
pomme *f. pɔm* manzana
pompe *f. põːp* bomba
pompier *põpje* bombero
pont *m. põ* puente
port *m. pɔːr* puerto
porte *f. pɔrt* puerta
porter *pɔrte* llevar, traer
poser *poze* poner
poste *f. pɔst* correos, buzón
postillon *m. pɔstijõ* postillón
pot *m. po* jarro, tarro, puchero
potager *pɔtaʒe* huerto
poteau *m. poto* poste
poudre *f. puːdr* polvo, pólvora
poule *f. pul* gallina
pourboire *m. purbwaːr* propina
pourrir *puriːr* podrir
pousser *puse* empujar, echar
pré *m. pre* prado
précieux *presjø* precioso
prendre *prãːdr* tomar
presqu'île *f. prɛskiːl* península
presse *prɛːs* prensa, prisa
prêt *prɛ* pronto, listo, dispuesto
prêter *prɛːte* prestar
preuve *f. prœːv* prueba
prévoyant *prevɔjã* previsor
prisonnier *prizɔnje* prisionero
prix *m. pri* precio, premio
prochain *prɔʃẽ* próximo
produire *prɔdɥiːr* producir
produit *m. prɔdɥi* producto
professeur *prɔfɛsœːr* profesor, catedrático

profit m. prɔfi provecho
progrès m. prɔgrɛ progreso, adelanto
promenade f. prɔmnad paseo
promener prɔmne pasear
promettre prɔmɛtr prometer
prompt prõ pronto, veloz
propre prɔpr limpio, propio
propriétaire prɔpri(j)etɛːr dueño, propietario
propos propo propósito
proverbe m. prɔvɛrb refrán
punir pyniːr castigar

Q

quai m. kɛ andén, muelle
qualité f. kalite calidad
quartier m. kartje cuarto, barrio
quelquefois kɛlkəfwa a veces
quête f. kɛːt colecta, busca

R

rabais m. rabɛ rebaja
racine f. rasin raíz
ragoût m. ragu guisado
raison f. rɛzõ razón
raisonnement rɛzɔnmã razonamiento
raser raze afeitar, arrasar
ravissant ravisã encantador
rayon m. rɛjõ rayo
rebrousser rəbruse retroceder
réception resɛpsjõ recepción
récif m. resif arrecife
récit m. resi relato, relación
réciter resite recitar
recommander rəkomãde recomendar, encomendar
récompenser rekõpãse premiar
redresser rədrɛse enderezar
refrain m. rəfrɛ̃ estribillo
réfugier, se s(ə)refyʒje refugiarse
régiment reʒimã regimiento
règle f. rɛːgl regla

regret m. rəgrɛ pesar
regretter rəgrɛte sentir
relieur r(ə)ljœːr encuadernador
remettre rəmɛtr remitir, entregar, devolver
remise f. rəmiːz remesa, cochera
remplir rãpliːr llenar, cumplir con
remuer rəmye mover, remover
rencontrer rãkõtre encontrar
rendre rãːdr devolver
rentier rãtje rentista
répandre repãːdr derramar, difundir
réparer repare reparar, componer
repas m. rəpa comida
repentir rəpãtiːr arrepentimiento
replier rəplije replegar
répondre repõːdr responder, contestar
réponse f. repõːs respuesta
repos m. r(ə)po descanso
représentation rəprezãtasjõ representación
réservé rezɛrve reservado
résidence f. rezidãːs residencia
résister reziste resistir
ressort m. rəsɔːr resorte, muelle
restaurant rɛstorã fonda
reste m. rɛst resto; **le —** lo demás
rester rɛste quedar
restreint rɛstrɛ̃ restricto
résumé rezyme compendio
rétablir retabliːr restablecer
retard m. rətaːr retraso
retarder rətarde atrasar, retardar
retenir rətəniːr retener, detener
retour m. r(ə)tuːr vuelta
retourner rəturne volver
réunir reyniːr reunir, juntar
réussir reysiːr salir bien, acertar
réveiller reveje despertar
revenir rəvəniːr volver
revue f. rəvy revista

riche *riʃ* rico
rideau *m. rido* cortina, telón
rincer *rẽse* enjuagar
rire *riːr* reir, *subs.* risa
risquer *riske* arriesgar; **se —** aventurarse
rive *f. riːv* ribera, orilla
rivière *f. rivjɛːr* río
robe *f. rɔb* vestido
rocher *m. rɔʃe* peñasco, roca
rôti *m. rɔti* asado
roue *f. ru* rueda
royal *rwajal* real
ruban *m. rybã* cinta
rude *ryd* rudo, duro, áspero
rue *f. ry* calle
ruiner *rɥine* arruinar
ruisseau *rɥiso* arroyo
ruse *f. ryːz* astucia, maña

S

sacrifice *m. sakrifis* sacrificio
sage *saːʒ* cuerdo, sabio
saint *sẽ* santo
saisir *sɛziːr* coger, asir, agarrar
saison *f. sɛzõ* estación, temporada
salade *f. salad* ensalada
sale *saːl* sucio
salir *saliːr* ensuciar
salle *f. sal* sala; **— à manger** comedor
saluer *salye* saludar
sang *m. sã* sangre
santé *f. sãte* salud
satisfaisant *satisfəzã* satisfactorio
saucisson *m. sosisõ* chorizo, salchichón
savon *m. savõ* jabón
scélérat *selera* malvado, facineroso
sec *sɛk* seco
secours *m. səkuːr* socorro, ayuda
séculaire *sekylɛːr* secular
sel *m. sɛl* sal
semblable *sãblabl* semejante

semer *səme* sembrar
sensé *sãse* cuerdo
sentir *sãtiːr* sentir, oler
serviette *f. sɛrvjɛt* servilleta, toalla
siège *m. sjɛːʒ* sitio, asiento
signature *f. siɲatyːr* firma
silence *m. silãːs* silencio
sinistré *sinistre* siniestrado
situé *sitye* situado
sobre *sɔbr* sobrio
société *f. sɔsjete* sociedad
soie *f. swa* seda
soif *f. swaf* sed
soigner *swaɲe* cuidar
soin *m. swẽ* cuidado
soir *m. swaːr* tarde
soirée *f. sware* tarde, tertulia
sol *m. sɔl* suelo
soleil *m. sɔlɛːj* sol
somme *f. sɔm* suma, cantidad
sortie *f. sɔrti* salida
sortir *sɔrtiːr* salir
sot *so* tonto, necio
souhaiter *swɛte* desear
soulagement *m. sulaʒmã* alivio
soulier *m. sulje* zapato
soupe *f. sup* sopa
sourcil *m. sursi* ceja; **froncer les —** fruncir el ceño
sourd *suːr* sordo
souvenir *m. suvniːr* recuerdo; **se —** acordarse
souvent *suvã* a menudo
souverain *suvrẽ* soberano
spacieux *spasjø* espacioso
substance *f. sypstãːs* substancia
sucre *m. sykr* azúcar
sueur *f. sɥœːr* sudor; **en —** sudoroso
suffisant *syfizã* suficiente
supposer *sypoze* suponer
superflu *sypɛrfly* superfluo
sûr *syːr* seguro
surface *f. syrfas* superficie
surtout *syrtu* sobre todo, principalmente

suspendre *syspã:dr* colgar, suspender

T

tableau *m. tablo* cuadro; — **noir** encerado
tache *f. taʃ* mancha
tâche *f. ta:ʃ* tarea
taille *f. ta:j* talle, talla
tailleur *tajœ:r* sastre
taire *tɛ:r* callar
tante *tã:t* tía
tapis *m. tapi* tapiz, alfombra
tard *ta:r* tarde
tas *m. ta* montón
tasse *f. tas* taza
tempérance *tãperã:s* temperancia, templanza
temps *m. tã* tiempo
terre *f. tɛ:r* tierra
tête *f. tɛ:t* cabeza
théâtre *m. tea:tr* teatro
timbre *m. tẽ:br* sello
tiroir *m. tirwar* cajón
tissu *m. tisy* tejido
toile *f. twal* tela, lienzo
toilette *f. twalɛt* tocador, compostura
toit *m. twa* tejado
tomber *tõ:be* caer, caerse
tome *m. to:m* tomo
tonnerre *m. tɔnɛ:r* trueno
tort *m. tɔ:r* culpa, daño
tourtueux *tɔrtɥø* tortuoso
toujours *tuʒur* siempre
tour *f. tur* torre, *m.* turno, chasco
tourbillon *m. turbijõ* remolino
tracer *trase* trazar
traduction *f. tradyksjõ* traducción
traduire *tradɥi:r* traducir
trahir *trai:r* hacer traición
train *m. trẽ* tren
traîner *trɛ:ne* arrastrar
traiter *trɛte* tratar
trajet *m. traʒɛ* trayecto
tramway *tramwe* tranvía
tranche *f. trã:ʃ* rebanada, tajada
transporter *trãspɔrte* transportar
travail *m. travaj* trabajo
travailler *travaje* trabajar
travailleur *travajœ:r* trabajador
tremblement *trãbləmã* temblor
trembler *trã:ble* temblar
très *trɛ* muy
triste *trist* triste
tromper *trõpe* engañar
trompeur *trõpœ:r* engañador, engañoso
trône *m. tro:n* trono
trottoir *m. trɔtwa:r* acera
trou *m. tru* agujero, hueco
troupe *f. trup* tropa, bandada
troupeau *m. trupo* ganado, rebaño
trouver *truve* hallar
truite *f. trɥi:t* trucha
tuer *tye* matar
tuile *f. tɥil* teja
tuyau *m. tɥijo* tubo, caño

U

unanimité *ynanimite* unanimidad
usage *m. yza:ʒ* uso
user *yze* usar
utile *ytil* útil
utilité *f. ytilite* utilidad

V

vacances *f. pl. vakã:s* vacaciones
vache *f. vaʃ* vaca
valet *m. valɛ* criado
valeur *f. valœ:r* valor
vallée *f. vale* valle
vapeur *f. vapœ:r* vapor
veau *m. vo* ternera, becerro
vendange *f. vãdã:ʒ* vendimia
vendre *vã:dr* vender
venger *vãʒe* vengar

vent *m.* vã viento
vérité *f. verite* verdad; **en — de veras**
verre *m.* vɛːr vidrio, vaso, copa
vers vɛːr verso, hacia
vert, -e vɛːr, vɛrt verde
vertu *f.* vɛrty virtud
vestibule *m.* vɛstibyl vestíbulo
veston *m.* vɛstõ americana
vêtement *m.* vɛtmã vestido, ropa
veuve *f.* vœːv viuda
viande *f.* vjãːd carne
vie *f.* vi vida
vieillard vjɛjaːr anciano
vieillir vjɛjiːr envejecer
vieux, vieille vjø, vjɛj viejo, -a
vif vif vivo
vilain vilẽ villano, feo
village *m.* vilaːʒ pueblo, pueblecito
villageois vilaʒwa aldeano
ville *f.* vil ciudad
violet vjolɛ morado, violeta
vin *m.* vẽ vino
vinaigre vinɛːgr vinagre
violette *f.* vjɔlɛt violeta
violon vjɔlõ violín
visage *m.* vizaːʒ cara, rostro
vite vit pronto, de prisa
vitesse *f.* vitɛːs velocidad
vivre viːvr vivir
vœu *m.* vø voto
voici vwasi he aquí; **voilà** he allí
voie *f.* vwa vía
voile *m.* vwal velo, vela
voir vwaːr ver, divisar
voisin *m.* vwazẽ vecino, inmediato
voisinage *m.* vwazinaːʒ vecindad
voiture *f.* vwatyːr coche
voix *f.* vwa voz; **de vive — de viva —**
volaille *f.* vɔlaːj ave; **blanc de — pechuga de —**
voler vɔle volar, robar
voleur *m.* vɔlœːr ladrón
volonté *f.* vɔlõte voluntad
vouloir vulwaːr querer
voyage *m.* vwajaʒ viaje
voyager vwajaʒe viajar
voyageur vwajaʒœːr viajero, viajante
vrai vrɛ verdadero, verídico
vu vy visto; **au vu et su de tous** a la vista y presencia de todos
vue *f.* vy vista

2. ESPAÑOL - FRANCÉS

A

abajo *en bas;* **cuesta — en descendant**
abarcar *embrasser*
abastecer *approvisionner*
abeja *abeille f.*
abochornar *suffoquer*
abrir *ouvrir*
abuela *grand'mère f.*
abundar *abonder*
aburrir *ennuyer*
acá, aquí *ici;* **acá y allá** *ça et là*
acabar *finir, achever*
acalorar *échauffer*
acaso *par hasard, peut-être*
acepillar *brosser*
acera *trottoir m.*
acercar *approcher*
acertar *toucher au but*
aclarar *éclaircir*
acoger *accueillir*
acompañar *accompagner*
acontecimiento *événement m.*
acordar *arrêter, décider, rappeler*
acosar *serrer de près, poursuivre*
acostumbrar *accoutumer*
acrecentar *accroître*

acudir *accourir*
adelantar *avancer*
adelgazar *amincir*
ademán *geste m., air m.*
admirar *admirer*
adormecer *endormir, assoupir*
aduana *douane f.*
afanar *peiner*
afeitar *raser*
aficionado *amateur m.*
aflojar *relâcher*
agarrar *empoigner, saisir*
agilidad *agilité f.*
agobiar *courber*
agotar *épuiser*
agradar *plaire*
agradecido *reconnaissant, obligé*
agua *eau m.*
agudeza *finesse, trait m. d'esprit*
ahogar *étouffer, noyer*
ahorrar *épargner*
aire *air m.*
ajeno *d'autrui, étranger*
ajustar *arranger, régler*
alameda *allée f., avenue f.*
alborotar *soulever, faire du bruit*
alcanzar *atteindre, obtenir*
algo *quelque chose; un peu*
alimento *aliment m., nourriture f.*
alma *âme f.*
almendra *amande f.*
almohada *oreiller m.*
alquería *ferme f.*
alquiler *loyer m., location f.*
alto *haut*
alumbrado *éclairé, éclairage m.*
alumno *élève m.*
amanecer *commencer à faire jour*
amarillo *jaune*
amasar *pétrir*
amenaza *menace f.*
amistad *amitié f.*
amor *amour m., passion f.*
amparar *protéger*
ancho *large*
andar *marcher, aller*

andén *quai m.*
anochecer *commencer à faire nuit*
antemano *d'avance*
antes *avant, plutôt*
antojo *caprice m.*
año *an m., année f.*
apacentar *faire paître*
aparato *appareil m.*
aparecer *apparaître*
apartar *écarter*
apearse *descendre*
aplacar *apaiser*
aposento *logement m.*
apoyar *appuyer*
aprender *apprendre*
aprendiz *apprenti m.*
apuntar *pointre, souffler*
araña *araignée, lustre m.*
árbol *arbre m.*
arco *arc, archet m.*
arena *sable m.*
armario *armoire f.*
arrabal *faubourg m.*
arrastrar *traîner*
arriba *en haut, dessus*
arrojar *lancer, jeter*
asado *rôti m.*
asiento *siège m.*
aspecto *aspect m.*
asunto *sujet m., matière f.*
atestar *bourrer*
atraer *attirer*
atrasar *retarder*
atravesar *traverser*
audaz *audacieux*
aumento *augmentation f.*
ausencia *absence f.*
aviso *avis m.*
ayuda *aide f.*
azúcar *sucre m.*
azul *bleu*

B

bacía *bassin m., cuvette f.*
bahía *baie f.*

baja *baisse f.*
bajar *baisser, descendre*
balsa *mare f., radeau m.*
banco *banc m., banque f.*
bandera *drapeau m.*
barato *à bon marché*
barba *barbe f., menton m.*
barca *barque f.*
barrer *balayer*
barrera *barrière f.*
barrio *quartier m.*
barro *boue f.*
bastar *suffire*
basura *ordure f.*
batalla *bataille f.*
baúl *malle f., coffre m.*
beber *boire*
bello *beau*
bendición *bénédiction f.*
benévolo *bienveillant*
bermejo *vermeil*
besar *baiser*
bestia *bête f.*
bigote *moustache f.*
blando *mou*
boca *bouche f.*
bocado *bouchée f.*
boda *noce f.*
bola *boule f.*
bolsa *bourse f.*
bolsillo *poche f., bourse f.*
bondad *bonté f.*
borracho *ivre*
borrar *effacer*
borrón *pâté m.*
brazo *bras m.*
brincar *sauter*
broma *tapage m., plaisanterie f.*
brotar *pousser, jaillir*
buque *vaisseau m.*
burlar *plaisanter, moquer*
buzón *boîte f. aux lettres*

C

caballo *cheval m.*
cabello *cheveu m.*
cabeza *tête f.*
cabo *bout m.*
cabra *chèvre f.*
cacharrero *potier*
cadena *chaîne f.*
caer *tomber, choir*
caída *chute f.*
caja *boîte f., caisse f.*
calar *imbiber*
caldo *bouillon m.*
calentar *chauffer*
calidad *qualité f.*
calle *rue f.*
callejón *ruelle f.*
calor *chaleur f.;* **hace** — *il fait chaud*
cámara *chambre f.*
cambiar *changer*
camino *chemin m.*
camisa *chemise f.*
campana *cloche f.*
canasto *corbeille f.*
cansancio *fatigue f.*
cansar *fatiguer*
cantar *chanter*
cántaro *cruche f.*
capítulo *chapitre m.*
cara *face f., visage m., mine f.*
carga *charge f.*
carne *chair f., viande f.*
caro *cher*
carro *char m.*
carruaje *voiture f.*
castaña *châtaigne f., marron m.*
castillo *château m.*
cebada *orge f.*
ceniza *cendre f.*
cerebro *cerveau m.*
cerrar *fermer*
cesta *panier m.*
ciego *aveugle*
cielo *ciel m.*
cierto *certain*
claro *clair*
cobertera *couvercle m.*

Español-francés

cobrar *toucher, percevoir*
cocina *cuisine f.*
coche *voiture f.*
colocar *placer*
color *couleur f.*
comer *manger, déjeuner*
comida *repas m.*
comprender *comprendre*
conducta *conduite f.*
conocer *connaître*
conquistar *conquérir*
contar *conter, compter*
contestar *répondre*
continuar *continuer*
convencido *convaincu*
convidar *inviter, convier*
copa *coupe f., verre m.*
copla *couplet m.*
corazón *cœur m.*
corbata *cravate f.*
correr *courir*
cosa *chose f.*
costumbre *coutume f.*
creer *croire*
cuadro *tableau m.*
cuarto *chambre f.*
cubrir *couvrir*
cuchara *cuiller f.*
cuchillo *couteau m.*
cuenta *compte m.*
chancear *plaisanter*
chirriar *sifler, grincer*
chispa *étincelle f.*
chupar *sucer*

D

dar *donner*
débil *faible*
decir *dire*
dedo *doigt m.*
dejar *laisser, omettre*
demora *délai m.*
dentro *dedans*
derecho *droit m.*
derrotar *détruire, défaire*

desafío *défi m.*
desarrollo *développement m.*
descansar *reposer*
desconocido *inconnu*
descubrir *découvrir*
descuidar *négliger*
desechar *rejeter*
desgracia *malheur m.*
desierto *désert*
despacho *bureau m., débit m.*
desprecio *mépris m.*
destino *destin m., place f.*
detalle *détail m.*
día *jour m.*
diferente *différent*
dinero *argent m.*
discípulo *élève m., écolier m.*
dispuesto *disposé*
diversión *amusement m.*
divertir *distraire, amuser*
doler *avoir mal à*
dolor *douleur f.*
dormir *dormir*
duda *doute f.*
dueño *maître m.*
durar *durer*

E

edad *âge f.*
edificio *édifice m., bâtiment m.*
efecto *effet m.*
ejecutar *exécuter*
ejercicio *exercice m.*
ejército *armée f.*
elegir *élire*
embargar *mettre obstacle, saisir*
embustero *menteur*
empeñar *engager;* —se *s'obstiner à*
empezar *commencer*
empleado *employé*
empleo *emploi m.*
emprender *entreprendre*
empresa *entreprise f.*
encender *allumer*
encerrar *enfermer*

encima *dessus*
encontrar *trouver*
encuentro *rencontre*
enemigo *ennemi m.*
enseñanza *enseignement m.*
entrada *entrée f.*
entrega *livraison f., remise f.*
envolver *envelopper*
equipaje *bagage m.*
error *erreur f.*
escalera *escalier m.*
escapar *échapper*
escarbar *gratter*
escena *scène f.*
esconder *cacher*
escribir *écrire*
escuela *école f.*
escupir *cracher*
escurrir *égoutter*
espalda *dos m.*
espejo *miroir m., glace f.*
esperar *attendre, espérer*
espeso *épais*
espíritu *esprit m.*
espuma *écume f.*
estallar *éclater*
estómago *estomac m.*
estrecho *étroit, subs. détroit*
exacto *exact*
exclamar *s'écrier*
extender *étendre*
extensión *étendue f.*
extranjero *étranger m.*
extremo *extrême, extrémité f.*

F

fábula *fable f.*
faja *bande, ceinture f.*
falta *faute f., manque*
faltar *manquer*
famoso *fameux*
fastidiar *ennuyer*
fatiga *fatigue f.*
felicidad *bonheur m.*
feliz *heureux*

fiesta *fête f.*
fijar *fixer*
firmar *signer*
fonda *hôtel m.*
formar *former*
fortaleza *forteresse f.*
franqueo *affranchissement*
frente *front m.*
fresco *frais*
fuego *feu m.*
fuente *fontaine f., source f.*
fuera *dehors*
fuerza *force f.*

G

gallardo *gracieux, vigoureux*
gallina *poule f.*
ganar *gagner*
gancho *crochet m.*
gasto *dépense f., frais m.*
gato *chat m.*
género *genre f., marchandise f.*
generoso *généreux*
gente *gens (plur.)*
gordo *gras, gros*
gota *goutte f.*
gratitud *reconnaissance f.*
grato *agréable*
gritar *crier*
grito *cri m.*
guapo *beau, bien mis*
gusano *ver m.*
gustar *plaire, goûter*

H

haba *fève f.*
hablar *parler*
hacer *faire*
hallar *trouver*
hambre *faim f.*
harto *rassasié*
hazaña *exploit m.*
hecho *fait m.*
henchir *emplir*

Español-francés

herida *blessure f.*
hermana *sœur f.*
hermano *frère m.*
herramienta *outil m.*
hervir *bouillir*
hoja *feuille f., lame f.*
hombre *homme m.*
hombro *épaule f.*
huésped *hôte m.*
humilde *humble*
humor *humeur f.*

I

idea *idée f.*
iglesia *église f.*
igual *égal*
igualar *égaler*
imagen *image f.*
impedir *empêcher*
impreso *imprimé*
inmenso *immense*
intento *intention*
invierno *hiver m.*
izquierdo *gauche*

J

jaula *cage f.*
jornalero *journalier, ouvrier*
joya *bijou m.*
juego *jeu m.*
juguete *jouet m.*
juicio *jugement m.*
juntar *joindre, unir*
juventud *jeunesse f.*
juzgar *juger*

L

labio *lèvre f.*
ladear *pencher, faire pencher*
lado *côté m.*
ladrillo *brique m.*
ladrón *voleur m.*
lágrima *larme f.*
lápiz *crayon m.*
largo *long*
lástima *pitié f., dommage m.*
lazo *nœud m.*
legumbre *légume m.*
lejos *loin*
lengua *langue f.*
liar, ligar *lier, attacher*
libro *livre m.*
ligero *léger*
límite *limite f.*
limosna *aumône f.*
limpiar *nettoyer*
lindo *joli, gentil*
línea *ligne f.*
lisonjero *flatteur*
lograr *réussir à*
losa *dalle f.*
lozano *luxuriant, vigoureux*
lugar *lieu m.*
lumbre *feu m.*
luna *lune f.*
luz *lumière f.*

LL

llamar *appeler*
llamativo *criard*
llave *clef f.*
llegar *arriver*
lleno *plein*
lluvia *pluie f.*

M

maceta *pot à fleurs m.*
macho *mâle*
malo *mauvais*
malograr *échouer*
manchar *tacher*
manantial *source f.*
mandar *ordonner, envoyer*
manera *manière f.*
mano *main f.*
manzana *pomme f.*
marear *prendre le vertige, s'ennuyer*

mariposa *papillon m.*
mármol *marbre m.*
material *matériel*
matrimonio *mariage m., ménage m.*
mediano *moyen*
médico *médecin m.*
medio *milieu m., moyen m., demi*
mejilla *joue f.*
memoria *mémoire f.*
menudo, a *souvent*
mercado *marché m.*
merecer *mériter*
mesa *table f.*
meter *mettre*
mezclar *mêler*
miedo *peur f.*
miga *miette f.*
milagroso *miraculeux*
mimar *caresser, gâter*
mina *mine f.*
mirada *regard m.*
mirar *regarder*
miseria *misère f.*
mojar *mouiller, tremper*
molino *moulin m.*
mono *singe m.*
mostrar *montrer*
motivo *motif m.*
mover *mouvoir*
movimiento *mouvement m.*
moza *jeune fille*
muchacha *fille, bonne, servante*
muchacho *garçon m.*
muerte *mort f.*
mundo *monde m.*
muñeca *poignet m., poupée f.*
música *musique f.*

N

nacer *naître*
nadar *nager*
naranja *orange f.*
nariz *nez m.*
necesitar *avoir besoin, nécessiter*
negar *nier, refuser*

niebla *brouillard m.*
nieve *neige f.*
niño *enfant m.*
noche *nuit f.;* **buenas noches** *bonne nuit*
nombre *nom m., renom m.*
noticia *nouvelle f.*
nube *nue f., nuage m.*
nudo *nœud m.*
nuevo *nouveau, neuf*
número *nombre m., numéro m.*
numeroso *nombreux*

O

obispo *évêque m.*
obligar *obliger*
obra *œuvre f., ouvrage m.*
obrar *agir*
obrero *ouvrier*
obstáculo *obstacle m.*
obtener *obtenir*
oficio *métier m.*
ofrecer *offrir*
oído *ouïe, oreille, entendu*
oir *entendre*
ojo *œil m.*
ola *vague f., flot m.*
olfato *odorat*
olvidar *oublier*
olla *marmite f., pot m.*
oración *prière f., oraison f.*
oreja *oreille f.*
origen *origine m.*
orilla *bord m., rive f.*
oruga *chenille f.*
oscuro *obscur*
otorgar *octroyer, accorder*
oveja *brebis f.*

P

pagar *payer*
página *page f.*
pago *payement m.*
país *pays m.*

paja *paille f.*
pájaro *oiseau m.*
palacio *palais m.*
paladear *savourer, déguster*
pantalla *abat-jour*
paño *drap m.*
pañuelo *mouchoir m.*
papel *papier m., rôle m.*
parada *arrêt m.*
parar *arrêter*
parche *emplâtre, peau de tambour*
parecer *sembler, paraître*
parque *parc m.*
parte *partie, part*
participar *communiquer, participer à*
partido *parti m.*
partir *partager, partir*
pasa *raisin m. sec*
pasar *passer*
paseo *promenade f.*
pasmar *étonner*
paso *pas m., passage m.*
pastel *gâteau m., pâté*
patata *pomme f. de terre*
paz *paix f.*
pedir *demander*
pegar *battre, coller, frapper*
pelear *combattre*
peluquero *coiffeur m.*
pensamiento *pensée f.*
pensar *penser*
pequeño *petit*
perder *perdre*
perfume *parfum m.*
perjudicar *nuire*
perro *chien m.*
perturbar *troubler*
pestaña *cil m., lisière f.*
picadero *manège m.*
pierna *jambe f.*
pinchar *piquer*
pintar *peindre*
pintor *peintre m.*
pisar *fouler*
piso *étage m., plancher m., sol m.*

pizarra *ardoise f., tableau noir m.*
placer *plaire, subs. plaisir*
platero *orfèvre*
platicar *causer*
plazo *délai m.*
pliego *pli m., feuille f. de papier*
población *population f.*
poblar *peupler*
pobre *pauvre*
poder *pouvoir*
poderoso *puissant*
poner *mettre, poser, placer*
pormenor *détail m.*
porquería *saleté f., cochonnerie f.*
portador *porteur m.*
porvenir *avenir m.*
posada *auberge f.*
poseer *posséder*
potente *puissant*
potro *poulain m.*
precio *prix m.*
preferir *préférer*
pregonar *crier, publier*
preguntar *demander*
prenda *gage m., vêtement, qualité*
preocupar *préoccuper*
presentar *présenter*
prestar *prêter*
pretender *prétendre*
prever *prévoir*
primo *cousin m.*
principio *commencement m.*
prisa *hâte f.*
probar *prouver*
profundo *profond*
pronto *vite, prêt*
propalar *propager*
propuesta *proposition f.*
proseguir *poursuivre*
proyecto *projet m.*
puchero *pot m., pot-au-feu*
pueblo *peuple m., village m.*
puerta *porte f.*
puesto *poste m., place f.*
pujante *fort, puissant*
punto *point m.*

Q

quebrantar *casser, briser*
quedarse *rester*
quejarse *se plaindre*
quemar *brûler*
querer *vouloir, aimer*
quitar *ôter*
quizás *peut-être*

R

rabiar *enrager*
rabo *queue f.*
racimo *grappe f.*
rama *branche f., rameau m.*
ramillete *bouquet m.*
rana *grenouille f.*
rasgo *trait m.*
raso *satin m.*
rato *moment m.*
rayo *rayon m., foudre f.*
razón *raison f.*
rebelde *rebelle*
recibir *recevoir, accueillir*
recio *robuste, dur*
recoger *recueillir*
recrear *récréer, amuser*
redondo *rond*
reducir *réduire*
refrán *proverbe m.*
regocijar *réjouir*
reino *royaume m.*
reir *rire*
remate *fin f., terme m.*
reñir *disputer, gronder*
repente, de *soudain*
repetir *répéter*
representar *représenter, jouer*
resbalar *glisser*
reserva *réserve f.*
responder *répondre*
respuesta *réponse f.*
restablecer *rétablir*
resultado *résultat m.*
retirar *retirer*
retrato *portrait m.*
rey *roi m.*
rezar *prier*
ribera *rive f., rivage m.*
rico *riche*
riguroso *rigoureux*
río *rivière f., fleuve m.*
riqueza *richesse f.*
risa *rire*
robar *voler*
rocío *rosée f.*
rodar *rouler*
rodear *entourer*
rodilla *genou m.*
rojo *rouge*
romería *pèlerinage m.*
rostro *visage m., face f., figure f.*
rozar *frôler, défricher*
rudo *rude, dur*
rueda *roue f.*
ruido *bruit m.*
ruta *route f.*

S

sábana *drap de lit*
sabañón *engelure f.*
saber *savoir*
sabor *saveur f.*
sacar *tirer*
salsa *sauce f.*
saltar *sauter*
salto *saut m.*
salud *santé f.*
saludar *saluer*
salvar *sauver*
sangre *sang m.*
sangriento *sanglant*
sano *sain*
sed *soif f.*
seda *soie f.*
segar *faucher, moissonner*
seguida, en *tout de suite*
seguro *sûr*
selecto *choisi*
selva *forêt f.*

sello *cachet m., timbre m.;* — de correo *timbre-poste*
semblante *visage m.*
sembrar *semer*
semejante *semblable*
seno *sein m.*
sentar *asseoir*
sentir *sentir, regretter*
señalar *indiquer, montrer*
servicio *service m.*
sierra *scie f., chaîne f. de montagnes*
siglo *siècle m.*
siguiente *suivant*
silbar *siffler*
silencio *silence m.*
simiente *semence f.*
sirviente *domestique*
sitio *place f., siège m.*
situado *situé*
sobaco *aisselle f.*
sobrina *nièce f.*
sociedad *société f.*
sol *soleil m.*
soldado *soldat m.*
solemne *solennel*
solicitar *solliciter*
sombra *ombre f., ombrage m.*
sombrero *chapeau m.*
sombrilla *ombrelle f.*
someter *soumettre*
sonar *sonner, moucher*
soñar *rêver, songer*
soplo *souffle m.*
sordo *sourd*
sorprendente *surprenant*
sorpresa *surprise f.*
sortija *bague f., alliance f.*
sosiego *calme f., repos m.*
sospechar *soupçonner*
súbdito *sujet m.*
subir *monter*
subterráneo *souterrain*
suceso *événement m., succès m.*
sucio *sale, malpropre*
suelo *sol m.*

sueño *songe m., sommeil m.*
suma *somme f.*
surtidor *jet m. d'eau.*

T

taberna *cabaret m., taverne f.*
tablado *plancher, estrade*
talega *sac m.*
tal vez *peut-être*
taller *atelier m.*
tambor *tambour m.*
tapón *bouchon m.*
tarjeta *carte f. (de visite)*
temible *redoutable*
temor *crainte f., peur f.*
terreno *terrain m.*
tiempo *temps m.*
tienda *boutique f.*
tijeras *ciseaux m. pl.*
tinieblas *ténèbres f. pl.*
título *titre m.*
tocar *toucher, sonner, jouer de*
todavía *encore*
tomar *prendre*
torre *tour f.*
tosco *grossier*
tostado *grillé*
trabajador *travailleur*
trabar *entraver*
traer *apporter, mener*
tragar *avaler*
traje *costume m., vêtement m.*
trance *moment m. critique*
trasladar *transporter*
tren *train m.*
trepar *grimper, gravir*
tropezar *trébucher*
tubo *tuyau m., tube m.*
tuerto *borgne*

U

ufanarse *se vanter*
ufano *fier*
último *dernier*

unido *uni*
untar *graisser*
uva *raisin m.*

V

vacante *vacant*
vagar *errer*
vaho *vapeur f.*
valer *valoir*
valiente *vaillant, valeureux, brave*
vanidad *vanité f.*
vano *vain*
vapor *vapeur f.*
vara *baguette f., aune f.*
vaso *vase m., verre m.*
vecindad *voisinage m.*
vehículo *véhicule m.*
velar *veiller, voiler*
veleta *girouette f.*
velo *voile m.*
vencer *vaincre*
vendar *bander*
venida *venue f.*
ventura *bonheur m., félicité f.*
ver *voir*
verano *été m.*
verdad *vérité f.*
verdadero *vrai, véritable*
verde *vert, verdoyant*
vestir *habiller, vêtir*
vez *fois f.*
vid *vigne f.*

vida *vie f.*
viejo *vieux*
viento *vent m.*
viga *poutre f.*
vino *vin m.*
visitar *visiter*
vista *vue f.*
viuda *veuve f.*
viveza *vivacité f.*
vivienda *demeure f.*
vivir *vivre*
volcar *renverser, verser*
volver *tourner, revenir*
voz *voix f.*
vuelta *tour m., retour m.*

Y

yegua *jument f.*
yerro *erreur f.*

Z

zalamería *cajolerie f.*
zambullir *plonger*
zancada *enjambée f.*
zapatero *cordonnier*
zarzuela *pièce f. de théâtre, opérette*
zorra *renard f.*
zozobra *inquiétude f.*
zurrar *rosser*